선도국 대한민국
# AI를 넘어 정신혁명으로

선도국 대한민국

# AI를 넘어
# 정신혁명으로

조덕호

실반트리

이 시대 지성들이 건네는

# 추천의 글

하성규
전 중앙대학교 부총장

『선도국 대한민국, AI를 넘어 정신혁명으로』는 인류 문명이 거대한 전환점을 맞이한 이 시점에서 던지는 한 사상가의 뜨거운 고백이자, 깊은 성찰의 기록이다. 조덕호 대구대학교 명예교수는 평생을 학문과 현실의 경계에서 살아온 지성인이며, 사유와 실천을 함께 걸어온 시대의 철학자다. 그의 '정신혁명'은 단순한 구호가 아니라, 기술문명의 폭주 속에서 인간이 잃어버린 정신의 나침반을 다시 세우려는 근원적 요청이다.

AI가 인간의 지능을 대신하고, 노동과 관계, 심지어 존재의 의미마저 재편하는 시대에 그는 단호히 말한다. "이제는 기술의 혁명이 아니라, 인간 정신의 혁명이 필요하다." 이 책은 방대한 통찰을 바탕으로 AI의 본질과 구조, 데이터 경제, 주거와 사회정책, 교육과 윤리, 문화와 한류, 그리고 정신혁명으로 이어지는 거대한 지적 여정을 펼친다. 조 교수는 AI를 단순한 도구가 아닌, 인간 문명의 또 다른 의식으로 바라본다. 그리고 기술의 속도를 잠시 멈추고 그것을 인간의 가치로 조율할 정신적 지휘자가 필요하다고 말한다.

그가 제시하는 '세계정신올림픽'의 구상은 홍익인간의 철학을 바탕으로 한 새로운 인류적 비전이다. 육체의 경쟁이 아닌, 지혜와 윤리, 공감과 창의의 경연으로서의 축제. 기술과 정신의 조화를 향한, 인류의 또 하나의 선언이다.

『선도국 대한민국: AI를 넘어 정신혁명으로』은 단순한 학문적 저서가 아니다. 다가올 세대를 향한 철학적 유언이자, 대한민국이 기술 강국을 넘어 정신의 지도국으로 나가야 함을 일깨우는 거대한 사상적 지도다. 지금 우리는 문명의 갈림길에 서 있다. 조덕호 교수의 목소리는 그 길 위에서 우리에게 이렇게 속삭인다.

"AI시대, 인간을 구원할 힘은 오직 인간의 정신뿐이다."

**추천사 2**

윤덕홍
전 대구대학교 총장
전 교육부총리

우리는 지금 인류 문명사의 거대한 전환점에 서 있다. 인공지능이 인간의 지적 능력을 넘어서고, 기계가 스스로 학습하며 진화하는 시대다. 기술은 눈부시게 발전했지만, 정작 인간의 정신은 공허해지고 삶의 의미는 희미해져 간다. 연결은 많아졌지만 관계는 얕아졌고, 정보는 넘쳐나지만, 지혜는 부족하다. 이 역설의 한가운데서 우리는 근본적인 질문과 마주한다. 기술이 인간을 대신하는 시대에, 인간다움이란 과연 무엇인가?

조덕호 교수는 이 절박한 물음에 답하기 위해 평생의 경험과 통찰을 이 책에 담아냈다. 유신 독재에 맞서 헌법 개정안을 발표하고, 5·18의 참혹한 고문을 견뎌내며, 해외 유학과 학문의 세계에서 치열한 진검승부를 벌인 저자의 삶은 그 자체로 한국 현대사의 축소판이다. 그러나 이 책의 진정한 가치는 개인의 역정을 넘어, 'AI 혁명'과 '정신혁명'이라는 두 날개로 인류의 미래를 조망한다는 데 있다.

저자는 명확히 선언한다. 한쪽 날개만으로는 결코 날 수 없다. 물질문명의 발전만으로는 지속 가능한 미래를 만들 수 없으며, 기술의 진보가 곧 인간의 진보를 의미하지 않는다. 진정한 문명의 성숙은 기술과 정신, 효율과 의미, 경쟁과 공존 사이의 균형에서 비롯된다. 이를 위해 저자는 대한민국이 왜 정신혁명의 선도국이 되어야 하는지를 설득력 있게 제시한다.

홍익인간의 이타 정신, 무애사상의 경계 없는 공존, 고난을 딛고 일어선 한국인의 연대와 회복의 역사—이 모든 것이 세계정신올림픽이라는 담대한 비전으로 수렴된다. 올림픽이 육체의 한계를 겨루는 장이었다면, 이제는 인간 정신의 성숙과 협력을 겨루는 새로운 장이 필요하다. 그 출발지가 대한민국이어야 하는 이유를 이 책은 철학적으로, 역사적으로, 실천적으로 증명해낸다.

특히 이 책이 빛나는 지점은 추상적 담론에 머물지 않는다는 것이다. 각 장마다 독자가 직접 AI를 체험하고 활용할 수 있는 구체적 방법을 제시하며, 이론과 실천, 기술과 정신을 자연스럽게 융합한다. 자전거를 배우듯 AI를 익히고, 동시에 인간 정신의 깊이를 회복하는 여정—그 아름다운 동행이 여기서 시작된다.

AI 시대를 살아가는 모든 이에게, 특히 방향을 잃고 헤매는 젊은 세대에게 이 책을 권한다. 기술만능주의의 함정에서 벗어나 인간 중심의 가치를 재발견하고, 경쟁보다 공존을, 소유보다 나눔을 지향하는 새로운 문명의 패러다임이 이 책 곳곳에 깃들어 있다. 이것은 단순한 책이 아니라, 인류가 마주한 위기를 극복하고 새로운 미래를 여는 나침반이다.

**추천사 3**

신순호
목포대학교 명예교수

이 책을 읽지 않으면, 우리는 날개 하나로 추락할 것입니다. AI가 인간보다 더 똑똑해지는 시대, 우리는 환호하며 기술의 날개를 펼쳤습니다. 그러나 저자는 묻습니다. "한쪽 날개만으로 새가 날 수 있습니까?" 조덕호 교수는 군사독재에 맞서 싸우다 죽음 직전까지 갔던 사람입니다. 미국 명문대 박사가 되어 성공했지만, 결국 공황장애로 쓰러졌습니다. 그가 45년간 의자에서만 잠을 자며 깨달은 진실이 이 책에 담겨 있습니다.

"기술만 발전하고 정신은 퇴화하면, 인류는 종말로 치닫는다."

지금 우리 아이들은 스마트폰 없이 하루도 못 삽니다. 청년들은 AI에게 일자리를 빼앗길까 두려워합니다. 노인들은 기술 격차에 소외됩니다. 이것이 우리가 원한 미래입니까? 이 책은 위기의 진단서이자 생존의 처방전입니다. 저자는 '세계정신올림픽'이라는 놀라운 비전을 제시합니다. 육체의 올림픽이 있다면, 왜 정신의 올림픽은 없습니까? 홍익인간의 정신으로 세계를 선도해온 대한민국이 그 출발점이 되어야 한다고 말합니다.

더 놀라운 것은 이 책이 단순한 이론서가 아니라는 점입니다. 각 장마다 AI를 직접 체험할 수 있는 실습이 담겨 있습니다. 기술과 정신, 두 날개를 동시에 키울 수 있습니다. 인류의 미래가 걸린 이 책을 읽고, 함께 날아오릅시다. 지금 읽지 않으면, 추락은 피할 수 없습니다.

**추천사 4**

조은상
비욘드 해피니스 발행인
역사와 문명 연구자

  'AI와 미래사회, 그리고 인간성'을 다룬 이 책은 인류가 맞이할 거대한 변혁의 파도를 섬세하게 포착한 매혹적인 저서입니다. 저자는 단순한 기술적 해설을 넘어, AI와 ESG 경영, Spirit Economy, K-컬처 등 현실과 미래의 핵심 키워드들을 유기적으로 연결하여 독자들이 AI로 인해 재편되는 삶의 새로운 의미를 탐구하도록 안내합니다. ChatGPT, Gemini, Perplexity, Liner 등 최신 플랫폼과 QGIS와 같은 실무 도구부터, 다양한 산업과 문화 영역에 파고드는 AI의 실질적 변화까지 풍부하게 다루고 있습니다.

  특히 이 책은 알고리즘 인생, 초지능, AGI, 윤리 딜레마 등 10대 주제로, 기술과 인간의 공진화와 사회 구조적 변화, 인간성의 재정립을 총체적으로 제시합니다. AI와 함께하는 예술 창작, ESG 리더십, 영화 속 디지털 휴먼 등 다양한 사례와 비전은 독자에게 신선한 영감과 통찰을 선사합니다. 5.18 민주화 운동의 정신, 기아 없는 세상, 인간 중심의 미래사회까지 — 저자는 열정적인 분석과 화려한 필치로 우리가 반드시 고민해야 할 질문을 던집니다.

  이 책은 단순 정보의 나열을 넘어, 변화의 혼돈 속에서도 사람이 중심이 되는 미래를 꿈꾸는 모든 이의 마음에 진한 울림을 남깁니다. 균형 잡힌 시각과 깊은 인간애, 날카로운 통찰로 빚어진 이 역작은 AI 시대를 선도하는 베스트셀러가 될 것입니다.

# 출간에 부치는 발문

# AI 시대의 나침반, 정신혁명을 말하다

소진광

전 가천대학교 부총장, 명예교수, 한국지방자치학회 고문

과학기술의 질주가 '문명'이라는 테두리를 벗어날 수 있겠다는 우려가 일고 있다. 이제까지 '문명'은 인간이 통제할 수 있는 기술혁명을 통해 가꿔지고 있었다. 따라서 모든 학문의 기저에는 '인간이란 무엇인가?'라는 근본적인 질문에 답하는 방식으로 패러다임을 세우고, 이를 다른 각도에서 해석하려는 지적탐구가 깔려있었다. 예술을 포함한 모든 학문은 '인간'을 주제로 삼았고, '인간'을 해석하면서 진화하고 있었다.

분야와 학자에 따라 견해가 다르긴 하지만 인류가 주도적으로 만들고, 도입했던 인공지능(AI)이 인간의 한계를 넘어설 것이라는 예측과 함께 이제까지의 학문적 토대에 관한 새로운 탐구가 시작되었고, 인류사회의 미래에 대한 우려와 기대가 엇갈리고 있다. 우려는 인공지능이 인간이 통제할 수 없는 영역을 스스로 구축하면서 발생할 수 있는 미래 상황에

관한 것이고, 기대는 인공지능이 인간을 대체하면서 가져다줄 편리함에 관한 것이다. 이에 더하여 요즘 인공지능의 진화가 세계 경제를 어떤 방향으로 다시 짜게 될지에 관한 우려와 기대도 세간의 큰 관심이다.

이래저래 인공지능은 수렵·채취 시대로부터 농업사회, 농업사회에서 산업사회, 산업사회에서 정보사회로의 전환이 인류문명에 끼친 영향보다 더 근본적인 학문적 성찰을 요구하고 있다. 이제까지 모든 학문의 궁극적인 지향점은 '인간'이었지만 앞으로의 학문은 '인간'과 '인공지능'의 관계 혹은 상호작용을 탐구하는 방향으로 재정립(resetting)될 것이다.

'인공지능'이 '인간'의 대칭적 꼭지점이 되리라는 예상은 이미 현실로 나타나고 있다. 인류문명에 관하여 오랫동안 학문적 토대를 다져오던 조덕호 교수의 『선도국 대한민국, AI를 넘어 정신혁명으로』는 바로 이 거대한 문명의 변곡점에서 대한민국이 나아가야 할 방향을 제시하고, 인공지능이 인간의 품 안에서 인류를 위해 작동할 수 있는 기제(機制)를 다룬다. 조 교수는 이 책을 통해 기능적인 측면에서 인공지능이 인간의 한계를 벗어나더라도 정신적인 측면에서 인간의 주도권을 대신할 수 없다는데 착안하여 이 시대 인류사회가 필요한 것은 '정신혁명'이라고 설파한다.

오랫동안 한국의 발전상을 새마을운동이 병행했던 정신혁명 측면에서 공부한 필자로서도 '바른 정신'이 좋은 성과로 이어진다는 조 교수의 진단에 공감하는 바가 크다. '물질적 풍요'는 반드시 그럴만한 '정신'으로 뒷받침된다. 역으로 생각하면 '정신'이 무너지면 '물질적 풍요' 또한 오래가지 못한다. 역사 이래 최대의 '물질적 풍요'를 즐기고 있는 현금의 인류가 미래 세대를 위해 남겨주어야 할 절박한 '유산'은 곧 '바른 정신'임을 조 교수가 이 책을 통해 밝혀내고 있다.

　조 교수는 이 책에서 "(이제까지) 눈부신 기술 진보가 인간 정신의 속도와 균형을 잃을 때, 문명은 번영 대신 균열을 맞이하게 된다."라고 경고한다. 그러면서 이 책은 이러한 문제를 해결하기 위한 인류의 근본적 성찰을 담고 있다. 이러한 성찰은 험난한 지적 탐험에 속한다. 때론 긴 터널에서 혼돈의 용어에 이끌려 헤매다가, 때론 상반된 사고로 넘실대는 거칠고, 너른 바다에서 방향을 잃고 방황하다 결국 희미한 등대를 발견하고 갈 길을 찾는 항해와 같이 지적 탐험은 순탄치 않다. 이 책은 결국 미지의 항구에 도착하여 새로운 문물을 그곳 사람들에게 전달하는 임무를 수행한다.

　저자는 먼저 AI의 본질과 작동 원리, ChatGPT부터 Gemini에 이르는 최신 서비스의 비교 분석을 통해 독자들의 기술 문해력을 끌어올린다. 이어서 AI의 먹이가 될 빅데이터의 좌표 기반 융합 방안과 '국가빅데이터청' 설립이라는 과감한 인프라 혁신을 제안하며, 단순한 기술 추적국이 아닌 '선도국 대한민국'이라는 항구에 도달할 수 있는 현실적인 청사진을 펼쳐 보인다.

특히 데이터를 제공하고 보상받는 '역구독경제'와 주택시장의 고질적인 문제를 해결할 '통장주택' 혁신안은 우리 사회의 구조적 난제에 던지는 날카로운 정책적 해법이다.

그러나 이 책의 진정한 가치는 '정신혁명'이라는 주제에 응축되어 있다. 과학기술의 과속으로 인해 자칫 무너지기 쉬운 인간의 내면, 즉 '정신의 위기'를 직시하며, 저자는 물질문명을 압도하는 인간 본연의 지혜와 윤리적 성숙을 촉구한다. 조 교수는 '홍익인간(弘益人間)'의 이타 정신, 원효의 무애사상 등 우리 고유의 철학적 유산을 기반으로, 지식에 치우친 지육(知育)을 넘어 마음을 닦는 심육(心育)과 신체를 단련하는 체육(體育)의 균형을 되찾아야 함을 역설한다.

인간만이 가질 수 있는 공감, 연대, 창의의 가치를 회복하는 것이 AI 시대를 통제하고 이끌어갈 수 있는 유일한 힘이라는 메시지다. 궁극적으로 조 교수는 AI라는 거대한 기술의 파도 위에서 '세계정신올림픽'이라는 인류 평화의 새로운 축제를 제안한다. 이는 단순한 이상론이 아니라, 첨단 기술과 인류 보편적 정신을 융합하여 인류 문명의 새로운 좌표를 찾으려는 구체적 실천 전략이다.

조 교수는 이 책을 통해 과학기술로 이룬 '물질적 풍요'와 진정한 자아를 실현할 수 있는 '정신'이라는 두 날개가 균형을 이루면 비로소 인류가 파국이 아닌 지속가능한 미래로 나아갈 수 있음을 증명한다. 따라서 이 책은, 시대를 읽고 미래를 설계하려는 모든 이들에게 가장 아름답고도 강력한 나침반이 될 것이다. 이런 관점에서 조덕호 교수는 이 책을 통해 '과학기술의 비관론 입장'을 '통시적 성찰에 기반한 정신혁명'을 통해 '과학기술의 낙관론 입장'으로 돌려놓고 있다. 시대의 흐름을 읽는 지혜와 인간의 본질을 되묻는 용기가 필요한 독자들에게 이 책의 일독을 강력하게 권하는 이유다.

필자는 이 책의 마지막 쪽을 덮으며 깊은 생각에 잠겼다. 인간은 이제까지 알게 모르게 신(神)을 인간의 대칭적 꼭지점으로 삼아 경쟁하듯 신의 영역에 도전해왔다. 결과적으로 인간의 오만함이 신을 지구 밖으로 쫓아내고 말았다. 인간이 과학기술을 발전시키면서 신을 너무 이성적으로 대한 때문이었다. 신이 인간을 외면하게 만든 근본적인 원인은 "신도 인간의 감성을 대신할 수 없었기 때문"이다. 아무리 특출난 이성도 인간 내면의 깊은 감성을 이기지 못한다. 인간의 이러한 오만함은 '자기 존중'이라는 정신줄에서 나왔다.

앞으로 인간은 인공지능을 대칭적 꼭지점으로 삼아 경쟁하게 될 것이다. 조 교수가 이 책을 통해 "인간이 인공지능을 통제하기 위해서는 이제까지 물질 만능의 환상에 사로잡힌 인간이 정신을 놓지 않는 것"이라고 갈파한 것은 아닐까? 옛말에 "호랑이를 만나도 정신을 잃지 않으면 살아날 수 있다."라고 하지 않았던가? 이러한 연산을 확장하면 이 책은 조 교수가 준비하고 있는 '세계정신올림픽' 필요성을 이 시대 다양한 화두를 통해 보여주고 있다.

이 책이 미래 세대를 걱정하고 나라의 장래를 준비하려는 학자의 진정한 성찰을 담고 있어서 학문에 정진하는 사람은 물론이고, 세상을 마름질하는 정책 관련자들에게 필독을 권한다.

# CONTENTS

## 제3편　AI 시대와 정신혁명

## 제4편    AI 시대 정신혁명의 선도국, 대한민국

● 들어가며

    기술은 인간의 삶을 끊임없이 변화시켜 왔다. 바퀴의 발명부터 증기기관, 전기, 컴퓨터를 거쳐 이제는 AI라는 새로운 동반자의 출현까지, 인간은 기술을 통해 스스로 한계를 뛰어넘어 왔다. 21세기 중반을 지나며 우리는 이른바 제4차 산업혁명 시대에 들어섰고, 이는 인간의 삶의 방식과 일의 방식, 그리고 인간 스스로에 대한 정의마저 바꾸고 있다.

    인터넷은 전 지구적 연결을 가능하게 만들었고, AI는 인간의 사고 일부를 모방하거나 대체하는 수준에 도달했다. 검색 알고리즘은 우리보다 더 빠르게 정보를 찾아주고, 생성형 AI는 예술과 글쓰기에까지 진입하고 있다. 의료, 금융, 교통, 교육 등 사회의 핵심 기능들이 점점 더 AI 기반으로 재편되며 인간은 과거보다 훨씬 더 편리하고 풍요로운 삶을 누리고 있다.

    하지만 이러한 기술문명의 눈부신 발전 속에서, 한 가지 근본적인 질문이 떠오른다. 인간의 정신은 과연 기술의 속도에 발맞추어 진화하고 있는가? 우리는 기술을 통해 문제를 해결하고 있지만, 정작 인간 자체의 내면은 점점 공허해지고 있는 것은 아닐까?

현대 사회는 끊임없는 자극과 속도, 경쟁 속에서 살아간다. 스마트폰을 켜면 정보가 넘치고, 클릭 몇 번이면 원하는 서비스를 이용할 수 있으며, 알고리즘은 나보다 나를 더 잘 아는 듯 행동한다. 그러나 그 속에서 우리는 과연 무엇을 느끼고 있는가?

많은 이들이 피로를 호소하고, 고립감을 느끼며, 정체성의 혼란을 겪는다. 이는 단순히 개인적인 문제가 아니다. 그것은 바로 인간 내면, 즉 정신의 위기다. 기술은 외부 세계를 빠르게 변화시켰지만, 그 변화에 상응하는 내면의 성찰과 성숙은 충분히 이루어지지 않았다.

이러한 불균형은 인류가 지금까지 경험해 보지 못한 새로운 차원의 위기를 불러오고 있다. AI가 인간의 판단을 대신하고, 기계가 인간보다 더 정확하게 행동할 수 있는 시대에 인간의 역할은 무엇인가? 인간다움이란 과연 무엇인가?

우리는 지금까지 기술을 통해 더 많은 것을 알고, 더 많은 것을 가졌지만, 정작 인간의 정신은 더 깊은 성찰과 연대, 공감, 배려의 길로 나아가지 못하고 있다. 정보는 넘치지만, 지혜는 부족하고, 연결은 많지만, 관계는 약하다.

이러한 시대에 필요한 것은 단순한 기술의 조정이 아니라, 인간 중심의 가치 재구성이다. 바로 정신혁명이다.

정신혁명은 인류가 직면한 위기를 근본에서부터 다시 돌아보게 만든다. 그것은 과거로의 회귀가 아니라, 인간이 인간답게 살아가는 데 필요한 내면의 전환이다. 기술을 다룰 수 있는 지혜, 권력 앞에서도 양심을 잃지 않는 용기, 그리고 서로 다른 존재들과 공존할 수 있는 윤리가 바로 정신혁명의 핵심이다.

　우리는 지금까지 문명을 성장의 지표로 평가해 왔다. 그러나 이제는 문명의 성숙도를 정신의 수준으로 측정해야 할 시점이다. 아무리 정교한 기계를 만들고, 거대한 네트워크를 구축해도, 그 안에서 살아가는 인간이 방향을 잃는다면 문명은 모래성처럼 무너질 수 있다. 마치 한쪽 날개는 퇴화하고 한쪽 날개로만 나는 새와 같다. 이는 반드시 날다가 결국 균형을 잃고 떨어져 죽게 될 것이다. 지금 우리의 모습이 이와 같다고 할 수 있다.

　정신혁명은 명상이 아니라 실천이다. 그것은 교육의 방식, 리더십의 기준, 경제의 목표, 사회의 구조에 이르기까지 인간 중심의 새로운 기준을 제시한다. 속도보다 방향, 효율보다 의미, 경쟁보다 공존을 중시하는 새로운 패러다임이다.

　정신혁명은 또한 인간의 본질을 되묻게 만든다. 인간은 단지 연산 능력이나 기억 용량으로 정의되지 않는다. 인간은 고통을 이해하고, 타인을 위로하며, 실패를 딛고 다시 일어서는 존재이다. 기계는 데이터를 처리하지만, 인간은 삶을 살아간다. 이 차이를 분명히 자각하는 것이 정신혁명의 출발점이다.

　그리고 이제 우리는 그 길을 선택해야 한다.

　AI는 앞으로도 계속 진화할 것이다. 인간보다 더 빠르고, 더 정확히 예측할 수 있는 존재가 될지도 모른다. 그러나 AI는 여전히 목적이 아니라 도구이자 우리의 동반자이다. 그 도구를 어떻게 쓸지는 전적으로 인간의 몫이다.

　우리가 정신혁명을 선택한다면, AI는 인간의 삶을 풍요롭게 만드는 도우미가 될 수 있다. 그러나 정신이 무너진 상태에서 기술만을 추구한다면, AI는 인간을 통제하고, 우리는 통제받는 존재로 전락할 수 있다.

따라서 지금 우리가 해야 할 일은 분명하다. 기술문명의 발전에 맞서 정신문명의 성숙을 이끌어야 한다. 이는 교육을 새롭게 설계하고, 철학과 예술의 역할을 회복시키며, 인간 존재의 가치를 공동체 속에서 다시 발견하는 과정이다. 그리고 그 중심에 있는 질문은 단 하나다.

"우리는 왜 인간이어야 하는가?" 이 질문에 진지하게 답하려는 모든 시도가 바로 정신혁명의 출발이다. 우리는 이제 하나의 문턱에 서 있다. AI가 사람의 능력을 넘어서는 특이점(singularity) 이후의 세계는 이전과 전혀 다른 세계일 것이다. 그곳에서 인간이 인간다움을 지킬 수 있을지는 바로 지금 우리의 선택에 달려 있다.

정신혁명은 인류의 마지막 희망이자, 새로운 문명의 시작이다. 기술과 정신이 균형을 이루는 새로운 미래, 그것은 인간이 인간다움을 포기하지 않을 때 비로소 가능해질 것이다. 그리고 그 미래는 건국이념이 널리 인간을 이롭게 하는 홍익인간(弘益人間)인 대한민국에서부터 시작되어야 할 것이다.

인생은 때로 검투사의 경기장과 같다. 무대 위에 선 검투사는 자신의 모든 것을 걸고 싸운다. 그는 자신의 신념과 능력을 증명하기 위해, 그리고 살아남기 위해 치열한 전투를 벌인다. 그 싸움은 단순히 생존을 위한 것이 아니라, 자신의 존재 가치를 증명하고, 시대와 환경 속에서 자신만의 길을 개척하기 위한 투쟁이다. 나의 삶도 그러했다. 나는 시대가 요구하는 대로, 그리고 내가 믿는 정의와 사명을 따라 내 모든 것을 바쳐 싸웠다. 그러나 이제 와서 돌아보니, 나는 한 가지 중요한 것을 놓치고 있었다. 바로 내면의 평화와 마음의 안식이었다.

나는 박정희 군사독재 시절, 유신헌법을 개정하여 발표하고 군사독재에 저항하였다. 그 시절은 암울했다. 정의를 외치는 목소리는 억압받았고, 자유를 갈망하는 이들은 감시와 탄압 속에 살아야 했다. 나는 그 억압의 시대에 침묵하지 않았다. 침묵은 동조와 다름없다고 믿었기 때문이다. 그러나 그 대가는 혹독했다. 전두환 정권이 들어서면서 상황은 더욱 악화하였다. 1980년 5.18 광주 민주화 운동이 일어나던 당시, 나는 군대 훈련소 수용 연대(훈련받기 전 대기하는 곳)에서 군사정권에 의해 5.18 주동자, 주모자, 내란음모죄로 몰려 체포되었다. 그곳에서 겪은 고통과 공포는 지금도 생생하다. 죽음이 바로 눈앞에 있었고, 나는 매 순간이 마지막일지도 모른다는 두려움 속에서 엄청난 공포와 모진 고문을 견뎌야만 했다. 그렇지만 가장 견디기 어려운 건 눈을 깜빡거릴 때마다 수를 세어 구타하고 그것이 매일 밤 1시간 간격으로 보초가 교대될 때마다 가혹행위는 반복되었다. 그 후유증으로 나는 45년이 지난 지금도 누워서 자지 못하고 의자에서 잠을 청해야 하는 '의자왕'이 되고 말았다.

그러나 그런 상황에서도 포기하지 않았다. 어떤 대가를 지불하더라도 나는 군 영창에서 반드시 살아서 나와야 한다는 굳은 각오로 모진 고문을 버텨냈다. 내 안에는 어떤 희생을 치르더라도 우리 어머니보다 하루를 더 살아야 한다는 절박한 마음이 있었고, 그것이 나를 버티게 했다. 결국 목숨을 건진 후에 군 생활을 마치고 주위의 도움으로, 독립운동하는 심정으로, 해외 유학길을 나섰다.

유학길에 오른 이후 나는 새로운 전투를 시작했다. 그것은 학문의 세계에서의 싸움이었다. 간과 폐, 귀 등에 질병이 생겨 고난이 시작되었다.

다행히 사력을 다해 시행착오 끝에 학위를 취득한 후 귀국하여 교수로 임용되어 학문적 탐구와 연구에 매진했다. 나는 논문을 쓰고 발표하며 지식의 지평을 넓혀갔다. 그러나 그것은 단순히 연구실 안에서 이루어지는 조용한 작업만이 아니었다. 그것은 세계적인 학자들과 끝없는 진검승부였다.

나는 매번 논문을 들고 지구촌 곳곳의 학회를 다니며 발표와 토론을 이어갔다. 학회는 나에게 또 다른 전투장이었다. 그곳에서는 각국의 석학들이 자신의 연구 결과를 발표하며 치열한 논쟁을 벌였다. 나는 그들 사이에서 살아남기 위해 끊임없이 연구하고 준비해야 했다.

학문적 토론은 단순히 지식의 교류가 아니었다. 그것은 각자의 신념과 관점이 부딪히는 전투였다. 때로는 내 연구가 반박당하기도 했고, 내가 다른 이들의 연구를 비판하기도 했다. 그 과정에서 나는 많이 배웠고, 동시에 많은 상처도 받았다. 학회의 무대 위에서 나는 또 한 번 검투사가 되었다. 칼과 방패 대신 논문 발표 혹은 토론으로 끊임없는 승부는 계속되었다. 그 싸움은 나에게 큰 자부심을 주었지만, 동시에 나를 점점 더 지치게 했다.

내 삶은 겉으로 보기에는 성공적이었다. 그 유명하다는 미국의 명문대학(USC)에서 박사학위를 받은 후 교수에 임용되었으니 이만하면 성공했다고 할 수 있지 않을까? 나는 시대와 맞서 싸웠고, 학문적으로도 전 지구촌을 돌아다니며 많은 경험을 축적하였고 주택연금과 농지 연금을 제안하여 제도화시키고 수백 편의 논문을 발표하는 등 일정한 성취를 이루었다. 그러나 그건 정말 바보스러운 짓이었다. 번지르르한 외적 성취 뒤에는 깊은 내적 결핍이 자리 잡고 있었다. 나는 오직 외부 세계와 싸우는 데만 집중했지, 내면을 들여다볼 여유를 갖지 못했다.

그 결과는 명백했다. 내 몸과 마음은 점점 지쳐갔고, 나 자신조차 돌보지 못하는 상태에 이르렀다. 나는 검투사로서 싸우는 데 익숙했지만, 정작 나 자신과 화해하는 방법은 알지 못했다. 결국에는 탈진과 공황장애가 와서 일어나지도 못하는 상태에 이르러 죽음을 눈앞에 두는 상황에 이르고 말았다.

삶은 단순히 외부 세계와의 싸움만으로 이루어지지 않는다. 진정한 삶은 외부와 내부, 즉 현실과 정신 사이의 균형 속에서 완성된다. 그러나 나는 그 균형을 잃었다. 오직 시대와 사회가 요구하는 역할에 충실하기 위해 나 자신을 혹사했다.

나는 이제야 깨닫는다. 인생이란 단순히 검투사처럼 싸우는 것만이 아니다. 때로는 검투사의 칼을 내려놓고 자기 내면을 들여다보아야 한다. 마음의 양식을 채우고 영혼을 가꾸는 일은 결코 사치가 아니다. 그것은 우리가 인간으로서 온전히 살아가는 데 필수 과정이다.

마음의 양식이란 무엇인가? 그것은 단순히 책을 읽고 지식을 쌓는 것을 의미하지 않는다. 그것은 우리의 영혼과 대화하고, 우리의 감정을 이해하며, 우리의 존재 이유를 탐구하는 것이다. 그것은 내가 누구인지, 무엇을 위해 살아가는지를 끊임없이 묻는 과정이다. 나는 그 과정을 소홀히 했다. 오직 외적인 성취와 투쟁만을 추구하며 살아온 결과, 내 영혼은 메말라갔다. 궁극에는 하루를 쪼개어 이틀로 만들어 쓰는 죽을 꾀를 내는 지경에 이르러 자기 몸도 가누지 못하는 바보보다 못한 인간이 되고 말았다.

이제 나는 새로운 여정을 시작하려 한다. 그것은 더 이상 외부 세계와 싸우기 위한 여정이 아니다. 그것은 나 자신과 화해하고, 나의 마음과 영혼을 돌보는 여정이다.

이 책은 그런 깨달음에서 시작했다. 나처럼 오직 외적인 성취와 투쟁만을 추구하며 살아온 이들에게, 그리고 자신을 돌보는 법을 잊어버린 현대인들에게 이 책은 작은 울림이 되기를 바란다. 우리는 모두 각자의 인생에서 검투사로 살아간다. 그러나 싸움만으로는 우리의 삶이 완성되지 않는다. 이제 나는 모든 일을 내려놓고 진정 학문(學問), 배우고 묻다 혹은 묻는 것을 배워서 질문을 잘해야 하는 시대에 현명하게 지극정성을 다해 살다가 공부하다 그 상태 그대로 죽기로 마음먹었다.

나는 과연 이 대격변의 시대에 무엇을 해야 할까? 어디로 갈까? 인류는 언제나 도구의 발전과 함께 변화하였다. 농업혁명, 산업혁명, 정보혁명도 농기구, 자동차, 컴퓨터 등 도구와 직접 연계되어 있으며, 모든 도구는 인간의 지능으로 사용하게 된다. 그렇지만 이제 우리는 기계가 스스로 지능을 가진 AI라는 거대한 물결 속에 있다. 이 거대한 변화 속에서 대한민국은 어디에 있는가? 우리는 어디로 나아가야 하는가? 나는 어디쯤 가고 있고 어디로 가야 하는가? 이 책은 그 답을 찾아가는 여정이다.

대한민국은 일제강점기와 6.25 전쟁, 군사독재 등 척박한 환경 속에서도 세계를 놀라게 하는 경제적, 정치적 도약을 이뤄냈다. 경제적 선진국과 정치적으로 민주화를 성공적으로 이루어서 전 세계적으로 본보기가 되고 있다. 하지만 탄핵정국을 헤쳐나오면서 지금은 과거와는 다른 질문을 던지고 있다. 경제성장은 언제까지 지속될 수 있는가? 기술은 인간성을 위협하지 않을까? 우리는 기계와 경쟁해서 살아남을 수 있을까? 혹은 어떻게 효과적으로 협력해야 하는가? 이런 질문들은 단순히 기술의 문제가 아니라 인간 정신의 문제다. AI 시대의 핵심은 단순히 새로운 기술을 잘 활용하는 데 있는 것이 아니라, 인간 정신의 본질을 재발견하고 이를 통해 기술을 올바르게 통제하는 데 있다.

AI는 인간의 지적 능력을 넘어서며 일자리, 사회 구조, 심지어 인간의 정체성까지도 변화시키고 있다. 하지만 이러한 변화는 위협이자 동시에 기회이다. 우리는 AI가 만들어내는 새로운 환경에서 인간의 정신적 능력을 더욱 발전시키고, 기술을 초월하는 가치를 창출해야 한다. 이는 단순한 적응의 문제가 아니라, 인간이 가진 창조성과 지혜를 기반으로 한 새로운 혁명의 시작이다. 나는 이것을 '정신혁명'이라고 부르고자 한다.

기술혁명은 필연적으로 인간의 역할과 정체성에 관한 질문을 던진다. 인간이 단순한 노동력을 제공하는 존재에서 창조적 사고와 정신적 가치를 중심으로 한 존재로 변화해야 하는 시대가 도래했다. AI의 무한한 가능성을 긍정적으로 활용하기 위해서는 인간의 정신적 성숙이 반드시 뒤따라야 한다. 따라서 AI 혁명을 넘어 제5차 혁명, 즉 정신혁명이 필요하다.

정신혁명은 인간이 본래 가지고 있는 창의력, 도덕성, 공동체 의식을 다시금 중심에 두는 변화이다. AI가 제공하는 효율성과 생산성의 향상을 넘어, 인간만이 가질 수 있는 가치 기반의 사고가 요구된다. 우리는 이를 실현하기 위해 우리의 육체적 능력을 평가하는 하계 및 동계올림픽을 하듯이 도덕과 윤리 및 정신적 가치를 추구하는 '세계정신올림픽'을 제안하고자 한다. 세계정신올림픽은 전 세계의 인류가 정신적 성장과 혁신을 통해 더 나은 미래를 만들어가는 새로운 지혜의 마당이 될 것이다.

21세기 인류는 문명사의 거대한 갈림길에 서 있다. 산업혁명을 통해 인간이 도구를 만들어 세상을 바꾸었다면, 이제 AI 혁명은 도구가 인간을 이해하고 모방하며, 인간 자체를 바꾸는 국면에 접어들었다. 우리는 지금 인간과 기계의 경계가 허물어지는 전환기의 중심에서 살고 있다. 하지만, 이 기술문명의 질주는 인간의 정신, 가치, 철학을 돌아볼 겨를조차 주지 않는다. 인간의 내면은 고요히 침몰하고 있으며, 삶의 목적은 효율과 생산성, 속도와 경쟁으로만 측정되고 있다.

이제 우리는 묻지 않을 수 없다. AI가 인간의 역할을 대신할 수 있는 시대에, 인간은 무엇으로 존재해야 하는가? 이 질문은 단순히 윤리의 문제가 아니다. 그것은 문명의 존속과 방향에 대한 본질적 물음이다. 이 위기의 시대에 우리에게는 새로운 나침반이 필요하다. 더 많은 기술이 아니라 더 깊은 자각, 더 많은 연결이 아니라 더 따뜻한 연대, 더 많은 정보가 아니라 더 높은 지혜가 필요하며 그 해답이 바로 세계정신올림픽이다.

세계정신올림픽은 기술문명과 정신문명의 균형을 되찾고, 인간 정신의 무한한 가능성과 공동체적 가치를 회복하기 위한 인류의 평화 선언이자 축제이다. 근대 이후 인류가 발전시켜 온 모든 올림픽은 육체의 한계와 국가의 경쟁을 중심에 두었지만, 이제는 인간 정신의 성숙과 협력, 평화를 중심에 둔 새로운 올림픽이 시작되어야 할 때다. 그리고 그 출발지는 바로 대한민국이어야 한다. 왜 대한민국인가? 그 이유는 세 가지로 요약할 수 있다.

첫째, 홍익인간(弘益人間)은 철학, 인류 보편 정신의 원형으로 '널리 인간을 이롭게 한다'라는 정신이다. 이는 단순한 민족주의적 상징이 아니라 인류 전체의 공존과 평화를 지향하는 세계 철학적 메시지다. 홍익인간은 경쟁보다는 상생을, 소유보다는 나눔을, 지배보다는 봉사를 강조한다. 물질을 위한 기술이 아니라 인간을 위한 정신을 우선시하는 이 이념은 AI

시대에 더욱 절실하게 요구되는 가치이다.

홍익인간은 인간을 중심에 두되 이기적 인간이 아닌 이타적 인간, 자기실현을 통해 타인을 이롭게 하는 공존적 인간상을 제시한다. 이것이야말로 AI 시대에 인간이 잃지 말아야 할 정체성이며 세계정신올림픽이 구현하고자 하는 인간 정신의 방향과 정확히 일치한다.

둘째, 대한민국은 식민 지배, 분단과 전쟁, 가난, 독재 등 수많은 고통의 역사를 겪었다. 그러나 대한민국은 그 고난을 극복하고, 세계가 주목하는 기술 강국이자 민주주의의 모범국으로 도약했다. K-문화는 전 세계인들의 감성을 울리고 있으며 교육과 시민의식은 세계적 수준에 도달했다. 이러한 놀라운 발전은 단지 경제와 기술의 성과가 아니라 정신의 승리이기도 하다.

한국인은 고통을 통해 연대했고 절망 속에서도 희망을 노래했다. 공동체를 위해 개인이 헌신하고 타인을 위한 정의를 외쳤다. 이러한 공감과 연대, 인내와 회복의 정신은 바로 세계정신올림픽이 추구하는 가치 그 자체이다. 대한민국은 이러한 정신을 세계에 증명한 살아 있는 역사이며 정신올림픽을 시작하기에 가장 설득력 있는 무대를 갖고 있는 나라이다.

셋째, 오늘날 대한민국은 AI, 반도체, 바이오, 방위 및 조선산업 등에서 세계적 리더로 인정받고 있다. 그러나 그 기술적 발전을 뒷받침할 정신적 리더십은 아직 세계사에 제대로 등장하지 않았다. 이제는 그 둘을 결합할 때다. 기술의 진보만으로는 인류를 구할 수 없으며, 정신의 진화 없이는 문명은 붕괴한다.

대한민국은 첨단 기술과 함께 홍익이념, 무애사상, 선비정신, 동학정신과 같은 정신문화 유산을 함께 보유한 거의 유일한 나라이다. 과학과 기술, 명상과 철학, 공동체와 개인의 조화를 이루어낼 수 있는 문명적 실험장으로서 대한민국만큼 적합한 곳을 찾기 어렵다. 세계정신올림픽은 바로 이 정신과 기술의 융합을 통한 새로운 인류 문명의 출발점이며 대한민국이 첫 성화를 밝혀야 할 역사적 이유가 여기에 있다.

마지막으로 기술 이후의 시대, 인간 정신의 르네상스를 위하여 세계정신올림픽은 단순히 명상이나 철학의 행사가 아니다. 그것은 인류의 새로운 미래 설계도이며 경쟁과 효율을 넘어 의미와 관계, 지혜와 연대, 창조와 자각을 중심에 두는 문명적 전환이다. 기계가 인간의 기능을 대신하는 시대일수록 인간은 정신으로 증명해야 한다. 인간은 무엇으로 사는가? 그것은 바로 정신으로다. 세계정신올림픽은 그 정신을 겨루는 올림픽이다. 그리고 그 성화는 홍익인간의 나라, 바로 대한민국에서 타올라야 한다.

어린 시절 자전거를 처음 배울 때를 떠올려 보라. 넘어지는 순간은 아프고 두렵다. 하지만 넘어짐을 견디고 다시 일어나 페달을 밟을 때, 비로소 세상은 달라진다. 골목길이 바람을 가르며 열리고, 더 멀리 나아갈 수 있다는 자신감이 생긴다. 그 경험은 단순히 '자전거 타기'라는 기술의 습득을 넘어, 삶 전체를 바꾸는 작은 혁명이 된다.

AI도 이와 똑같다. 설명서를 아무리 읽어도 손에 잡히지 않는다. 직접 질문을 던지고, 답을 얻고, 그림을 만들어 보고, 글을 고쳐 보아야 한다. 처음엔 서툴고 어색하다. 원하는 답이 나오지 않아 실망하기도 한다. 그러나 계속해서 시도하다 보면 어느 순간, AI는 지구상의 모든 지식을 가지고 내 생각을 확장하는 또 하나의 두뇌가 된다.

많은 사람들이 여전히 AI를 '멀리 있는 것'이라 생각한다. 하지만 이미 우리는 매일 AI의 도움을 받고 있다. 길을 안내하는 내비게이션, 자동으로 얼굴을 인식하는 카메라, 온라인 쇼핑몰의 추천 시스템까지 모두 AI가 깔려 있다. 자전거가 우리의 발을 대신해 더 멀리 나아가게 했다면, AI는 우리의 사고와 감각을 대신해 더 깊은 세계로 데려간다.

이 책은 바로 그 경험을 안내한다. 낯설게 들릴지 모르지만, 나는 공과대학 교수로 시작하여 사회과학대학 교수로 정년 퇴임을 했다. 좋게 이야기하면 융합형 인간이고 반대로 말하면 아무것도 제대로 알지 못하는 아마추어이다. 나의 삶은 끊임없는 시행착오의 연속이었다. 이 경험을 독자와 공유하고 싶어서 이 책을 쓴다. 독자가 두려움 없이 AI라는 자전거에 올라타 넘어지더라도, 다시 일어나 함께 달리는 동행자가 되고 싶다.

기술의 역사를 돌아보면 늘 같은 질문이 있었다. 증기기관이 발명되었을 때 사람들은 물었다. "이다음은 무엇일까?" 전기가 인류의 삶을 밝히기 시작했을 때도, 인터넷이 세상을 연결하기 시작했을 때도 같은 질문이 이어졌다.

오늘날 우리는 AI 앞에 서 있다. AI는 인간의 언어를 이해하고, 음악을 작곡하며, 그림을 그리고, 심지어 사람의 감정을 흉내 낸다. 그러나 여전히 본질적인 질문은 남는다.

어떤 이는 AI가 결국 인간을 넘어서는 '초지능'이 될 것이라 말한다. 또 어떤 이는 AI의 한계를 강조하며, 인간의 창의와 감정은 대체될 수 없다고 단언한다. 하지만 분명한 사실은, AI 자체가 목적이 될 수는 없다는 점이다. 그것은 도구이자 거울일 뿐이다. 우리가 그 도구로 무엇을 만들어 가는가, 그 거울 속에서 어떤 인간의 얼굴을 발견하는가가 더 중요하다.

어쨌든 AI는 사람들이 사용한다. 사람의 능력과 수준에 따라 AI의 결과가 결정된다. 여기서 **정신혁명**이라는 답이 나온다. AI가 외부 세계를 변화시킨다면, 정신혁명은 인간 내면을 변화시킨다. 두 축이 함께 움직일 때 문명은 진정으로 진보한다. 기술만 발전한 세상은 방향을 잃은 채 속도만 높이는 자동차와 같다. 그러나 기술과 정신이 함께 성숙한 세상은 목적지에 도달할 수 있는 길을 안내하는 내비게이션을 갖춘 자동차와 같다.

역사를 돌아보면 인류는 언제나 경쟁과 협력을 동시에 경험했다. 고대 올림픽은 단순한 체육 대회가 아니었다. 전쟁을 멈추고 서로의 힘을 겨루며 평화를 모색하는 자리였다. 현대의 올림픽 역시 신체의 기량을 넘어, 인류가 하나라는 메시지를 전 세계에 전한다.

그렇다면 왜 우리의 정신에는 이런 무대가 없을까? 지식과 지혜, 사유와 명상, 공감과 윤리 같은 정신적 능력은 개인과 사회를 변화시키는 가장 근본적인 힘이다. 그런데도 우리는 이 힘을 기르는 제도적, 문화적 장치를 마련하지 못했다. 바로 여기서 **세계정신올림픽**의 필요성이 생긴다.

정신올림픽은 단순히 이상적인 구호가 아니다. 스포츠 선수들이 기록을 향해 훈련하듯, 명상가가 집중과 호흡을 단련하고, 예술가가 창의력을 발휘하며, 청년들이 공감 능력과 윤리적 선택을 겨룬다면 어떨까? 국경과 언어, 종교와 이념을 넘어 인류가 함께 정신의 힘을 키워 가는 장이 열린다면, 그것은 인류 문명에 새로운 균형을 가져올 것이다. 어린이가 굶지 않고, 노인이 소외되지 않으며, 청년이 꿈을 포기하지 않는 세상. 정신올림픽은 바로 이런 구체적인 약속을 향한 집단적 실험이다.

어떤 새도 한쪽 날개만으로 날지 못한다. AI라는 **실습서**의 날개와 정신혁명이라는 **이론서**의 날개가 함께 움직인다. 따라서 정신과 육체의 날개가 동시에 펄럭여야 세상을 원만이 살아갈 수 있을 것이다. 그림을 그리고, 글을 고치고, 데이터를 분석하며 독자는 자연스럽게 AI의 언어를 배운다. 이는 자전거 페달을 밟는 연습과 같다. 쓰러져도 괜찮다. 중요한 건 다시 시도하는 것이다.

동시에 각 장은 정신혁명의 의미와 가치에 닿아 있다. 기술을 사용하는 힘만큼 중요한 것은 그 힘이 어디를 향하는가다. 만약 AI를 통해 얻은 능력이 탐욕과 경쟁에 쓰인다면, 그것은 재앙이 될 수 있다. 그러나 공존과 협력, 창의와 사랑을 위해 쓰인다면, 그것은 인류를 구원하는 빛이 될 수 있다. 이 책은 독자가 두 가지를 동시에 붙잡도록 돕는다.

많은 이들이 말한다. "정신혁명은 너무 이상적이다. 현실과 거리가 멀다." 그러나 지금이야말로 현실이 우리에게 정신혁명을 요구하는 순간이다. 한 아이가 스마트폰 화면을 붙잡고 게임에 몰두한다. 부모는 걱정하지만 아이는 멈추지 않는다. 노인은 고독 속에 텔레비전만 바라본다. 청년은 치열한 경쟁 속에서 꿈을 포기한다. 이런 현실 속에서 AI는 더 강력한 중독과 단절을 가져올 수도 있다.

그러나 반대로, AI는 아이에게 새로운 배움의 길을 열어줄 수도 있다. 노인에게는 고독을 덜어내는 대화 상대가 될 수도 있고, 청년에게는 창업과 도전의 발판이 될 수도 있다. 모든 것은 우리가 어떤 마음으로, 어떤 정신으로 AI를 다루느냐에 달려 있다.

따라서 지금 필요한 것은 기술을 넘어선 인간성의 회복이다. 정신혁명은 거창한 이론이 아니라, 지금 여기서 아이를 안아 주고, 노인을 위로하며, 청년의 꿈을 응원하는 실천이다.

이 책은 독자에게 말한다. "혼자가 아니다. 함께 가자." 학생이든, 직장인이든, 교사든, 예술가든, 누구든 AI와 정신혁명이라는 두 축을 통해 더 큰 세상을 만날 수 있다. 독자는 책장을 넘기며 AI를 직접 체험하고, 동시에 마음속에 질문을 던지게 될 것이다. **나는 어떤 인간으로 살 것인가?**

책을 덮을 때, 단순히 '새로운 것을 배웠다'라는 만족이 아니라, '나도 할 수 있다'라는 용기와 '함께 바꿔 보자'라는 희망이 남기를 바란다. 그것이 이 책이 독자에게 드리는 가장 큰 선물이다.

자전거타기는 넘어져야 배운다. AI도 마찬가지다. 그리고 그다음은 정신혁명이다. 이 책은 독자가 두려움을 넘어 새로운 세상으로 나아가는 동반자가 될 것이다. AI라는 날개와 정신혁명이라는 날개를 함께 펴고 날아오르는 순간, 우리는 비로소 **인류가 진정한 의미에서 성숙하는 시대를** 맞이할 것이다. 융합에 초점을 두다 보니 깊이 있게 다루기 힘들었다. 하지만 적어도 소개서의 역할을 하며 진정 융합을 통하여 무엇을 이루려고 하는지 보여주려고 노력하였다. 따라서 다음 기회에 깊이 있는 논의를 계속하고자 한다.

이 책이 세상 구경을 할 수 있도록 정성을 다해 주신 많은 분들께 감사 드린다. 책을 교정하고 온갖 궂은일까지 맡아준 사랑하는 아내 최영희 교수와 아들 조영근 교수, 열심히 학업 중인 조영민 석사, 예쁜 며느리 예빈, 유진이와 세상에서 나의 일정표를 바꿀 수 있는 유일한 존재인 사랑하는 손주 하연, 민재, 율리에게 감사함과 고마움을 전한다.

# 제1편

## AI(Artificial Intelligence: 인공지능)

# 1장. AI의 개념과 본질

## 1. 도구의 역사와 AI의 특수성

인류의 역사는 도구의 역사다. 인류학자들은 인간을 호모 파베르(Homo Faber), 곧 '도구를 만드는 존재'라 규정해 왔다. 약 250만 년 전 구석기 시대의 석기에서 시작된 도구 사용은 인류가 환경을 지배하고 다른 종과 구별되는 결정적 요인이었다. 불의 발견은 단순히 음식을 익혀 먹는 방식을 넘어, 야생 동물로부터 자신을 보호하고, 밤의 어둠을 밝히며, 금속을 제련하는 길을 열었다. 바퀴의 발명은 이동과 교역의 혁신을 가져왔고, 농기구와 수리 시설은 정착 사회와 문명의 기틀을 마련했다.

이후에도 인류는 끊임없이 새로운 도구를 만들어냈다. 인쇄술은 지식의 전파를 폭발적으로 확산시켰고, 증기기관은 산업혁명의 심장부로서 생산성과 경제 구조를 근본적으로 바꾸었다. 전기와 통신 기술은 인간의 생활양식을 일거에 바꾸어 놓았다. 그러나 이 모든 도구는 공통된 특징을 지녔다. 바로 그것 자체에는 '지능'이 없었다는 점이다.

망치는 못을 박는 데 쓸 수 있지만, 어떤 곳에 못을 박아야 하는지 스스로 결정하지는 못한다. 증기기관은 동력을 제공했지만, 언제 어디에 쓸지는 인간이 정했다. 인쇄기는 책을 찍어낼 수 있었지만, 무엇을 인쇄할지는 인간의 의도에 달려 있었다. 도구는 언제나 인간의 손과 두뇌의 연장일 뿐, 스스로 사고하거나 예측하지 못했다.

그러나 21세기에 등장한 AI는 이러한 연속성을 끊는다. AI는 이름 그대로 지능을 가진 도구다. 단순히 계산하거나 정해진 절차를 수행하는 것이 아니라, 데이터를 학습하고 패턴을 발견하며, 스스로 판단하고 미래를 예측한다. 이는 인류가 만든 모든 도구 가운데 최초로 '자율적 지능'을 갖춘 사례다. AI는 단순한 자동화 장치가 아니라, 능동적으로 문제를 해결하는 존재라는 점에서 기존 도구와는 근본적으로 다르다.

## 2. AI의 본질과 학습 능력

AI의 본질은 데이터로부터 학습하고, 그 학습을 바탕으로 새로운 상황에서 추론과 예측을 수행하는 데 있다. 기계 학습은 방대한 데이터를 통해 규칙성을 찾아내고, 이를 일반화하여 새로운 데이터에 적용한다. 딥러닝은 인공 신경망을 통해 인간 뇌의 뉴런 작동 방식을 모방함으로써 이미지 인식, 음성 처리, 자연어 이해에서 혁신적인 성과를 거두었다.

예를 들어, 의료 영상 판독에서 AI는 수십만 장의 CT와 MRI 데이터를 학습한다. 그 결과 종양의 형태나 미세한 이상 징후를 사람보다 더 빠르고 정확하게 찾아낸다. 인간 의사가 놓칠 수 있는 초기 암세포를 발견하는 능력은 이미 여러 연구에서 입증되고 있다. 이는 AI가 단순히 '프로그래밍된 절차'를 따르는 것이 아니라, 실제 경험 데이터를 바탕으로 학습했기에 가능한 일이다.

자율주행차 역시 마찬가지다. 자동차는 센서를 통해 주변 상황을 실시간 수집하고, 축적된 데이터를 기반으로 보행자의 움직임을 예측하며, 교차로에서 어떤 결정을 내려야 사고 위험을 줄일지 판단한다. 이것은 단순한 신호등 색깔 인식이 아니라, 학습된 모델이 전체 교통 상황을 고려해 행동을 결정하는 과정이다.

이처럼 AI는 과거의 도구와 본질적으로 다르다. 과거의 도구는 인간이 규칙을 미리 입력해야 했지만, AI는 데이터를 통해 스스로 규칙을 생성한다. 따라서 인간이 직접 개입하지 않아도 새로운 패턴을 발견하고 문제 해결에 나설 수 있다. 이는 인류 문명에서 완전히 새로운 단계의 도구를 의미한다.

그러나 이러한 능동성은 동시에 불확실성을 수반한다. AI는 종종 '블랙박스'라 불린다. 입력과 출력은 알 수 있지만, 그 내부에서 어떻게 결론에 도달했는지는 명확히 설명되지 않는 경우가 많다. 예를 들어, 금융권의 신용평가 모델은 대출 승인 여부를 판단하지만, 그 과정에서 어떤 요인이 얼마나 작용했는지 설명하기 어렵다. 이는 사회적 신뢰의 문제로 이어지며, '설명할 수 있는 AI(Explainable AI)' 연구가 중요한 이유다.

## 3. AI의 사회적 활용과 파급효과

AI는 이미 사회 전반을 변화시키고 있다. 의료 분야에서는 환자의 진료 기록과 유전체 데이터를 분석해 맞춤형 치료법을 제시한다. 제약 산업에서는 수십 년 걸리던 신약 개발 과정을 획기적으로 단축하고 있다. 교육에서는 학생 개개인의 학습 데이터를 분석해 맞춤형 커리큘럼을 제공하며, 교사의 역할을 보조한다. 교통에서는 자율주행차뿐 아니라 스마트 교통 관리시스템이 사고를 줄이고 교통 체증을 완화한다.

금융 분야에서도 AI는 핵심이다. 알고리즘 기반의 초단타 매매, 이상

거래 탐지, 개인화된 자산 관리 서비스는 모두 AI 없이는 불가능하다. 국방 영역에서는 드론, 사이버전, 자율 무기 등에서 이미 활용되고 있으며, 예술 영역에서도 AI는 그림을 그리고 음악을 작곡한다. 인간의 고유 영역으로 여겨졌던 창작마저도 AI의 무대가 되고 있다.

이러한 변화는 기회와 위기를 동시에 가져온다. 노동 시장에서 단순 반복 업무는 빠르게 대체되고 있다. 콜센터 상담, 물류 창고 분류, 번역 작업 등이 대표적이다. 더 나아가 법률 자문, 회계, 의료 진단처럼 전문직 분야에서도 AI의 대체 가능성이 커지고 있다. 이는 일자리의 위기를 낳는 동시에, 새로운 직업과 산업의 창출을 요구한다.

또한 AI는 사회제도의 운용 방식 자체를 바꾸고 있다. 여론 분석과 정책 수립에 AI를 활용하면 실시간으로 민심을 파악하고 대응할 수 있다. 그러나 데이터 편향이 존재할 경우, 특정 계층의 목소리만 반영되는 왜곡이 발생할 수 있다. 민주주의 강화의 도구가 될 수도 있지만, 반대로 민주주의를 위협하는 도구가 될 수도 있는 것이다.

## 4. AI의 위험성과 윤리적 과제

AI는 강력한 힘을 지닌 만큼 심각한 위험을 동반한다. 첫째, 편향 문제이다. AI는 데이터에 의존하는데, 그 데이터가 사회적 차별을 반영하면 결과도 차별적일 수밖에 없다. 얼굴 인식 기술이 흑인 여성의 경우 높은 오류율을 보인 사례는 이를 잘 보여준다.

둘째, 프라이버시와 감시 문제이다. AI는 방대한 데이터를 수집·분석하기 때문에 개인의 사생활이 심각하게 침해될 수 있다. 스마트폰 사용 기록,

온라인 검색 이력, 위치 정보 등은 개인의 행동과 성향을 낱낱이 드러낸다. 만약 국가나 기업이 이를 무분별하게 활용한다면, 개인의 자유는 크게 위협받을 것이다.

셋째, 자율무기 시스템이다. AI가 탑재된 무기는 인간 개입 없이 공격 결정을 내릴 수 있다. 이는 전쟁 윤리와 국제법 체계를 무너뜨릴 위험이 있다. 만약 오작동하거나 해킹된다면 대규모 참사를 초래할 수 있다.

넷째, 통제 불가능성이다. AI가 인간의 이해 범위를 넘어설 경우, 그 판단을 인간이 제어하지 못하는 상황이 올 수 있다. 이는 'AI가 인간을 지배할 수 있다'라는 공상적 우려를 넘어, 실제 사회적 위험으로 다가오고 있다. 이와 같은 문제는 결국 책임 소재로 귀결된다. AI가 잘못된 결정을 내려 사고가 발생했을 때, 누가 책임을 져야 하는가? 개발자, 사용자, 혹은 AI 자체인가? 현재 법과 제도는 이러한 문제에 대한 명확한 답을 내리지 못하고 있다.

국제사회는 이에 대응하기 위해 윤리적 가이드라인을 제시하고 있다. 유럽연합은 '신뢰할 수 있는 AI'를 위해 투명성, 책임성, 인간 중심성 등을 강조했다. 유네스코 역시 AI 윤리 권고안을 채택했다. 그러나 국가 간 합의는 여전히 미흡하며, 구속력 있는 국제 규범은 부재하다.

## 5. 인류와 AI의 공존을 위한 길

AI는 인류가 만든 최초의 지능적 도구이자 잠재적으로 인류 문명을 근본적으로 바꿀 동반자다. 문제는 그것을 어떻게 다루느냐다. 기술 그 자체가 선이나 악을 결정하지는 않는다. 불은 음식을 익히는 데 쓰일 수도 있고, 무기를 만드는 데 쓰일 수도 있다. AI도 마찬가지다.

따라서 인류가 나아가야 할 길은 단순한 기술 규제가 아니라, 인간 자체의 성숙이다. AI는 계산과 학습에서는 탁월하지만, 감성·윤리·도덕은 빠져 있다. 따라서 인간은 AI와 함께 살기 위해 도덕적 성찰과 철학적 성숙을 이뤄야 한다. 이는 곧 정신혁명의 과제다.

홍익인간의 이념은 인류 공동체의 이익을 강조한다. 이는 AI 시대에도 여전히 유효하다. AI를 인간의 이익만이 아니라 인류 전체의 이익을 위해 활용해야 한다. 또한 지혜민주주의는 집단지성을 통해 탐욕과 약육강식을 넘어서는 새로운 정치체제를 지향한다. AI가 사회 운영에 개입할수록, 인간은 더 큰 윤리적 책임을 져야 한다.

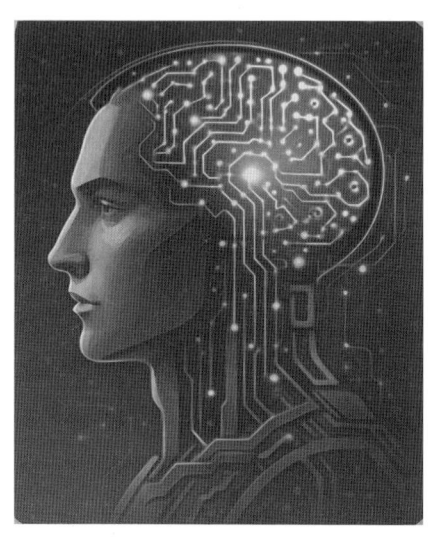
〈그림 1〉 AI란 무엇인가?

미래 사회는 AI가 인간을 대체하는 사회가 아니라, 인간과 AI가 협력하는 사회여야 한다. AI는 단순노동을 대신하고, 인간은 창의성, 윤리성, 공동체성을 발휘해야 한다. 그렇게 될 때 AI는 위협이 아니라 인류 진화의 촉진제가 될 것이다.

# 2장. 검색엔진과 AI는 무엇이 다른가?

## 1. 질문의 시작

우리는 매일 스마트폰이나 컴퓨터를 통해 무언가를 검색한다. 레스토랑을 찾을 때, 날씨를 확인할 때, 특정 인물에 대한 정보를 원할 때, 우리는 구글이나 네이버 같은 검색엔진에 키워드를 입력한다. 그러나 요즘은 단순히 검색하는 것에서 더 나아가, AI에 직접 묻고 대답을 듣는 방식으로 변화하고 있다. "서울의 오늘 날씨 어때?"라고 입력하면, 검색엔진은 다양한 웹사이트를 추천하지만, AI는 바로 "서울은 오늘 낮 최고기온 29도, 흐리고 오후에 비 가능성이 있습니다"라고 문장 형태로 답을 준다. 이 차이는 단순한 기술의 발전을 넘어, 정보에 접근하고 해석하는 방식 자체가 달라졌음을 보여준다. 물론 말이나 영상으로 모두 가능한 멀티모달(Multi-modal)로 발전하고 있다.

검색엔진은 정보를 **찾는 기술**이다. 전통적인 검색엔진은 웹 전체를 주기적으로 돌아다니며 웹페이지들을 수집하고, 그 내용을 색인화(indexing)한 뒤, 사용자가 입력한 키워드와 일치하는 문서를 순위별로 보여준다. 이 시스템은 키워드 기반 검색이다. 예컨대 "AI의 정의"라고 입력하면, AI에 대한 설명이 담긴 여러 블로그, 뉴스, 위키백과, 논문 페이지 링크들이 출력된다. 사용자는 이 중 적절한 링크를 눌러 내용을 읽으며 필요한 정보를 추려야 한다. 즉, 검색엔진은 "이런 페이지들에 답이 있을 수 있다"라고 알려주는 역할을 한다.

반면, AI는 정보를 **생성하는 기술**이다. 생성형 AI, 예컨대 ChatGPT(Chat Generative Pretrained Transformer)나 Google Gemini 같은 시스템은 단순히 정보를 모아주는 게 아니라, 학습한 방대한 텍스트 데이터를 바탕으로 사용자 질문에 대해 새로운 문장을 직접 만들어 응답한다. 이는 "답이 있는 페이지를 알려주는" 수준이 아니라, "그 답을 문장으로 써서 바로 보여주는" 능력이다. 사용자는 링크를 따로 클릭하지 않고도 한 번의 대화로 원하는 정보를 받아볼 수 있다.

## 2. 검색엔진과 AI의 근본적인 차이

두 기술의 핵심 차이는 바로 여기 있다. 검색엔진은 외부 정보를 수집해 보여주는 도구이고, AI는 기존 정보를 바탕으로 **새로운 형태로 재구성하거나 종합해 보여주는 도구**다. 검색엔진은 책을 모아두고 "이 책에 관련 내용이 있을 것이다"라고 제안하는 도서관 사서라면, AI는 "당신이 찾는 내용을 이 책 몇 권에서 종합해 요약해 드릴게요"라고 설명해 주는 조력자다. 같은 정보를 다루더라도 그 처리 방식과 사용자 경험은 크게 다르다.

구체적인 예를 들어보자. "효과적인 영어 공부 방법"을 찾고 싶다고 하자. 검색엔진은 '영어 공부'에 관련된 수많은 블로그 글, 유튜브 링크, 교육기관 홈페이지, 관련 기사 등을 제시한다. 각각의 페이지를 하나하나 열어보고 본인의 목적에 맞는 정보를 추리는 것은 사용자 몫이다. 반면 AI에 같은 질문을 하면, 대표적인 공부법 예컨대 '문장 단위 암기법', '쉐도잉(Shadowing: 따라 하기 학습법)', '스페이싱 반복 학습법(Spaced

Repetition Learning: 반복적으로 복습 간격을 늘려 가는 방법)' 등을 설명해 주고, 각 방법의 장단점, 적용 대상, 예시까지 문장으로 제시한다. 사용자에게 더 직접적이며 빠른 해답을 제공하는 셈이다.

## 3. 작동 원리의 차이

기술적인 구조도 다르다. 검색엔진은 웹페이지의 키워드 빈도, 링크 수, 사이트 신뢰도 등을 기준으로 순위를 매기고, 그 결과를 보여준다. 이때 사용자의 의도를 이해하기보다는 입력된 단어와의 일치성을 우선한다. 반면 AI는 대규모 언어모델(Large Language Model)을 기반으로 작동한다. GPT나 PaLM 같은 모델은 방대한 텍스트를 학습한 뒤, 단어 간의 관계와 문맥을 이해하고, 문장을 예측하는 방식으로 작동한다. 이 덕분에 사람의 말처럼 자연스럽고 맥락에 맞는 대답을 생성할 수 있다.

또 하나 중요한 차이는 질문의 복잡도에 대한 처리 능력이다. "AI와 AGI(Artificial General Intelligence)와 ASI(Artificial Super Intelligence)의 차이를 쉽게 설명해 줘" 같은 복잡한 질문은 검색엔진이 직접 답을 주기 어렵다. 관련 글 여러 개를 보여주는 것 외에는 별다른 도움을 주지 못한다. 그러나 AI는 세 개의 개념을 직접 비교하여 구조적으로 설명하고, 이해를 돕는 예시까지 덧붙인다. 사용자 처지에서는 한 번의 질의로 바로 만족할 만한 정보를 얻을 수 있다.

물론 AI의 응답이 항상 정확하거나 완전한 것은 아니다. 종종 실제와 다른 정보를 생성하기도 하고, 참고 출처를 잘못 제시하거나 생략하기도 한다. 반면 검색엔진은 실제 존재하는 웹페이지를 기반으로 하므로,

정보의 출처가 명확하다. 하지만 검색엔진 역시 정보가 오래됐거나 광고성 콘텐츠에 묻히는 경우가 많아, 항상 신뢰할 수 있는 것도 아니다. 결국 두 기술 모두 장단점이 있으며, 사용자 목적에 따라 적절한 선택이 필요하다.

## 4. 2가지 기능의 융합

최근에는 이 두 기술이 융합되는 방향으로 발전하고 있다. 구글은 기존 검색 기능에 생성형 AI를 덧붙인 "AI Overview" 기능을 도입해, 검색 결과 상단에 요약을 먼저 제공한다. 마이크로소프트의 Bing은 ChatGPT와 통합되어 검색 결과에 AI 응답을 덧붙이고, 링크도 함께 제시한다. Perplexity AI의 새로운 검색 플랫폼은 사용자의 질문에 AI가 응답하면서도 동시에 그 출처를 명확히 표시해 신뢰성을 높이고 있다. 이는 전통적인 검색 방식과 생성형 AI의 장점을 결합하려는 시도로 볼 수 있다.

우리는 이제 단순히 정보를 찾는 시대에서, 정보를 스스로 요약하고 해석해 주는 조력자와 함께하는 시대로 넘어가고 있다. 과거에는 지식을 많이 아는 것이 중요했다면, 이제는 좋은 질문을 던지고, 그것에 대한 통찰력 있는 답을 받을 수 있는 도구를 잘 활용하는 능력이 중요해졌다. 검색엔진은 정보의 바다에서 길을 안내해 주는 나침반이고, AI는 그 바다에서 보석을 직접 건져 올려주는 잠수부이다. 둘은 같은 바다에서 작동하지만, 역할은 전혀 다르다.

검색엔진과 AI의 가장 큰 차이점은 아래와 같이 정리될 수 있다. 여러 가지로 설명할 수 있지만 검색엔진은 질문한 정보를 단순히 나열하고 읽어주지는 않지만, AI는 질문자의 요구대로 관련 정보를 모두 읽고 요청에 응답한다는 것이 가장 큰 차이점이라 할 수 있다. 즉, 검색엔진은 정보를 찾는 도구이고, AI는 정보를 이해하고 읽고 필요에 따라 활용하는 도구이다. 구체적인 내용은 〈표1〉과 같다. 그렇지만 점차 검색엔진과 AI의 구별이 없어지고 검색엔진이 AI에 귀속되며 최근에는 AI에 검색엔진의 기능이 포함되는 현상이 나타나고 있다(예: 구글의 Search Generative Experience (SGE), Bing+ChatGPT(마이크로소프트), 네이버+하이퍼클로버/Q).

〈표 1〉 검색엔진과 AI의 차이

| 구분 | 검색엔진 (Search Engine) | AI (특히 생성형 AI) |
| --- | --- | --- |
| 기본 목적 | 정보를 찾아주는 기술 | 정보를 만들어 주는 기술 |
| 응답 방식 | 웹페이지 링크를 나열 | 문장·답변을 직접 생성 |
| 작동 원리 | 키워드 기반 검색 + 색인화 | 문맥 기반 예측 + 자연어 생성 |
| 질문 이해 방식 | 단어 중심의 일치성 분석 | 문맥과 의도 중심의 이해 |
| 사용자 행동 | 여러 링크 클릭 → 정보 파악 | 하나의 대답으로 정보 파악 |
| 정보 출처 | 외부 웹페이지 링크 명시 | 학습된 데이터 기반 응답<br>(출처 불명확 가능) |
| 최신 정보 반영 | 주기적 업데이트(제한적 실시간성) | RAG 등 연결 시 실시간 가능 |
| 오류 위험 | 출처는 명확하나 광고·왜곡 위험 | 정확도 편차,<br>'환각(hallucination)' 가능 |
| 복잡한 질문 처리 | 관련 페이지 제시 정도 | 통합적 설명 및 비교 가능 |
| 예시 플랫폼 | Google, Naver, Bing | ChatGPT, Gemini, Perplexity |

검색엔진이든 AI 앱이든 관계없이 컴퓨터나 휴대전화에서 프로그램을 내려받으면 된다. 현실적으로 그것이 어려운 사람이면 젊은 사람들에게 물어보면 간단히 해결된다. 이제는 앎을 자랑하는 시대가 아니라 질문을 잘하면 되는 시대이기 때문에다. 네이버나 구글 크롬과 같은 검색엔진과 ChatGPT의 검색창을 비교해 보면 쉽게 알 수 있다. 예를 들어 네이버에서

"서울의 맛집"이라고 검색하면, 서울에 있는 맛집 정보를 다룬 블로그 글, 뉴스 기사, 가게 홈페이지 등 수천 개의 링크가 결과로 뜬다. 하지만 이때 중요한 건, 검색엔진은 직접 내용을 요약하거나 정리해 주지 않는다는 점이다. 목록은 제공하지만, 그 안에서 어떤 내용을 읽고 판단하는 건 전적으로 사용자에게 달려 있다.

검색엔진은 마치 거대한 도서관에서 "맛집"이라는 키워드로 책 제목이나 목차를 보여주는 역할이다. 하지만 책을 직접 읽고 요약해 주는 사서는 아니다. 아래 그림에서 볼 수 있는 것처럼 맛집 목록만 보여줄 뿐이며 내용을 정확히 이해하기 위해서는 수많은 내용을 모두 읽어야 하는 번거로움이 있다.

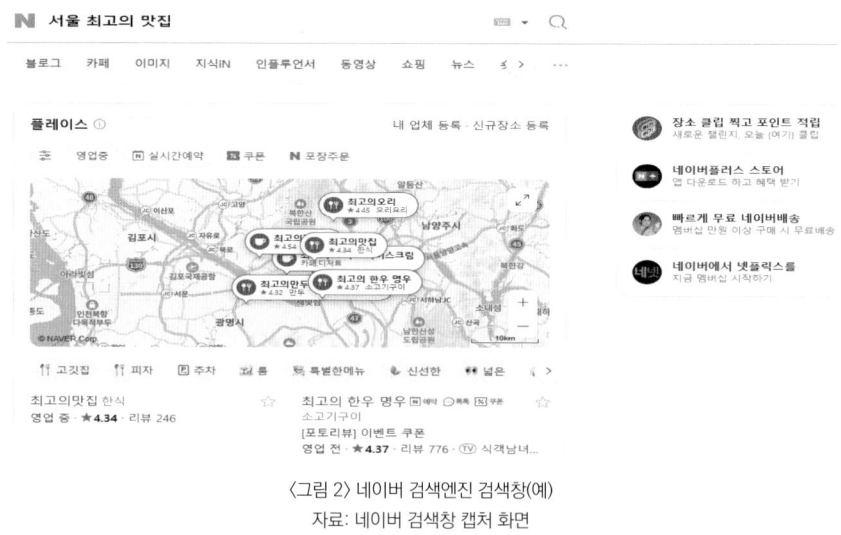

〈그림 2〉 네이버 검색엔진 검색창(예)
자료: 네이버 검색창 캡처 화면

반면 ChatGPT나 구글의 Gemini와 같은 AI는 단순히 정보를 나열하는 수준을 넘는다. AI는 정보를 읽고, 이해하고, 요약하며, 때로는 새로운 결론까지 도출한다. 예를 들어 "서울의 맛집을 추천해 줘"라고 AI에게 물으면, AI는 수많은 소개, 블로그, 기사, 평점 등을 분석해 '어떤 지역에 어떤 음식을 파는 식당이 인기 있는지', '왜 사람들이 그곳을 좋아하는지'를 정리해 추천해 준다. 사용자는 수천 개의 링크를 클릭할 필요 없이, 요약된 정보와 핵심을 바로 얻을 수 있다.

AI는 마치 책을 읽고 이해해서 그 내용을 간단히 정리해 주는 '똑똑한 사서'와 같다. 단지 제목이나 페이지를 알려주는 게 아니라, 책 전체를 읽고 그 핵심을 알려주는 것이다.

아래 그림에서 볼 수 있듯이 '서울 최고의 맛집을 3개만 찾아서 200자'로 쓰라는 명령어에 AI는 지금까지 학습된 모든 지식을 총동원하여 대화창에 질문한 내용대로 답하여 준다. 따라서 AI시대에는 무엇을 알고 있는가가 중요한 것이 아니라 무엇을 모르는가를 아는 것이 중요하다.

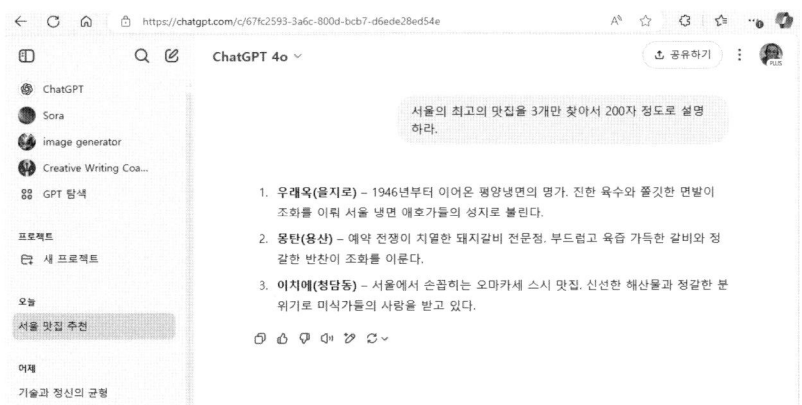

〈그림 3〉 ChatGPT 4o의 서울 최고의 맛집 질문 결과
출처: ChatGPT 4o 화면 겹쳐

# 3장. AI 서비스 비교
## (ChatGPT, Gemini, Perplexity, Liner)

## 1. AI 시대의 선택 과제

21세기 들어 AI는 단순한 기술적 도구를 넘어 인간 삶의 구조를 변화시키는 중심축으로 부상했다. 스마트폰 속 음성 비서, 이메일 자동 분류 시스템, 온라인 강의 요약 서비스 등 일상 속 곳곳에 자리 잡으며 인간의 의사결정과 사고 과정에 깊이 개입하고 있다.

그러나 AI라 해서 모두 같은 성격을 띠는 것은 아니다. 언어 모델 기반의 대화형 AI만 보더라도 서비스마다 성능, 강점, 한계가 뚜렷하다. 따라서 목적에 맞는 적절한 도구를 선택하는 것은 단순한 편의의 문제가 아니라 생산성과 창의성, 나아가 지적 성취와도 직결된다.

이 글에서는 필자가 실제로 활용하는 네 가지 대표적 AI인 ChatGPT(OpenAI), Gemini(Google), Perplexity, Liner를 중심으로 각각의 장단점을 분석하고, 학술·창작·연구·실무 영역에서 어떻게 활용할 수 있는지를 심층적으로 논의한다.

## 2. ChatGPT

ChatGPT는 OpenAI가 개발한 대화형 AI로, 가장 대중적으로 널리 알려진 서비스다. 장점으로는 첫째, 자연스러운 대화 능력이다. 사용자의 질문을 맥락적으로 이해하고 끊김이 없이 이어가는 대화가 가능하다. 둘째,

창의적 글쓰기 능력이 뛰어나 시, 소설, 사설, 논문 초안까지 다양한 글을 생산한다. 셋째, 플러그인과 API, 이미지·코드 생성 기능 등 확장성이 높아 학술, 예술, 기획 등 다방면 활용이 가능하다.

단점으로는 첫째, 최신 정보 제공의 한계다. 검색 기능을 사용하지 않으면 최근 사건이나 통계를 반영하지 못한다. 둘째, 긴 글 작성 시 반복이나 맥락 누락이 발생할 수 있다. 셋째, 법률·의학 등 전문 영역에서는 깊이가 부족하다. 결국 ChatGPT는 창작과 대화에 최적화된 AI라 할 수 있다.

## 3. Gemini

Gemini는 Google이 개발한 AI 서비스로, 기존 Bard의 후속 격이다.

장점은 첫째, 최신 정보 접근성이다. Google 검색과 연결되어 있어 실시간 뉴스와 자료를 바로 반영할 수 있다. 둘째, 멀티모달 능력이 강하다. 텍스트, 이미지, 음성, 코드 등 다양한 입력을 처리하며, Google Lens·YouTube와의 연동성이 뛰어나다. 셋째, Gmail, Docs, Drive와 연결되어 업무 생산성 향상에 유리하다.

단점으로는 첫째, 대화의 자연성이 ChatGPT에 비해 부족하다. 장문 작성 시 일관성이 떨어진다. 둘째, 한국어 지원의 완성도가 낮아 영어 대비 매끄럽지 못하다. 셋째, 창의적 글쓰기 능력이 부족하다. 따라서 Gemini는 '창의적 글쓰기'보다는 '최신 정보 제공과 멀티모달 분석'에 강점을 지닌다.

## 4. Perplexity

Perplexity는 '검색+AI'라는 독특한 정체성을 지닌다.

장점은 첫째, 답변마다 출처를 명확히 제시해 신뢰성을 높인다. 둘째, 웹 검색을 실시간 반영해 최신 이슈를 다룰 수 있다. 셋째, 긴 문서나 보고서를 빠르게 요약하는 능력이 뛰어나다. 학자, 언론인, 학생들에게 특히 유용하다.

단점은 첫째, 맥락 유지가 어렵다는 점이다. 연속 대화보다는 개별 질문에 적합하다. 둘째, 창의적 글쓰기에는 부적합하다. 셋째, UI(User Interface)가 단순해 확장성이 부족하다.

결과적으로 Perplexity는 사실 검증과 출처 확보가 필요한 연구자나 기자에게 가장 적합한 도구다.

## 5. Liner

Liner는 한국 스타트업이 개발한 서비스로, 주로 브라우저 확장 기능을 통해 강점을 발휘한다.

장점은 첫째, 사용자의 관심사를 분석해 맞춤형 자료를 추천하는 큐레이션 기능이다. 둘째, 논문·기사·블로그를 강조하고 메모할 수 있어 학습·연구에 최적화되어 있다. 셋째, PDF나 웹 문서를 직접 요약하는 기능이 강력하다.

단점은 첫째, ChatGPT처럼 자유로운 대화가 불가능하다. 둘째, 한국어 지원은 개선 중이지만 영어 중심으로 치우쳐 있다. 셋째, 창작이나 아이디어 발산에는 활용도가 낮다. 즉, Liner는 정보 정리와 연구 지원에 강점을 지닌 도구다.

## 6. 요약

　네 가지 서비스를 종합해 보면 서로 보완적 성격을 가진다. ChatGPT는 창작과 장문의 쓰기에 강하다. Gemini는 최신 정보와 멀티모달 분석에서 우세하다. Perplexity는 사실 검증과 출처 확보에서 독보적이다. Liner는 개인화된 학습·연구 요약에 특화되어 있다. 실제 사례를 보자. 강연을 준비할 때 ChatGPT는 연설문 초안을 작성해 주고, Gemini는 최신 통계자료를 확보하며, Perplexity는 신뢰할 만한 출처를 제공한다. Liner는 필요한 논문과 기사를 정리한다. 하나의 AI만 사용하는 것보다, 네 가지를 병행하는 것이 훨씬 생산적이다.

〈표 2〉 AI의 비교분석

| 구분 | ChatGPT | Gemini | Perplexity | Liner |
|---|---|---|---|---|
| 강점 | 대화 자연성, 창의적 글쓰기, 확장성 | 최신 정보, 멀티모달, 구글 통합 | 사실 기반 응답, 출처 제공 | 맞춤형 큐레이션, 연구 최적화 |
| 단점 | 최신 정보 제한, 긴 글 오류 | 대화 맥락성 부족, 한국어 미흡 | 창의성 부족, 맥락 유지 한계 | 대화형 한계, 한국어 제약 |
| 추천 용도 | 창작, 장문 글쓰기, 강연 준비 | 최신 동향, 데이터 분석 | 논문 검증, 뉴스 요약 | 연구 정리, 학습 |
| 대표 사용자층 | 작가, 연구자, 기획자 | 실무자, 데이터 분석가 | 학자, 기자, 학생 | 학생, 연구자, 큐레이터 |

# 4장. 우리는 왜 AI를 알아야 하는가?

## 1. '새로운 불'의 발견: 인류 문명의 분기점

인류의 역사는 몇 차례의 거대한 문명적 전환을 거쳐왔다. 불의 발견은 단순히 음식을 익히고 몸을 덥히는 수준을 넘어, 인간이 자연을 통제할 수 있다는 첫 번째 신호였다. 농업혁명은 수렵과 채집의 불안정한 삶을 종식하고 정착과 문명 건설의 기초를 마련하였다. 인쇄술은 지식의 독점을 무너뜨리고 보편적 학습을 가능하게 했으며, 전기와 인터넷은 사회의 구조와 인간의 사고 자체를 바꾸어 놓았다. 오늘날 우리는 다시 한번 이러한 역사적 분기점에 서 있다. 바로 AI이다.

AI는 단순한 기술이 아니라 '새로운 불'이라고 할 수 있다. 불을 처음 만난 인간이 그 불을 다루는 법을 알지 못했다면, 따뜻함 대신 화상을 입었듯, AI도 우리가 어떻게 다루느냐에 따라 인류의 미래를 밝힐 수도, 파괴할 수도 있다. 지금, 이 순간 AI를 알아야 하는 이유는 인류 문명의 주도권을 지키기 위해, 꼭 필요한 지식이기 때문이다.

실제로 AI는 이미 우리의 일상에 스며들어 있다. 구글이나 네이버에서 검색할 때, 유튜브에서 영상을 추천받을 때, 온라인 쇼핑몰에서 맞춤형 광고를 볼 때 우리는 모두 AI와 마주한다. 즉, 우리는 매일 AI의 영향을 받으면서도 그것을 의식하지 못하고 살아간다. 불을 발견한 원시인이 그것을 단순한 불꽃쯤으로 생각했다면 문명은 탄생하지 않았을 것이다. AI 역시 단순한 도구가 아니라, 새로운 문명을 창조할 수 있는 불씨다. 따라서 우리는 AI를 기술적 편의의 차원을 넘어 **새로운 시대정신의 중심 현상**으로 이해해야 한다.

## 2. 일자리와 생존 전략

AI가 우리 사회에 미치는 가장 즉각적이고 현실적인 영향은 바로 일자리다. 세계경제포럼(The World Economic Forum: WEF)의 보고서에 따르면, 2027년까지 전 세계 일자리의 14%가 AI와 자동화로 인해 재편될 것이라고 한다. 반복적이고 규칙화된 업무는 이미 로봇 프로세스 자동화(RPA)와 챗봇이 대체하고 있다. 콜센터, 단순 행정, 제조업 조립공정 같은 일자리들은 점점 줄어들고 있다. 그런데 문제는 이것이 단순 노동자에 국한되지 않는다는 점이다. 법률 자문, 회계, 언론 기사 작성, 의료 진단과 같은 전문 직종에도 AI가 빠르게 침투하고 있다.

이러한 변화는 많은 이들에게 위기감을 안겨준다. "내 일자리가 사라지면 어떻게 하지?"라는 질문은 전 세계 노동자들의 공통된 불안이다. 그러나 위기만 있는 것은 아니다. 새로운 기회도 함께 열리고 있다. 예를 들어 농업에서는 AI 기반의 바이오 농업이 확산하고 있다. 드론과 센서를 통해 토양의 영양 상태를 분석하고, 최적의 파종 시기와 비료 사용량을 계산해 준다. 이를 통해 농민은 더 적은 비용으로 더 많은 수확을 올릴 수 있다. 의사들은 AI를 통해 환자의 MRI 영상을 더 정밀하게 분석하고, 예측할 수 있는 질병을 미리 진단할 수 있게 되었다. 교사들은 AI 도우미를 활용해 학생의 수준과 학습 속도에 맞춘 개별 수업을 제공할 수 있다.

따라서 AI는 일자리를 빼앗는 것이 아니라, **일자리를 재구성하는**

기술이다. 단순 반복 업무는 줄어들지만, AI와 협력하며 새로운 가치를 창출하는 일자리는 늘어난다. 예를 들어 '프롬프트 엔지니어(prompt engineer)'라는 직업은 불과 5년 전에는 존재하지 않았지만, 지금은 AI 산업에서 가장 주목받는 직종이 되었다. 간단히 말하면 AI를 이해하는 사람에게는 기회가 확대되지만, AI를 모르는 사람에게는 생존의 위기가 다가오는 셈이다. 그렇기에 지금 AI를 배우고 이해하는 것은 개인의 생존 전략이자 사회적 생존 전략이다.

## 3. AI 문해력과 인간성 시험대

AI를 알아야 하는 또 다른 이유는 그것이 단순히 경제 구조를 바꾸는 것을 넘어 사회의 근본 원리와 민주주의의 토대까지 흔들고 있기 때문이다. 최근 몇 년 사이 전 세계를 떠들썩하게 한 가짜뉴스와 딥페이크 영상은 AI 기술의 산물이다. 선거철마다 특정 정치인을 모욕하거나 허위 사실을 유포하는 영상이 등장하는데, 그 진위를 일반 시민이 판별하기란 점점 어려워지고 있다. 만약 시민이 AI의 작동 원리를 전혀 이해하지 못한다면, 이런 조작된 정보에 속아 잘못된 선택을 하게 될 가능성이 커진다. 이는 곧 민주주의 자체의 위기로 이어질 수 있다.

따라서 오늘날의 시민 교양은 단순한 독해력과 수학적 능력을 넘어서야 한다. 바로 **AI 문해력**이다. AI 문해력이란 AI가 무엇을 할 수 있고 무엇을 할 수 없는지, AI가 만들어낸 결과물이 신뢰할 수 있는지, 그리고 그것을 어떻게 윤리적으로 활용해야 하는지를 아는 능력을 말한다. 과거 산업화 시대에는 글을 읽지 못하는 문맹이 사회적 약자였다면, AI 시대에는 AI

문맹이 새로운 사회적 약자가 될 수 있다.

이 문제는 단순히 기술 교육 차원에 그치지 않는다. 그것은 곧 인간의 존엄과 자유를 지키는 문제다. AI가 사회 전반을 지배하는 세상에서 개인이 자신의 데이터와 사생활을 지키고, 허위 정보와 진실을 구분하며, 스스로 사고할 수 있으려면 반드시 AI를 이해해야 한다. 다시 말해, AI를 모르는 시민은 민주주의 사회에서 무력한 존재가 되고 만다. AI를 이해하는 것은 곧 **시민으로서 스스로 방어하는 힘**을 기르는 일이다.

## 4. 인간과 AI의 동반자 관계

AI를 무조건 부정적인 두려움의 대상으로만 보는 것은 균형 잡힌 시각이 아니다. AI는 위협이자 동시에 인류 창조성의 새로운 동반자다. 이미 AI는 음악을 작곡하고, 그림을 그리며, 소설을 쓰고 있다. 그러나 이것이 인간의 창의성을 무너뜨리지는 않는다. 오히려 인간은 AI와 협력할 때 더 큰 창의성을 발휘할 수 있다. AI는 방대한 데이터를 분석하고 숨은 패턴을 찾아내는 데 뛰어나지만, 그 결과를 사회적 가치로 연결하고 의미를 부여하는 것은 인간의 몫이다. 인간만이 가질 수 있는 상상력, 윤리적 판단, 공감 능력이 여전히 필요하다.

교육에서도 이러한 변화가 감지된다. 경제학자 타일러 카우언은 대학 교육의 최대 3분의 1은 AI와 상호작용을 하며 AI의 장단점을 이해하는 데 써야 한다고 주장한다. 구글의 딥마인드 연구자인 스테파니아 드루가는 아이들이 AI와 함께 게임을 만들고 로봇을 프로그래밍하는 경험을 통해 AI를 단순한 도구가 아니라 공동 창작자로 이해해야 한다고 강조한다. 최근

발표된 'Generative AI Literacy' 모델은 프롬프트 작성, 법률과 윤리, 비판적 평가 등 12개의 핵심 역량을 제시하며, 단순히 AI를 사용할 줄 아는 수준을 넘어 책임 있는 창조자로 성장할 수 있도록 교육해야 한다고 말한다.

앞으로의 시대는 인간이 AI와 경쟁하는 시대가 아니라, 인간과 AI가 협력하여 새로운 가치를 만들어내는 시대다. 마치 과거 인간이 불을 다루어 요리, 난방, 산업혁명을 가능하게 했듯이 AI를 다루는 인간은 새로운 창조의 시대를 열 것이다. AI를 모르면 두려움만 남겠지만, AI를 알면 기회가 열린다. 그래서 우리는 지금 AI를 알아야 한다. 그것은 생존 전략일 뿐만 아니라, 인간다운 미래를 위한 창조적 도전이기 때문이다.

## 5. 요약

AI를 알아야 하는 이유는 단순하다. 그것은 선택이 아니라 필수다. AI는 이미 현실이며, 우리의 삶을 재편하고 있다. 이를 이해하지 못하면 우리는 시대의 변두리로 밀려나고 만다. 그러나 올바르게 이해하고 활용한다면, AI는 위기가 아니라 인류 문명을 확장하는 새로운 불이 될 것이다. 인류가 불을 발견해 문명을 세웠듯, AI를 이해하고 다루는 인간만이 새로운 시대의 주인이 될 수 있다. 따라서 우리는 지금, AI를 반드시 알아야 한다.

# 5장. AI 시대로의 대전환

## 1. 쇄국정책: 변화의 거부가 불러온 비극

19세기 조선은 거대한 세계사의 변곡점 앞에 서 있었다. 산업혁명으로 무장한 서구 열강은 동아시아로 밀려들었고, 일본은 이를 기회로 삼아 근대화의 길을 걸었다. 그러나 조선은 달랐다. 외세와의 접촉을 최소화하고, 내부의 안정만을 꾀하는 쇄국정책을 고수했다. 표면적으로는 '자주독립'과 '자존심 유지'를 명분으로 내세웠지만, 그 본질은 변화에 대한 두려움과 무지였다.

쇄국정책은 단기적으로는 일정한 안정을 제공했다. 외세의 빠른 침투를 막고, 유교적 질서를 유지하며 사회의 혼란을 줄이는 효과가 있었다. 그러나 세계가 전례 없는 속도로 변화하는 상황에서 이러한 선택은 곧 '시대적 고립'을 의미했다.

실제로 1866년의 병인양요, 1871년의 신미양요에서 조선은 열강의 신식 무기 앞에 속수무책이었다. 그럼에도 조선 조정은 이를 '소규모 침략 사건'으로만 치부하고 근본적인 제도 개혁이나 군사 혁신을 외면했다. 1876년 강화도 조약은 조선이 불평등 조약 체제에 편입되는 첫걸음이 되었으며, 이후 청·일 전쟁, 러·일 전쟁의 소용돌이 속에서 조선은 점점 외교적 주권을 잃어갔다.

결국 1910년, 한반도는 일본 제국주의의 식민지가 되었다. 쇄국정책의 결과는 단순한 정책 실패가 아니라 민족적 비극이었다. 변화의 물결을 거부한 결과, 조선은 35년간의 식민 지배라는 참혹한 경험을 겪어야 했다. 이는 단순히 과거의 사건이 아니라 오늘날 우리에게도 중요한 경고를 던진다.

## 2. AI 시대: 또 다른 문명적 변곡점

21세기 인류는 또 다른 대전환기를 맞이했다. 그것은 바로 AI 혁명이다. AI는 단순한 기술이 아니라 인간의 삶과 사회 구조를 송두리째 바꾸는 거대한 힘이다. 산업혁명 당시 증기기관이 노동의 개념을 바꾸었듯, AI는 지능과 판단의 영역을 기계가 대신하는 시대를 열고 있다.

이미 그 영향력은 곳곳에서 드러난다. 의료 분야에서는 AI가 방대한 데이터와 영상 자료를 분석하여 암 진단의 정확도를 기존 의사보다 더 높게 만들고 있다. 예컨대 구글의 딥마인드가 개발한 '알파폴드(AlphaFold)'는 단백질 구조를 예측해 제약 산업에 혁신을 가져왔다. 금융 분야에서는 AI가 초 단위로 변동하는 시장 데이터를 분석하여 위험을 줄이고 이익을 극대화한다. 교육에서는 학생 개인의 학습 데이터를 기반으로 맞춤형 교육 콘텐츠를 제공하며, 국방에서는 위성영상·빅데이터·드론 기술과 결합해 전장의 상황을 실시간으로 분석한다.

이처럼 AI는 이미 현실이다. 더 중요한 점은 국가 경쟁력의 기준이 'AI 활용 능력'으로 옮겨가고 있다는 것이다. 미국은 '국가 AI 전략'을 통해 인재 양성과 연구개발 투자를 강화하고 있으며, 중국은 '차이나 AI 드림'을 내걸고 군사·경제 전 분야에 AI를 접목시키고 있다. 유럽연합은 AI 윤리 규범을 제정하며 기술과 규범을 동시에 주도하려 한다.

이 거대한 흐름 속에서 AI 전환을 거부하는 것은 곧 조선 말기의 쇄국정책과 다를 바 없다. 세계는 기다려주지 않는다. 기술 발전은 멈추지 않고, 그 속도를 따라잡지 못하는 국가는 도태된다.

## 3. 쇄국의 교훈과 오늘의 선택

조선의 쇄국정책은 '민족의 자존심을 지키겠다'라는 명분을 가졌다. 그러나 실상은 현실 직시를 회피한 두려움이었다. 오늘날 AI 전환을 거부하는 논리 역시 이와 닮았다. 'AI는 인간의 일자리를 빼앗는다', 'AI는 윤리적 문제가 많다.' 'AI는 위험하다'라는 우려는 분명 존재한다. 하지만 그것은 전환 자체를 거부할 이유가 아니라, 오히려 더 적극적인 활용과 규범 설계의 필요성을 보여주는 지표다.

예컨대 19세기 일본도 근대화를 시작할 때 엄청난 반대에 부딪혔다. 사무라이 계급은 몰락했고, 농민과 상공업자들도 혼란을 겪었다. 그러나 일본은 개혁을 밀고 나갔고, 그 결과 아시아에서 유일하게 열강의 식민지가 되지 않고 오히려 많은 패악을 끼쳤지만, 제국주의를 경험한 나라로 남았다. 반대로 조선은 변화를 거부했고, 결과적으로 가장 비극적인 길을 걸었다.

오늘날 대한민국은 세계적인 반도체 강국이자 AI 연구 선도국가다. 그러나 만약 지금, 이 순간 AI 시대의 흐름을 주저하거나 거부한다면, 조선 말기와 같은 결과가 반복될 수 있다. 특히 청년 세대는 글로벌 노동 시장에서 AI 활용 능력이 생존의 조건이 되고 있다. 변화를 수용하지 않으면 개인은 실직하고, 국가는 쇠락한다. 역사는 반복된다. 쇄국은 망국으로 이어졌다. AI 전환 거부도 마찬가지다.

## 4. AI 시대로의 변화 거부가 불러올 결과

AI 시대로의 변화를 거부한다면 어떤 결과가 초래될까? 이는 단순한 기술적 문제가 아니라 국가의 생존 문제다.

첫째, 경제적 쇠퇴가 불가피하다. 세계 경제는 이미 AI 활용을 전제로 움직이고 있다. AI를 통한 생산성 향상은 기업의 투자 결정과 직결된다. 한국이 AI 활용을 소극적으로 한다면 글로벌 기업과 투자자는 한국을 외면할 것이다. 이는 마치 조선이 근대적 무역 질서에 참여하지 못해 국제 시장에서 배제된 것과 같다.

둘째, 국가 안보가 취약해진다. 현대전은 정보전이며, AI는 핵심이다. 위성영상 분석, 사이버 공격 방어, 무인 무기 체계 운영 등 모든 영역에서 AI는 필수적이다. 이를 거부한다는 것은 곧 스스로 국방을 무력화하는 행위와 같다. 조선이 신식 무기를 도입하지 못해 열강의 함포 앞에서 무너진 것처럼, 21세기 국가는 AI 없는 군사력으로는 전쟁에서 승리할 수 없다.

셋째, 사회·문화적 후진성을 피할 수 없다. 교육, 의료, 복지에서 AI는 불평등을 줄이는 새로운 도구가 될 수 있다. AI 기반 원격 의료는 의료 사각지대를 줄이고, 맞춤형 교육은 학습 격차를 해소한다. 그러나 이를 거부한다면 국민은 더 나은 삶의 기회를 잃는다. 이는 마치 조선 백성이 근대적 제도의 혜택을 받지 못하고 오히려 착취당했던 것과 같다.

넷째, 청년 세대의 좌절이 뒤따른다. 글로벌 청년들은 이미 AI 코딩, 데이터 분석, 자동화 툴 활용 능력을 기본 역량으로 삼고 있다. 한국의 청년이 이러한 흐름에서 뒤처진다면, 국제 무대에서 경쟁할 기회조차 얻지 못한다. 이는 국가적 인재 손실이며, 미래 세대의 절망이다.

## 5. 미래를 위한 결단: 개방과 융합

조선의 쇄국정책이 망국으로 이어졌듯, AI 전환의 거부 역시 비극을 초래할 수 있다. 그러나 역사의 교훈은 단순한 경고가 아니라 다른 길을 선택할 기회를 준다.

우리가 선택해야 할 길은 명확하다. AI를 포용하고, 인간의 정신적 가치와 결합하는 개방과 융합의 전략이다. AI는 위험을 내포하지만, 그것을 다스리고 윤리적으로 활용하는 것은 인간의 몫이다. 기술을 거부하는 것이 아니라, 기술을 통제하며 인류의 이익에 맞게 사용하는 것이 답이다.

대한민국은 이미 세계적 기술력을 갖추고 있다. 여기에 더해 '홍익인간'의 정신을 적용할 수 있다. 홍익인간은 '널리 인간을 이롭게 한다'는 가치다. AI가 단순히 효율과 이익을 위한 도구가 아니라, 인류 전체를 위한 기술이 될 수 있도록 하는 지침이 될 수 있다.

따라서 정부는 국가 AI 전략을 더욱 정교하게 추진해야 한다. 교육에서는 전 국민의 AI 문해력을 높이고, 청년에게는 AI 창업 기회를 제공해야 한다. 산업에서는 반도체와 데이터 산업을 기반으로 세계적 AI 클러스터를 조성해야 하며, 윤리적 규범에서는 국제적 리더십을 발휘해야 한다.

역사는 단순한 과거가 아니다. 조선의 쇄국정책이 망국으로 이어졌다는 사실은, AI 시대로의 전환을 거부하는 것이 어떤 결과를 초래할지 예견하게 한다. 그러나 오늘 우리는 다른 선택을 할 수 있다. AI와 정신혁명의 융합, 이것이 미래를 여는 길이다. 한국이 이 길을 선택한다면, 우리는 21세기 인류 문명의 새로운 선도국가가 될 수 있다.

# 6장. AI로 변화되는 새로운 삶의 지평

## 1. 집안 깊숙이 스며드는 AI

예전에는 AI가 먼 미래의 기술처럼 여겨졌다. 그러나 지금은 집 안 곳곳에 자리 잡으며 가족의 일상과 밀착하고 있다. 가장 대표적인 예는 스마트 홈 시스템이다. 음성 인식 스피커는 사용자의 목소리에 반응해 불을 켜고, 온도를 조절하고, 음악을 틀어준다. 예를 들어, 아마존 알렉사나 구글 홈 같은 기기는 단순한 명령 수행을 넘어서 사용자의 습관을 학습해 선제적으로 행동한다. 저녁 무렵이면 자동으로 조명을 은은하게 바꾸고, 잠들기 전에 취침 상태를 실행하는 식이다.

주방에서도 AI의 존재감은 크다. 스마트 냉장고는 내부 식재료를 스스로 인식하고, 부족한 재료를 주문 목록에 올려준다. 또 AI 기반 요리 애플리케이션은 냉장고 속 재료로 만들 수 있는 요리법을 추천한다. 이는 단순히 생활을 편리하게 만드는 수준을 넘어, 가계의 소비 습관과 식습관까지 바꿔놓는다.

이처럼 AI는 집 안을 단순한 생활 공간이 아니라, '지능형 생태계'로 변화시키고 있다. 기술은 사용자가 알아차리지 못할 만큼 자연스럽게 스며들며 생활 리듬을 조율하고, 인간은 점점 더 기술과 공생하는 존재로 변해가고 있다.

## 2. 노동의 성격을 바꾸는 AI

직장과 산업 현장에서도 AI는 이미 중심적인 역할을 차지한다. 사무직에서는 AI가 이메일을 분류하고 회의록을 자동으로 정리한다. 챗봇은 고객 상담을 대신 처리해, 24시간 응대가 가능하게 되었다. 제조업 현장에서는 로봇과 AI 알고리즘이 결합해 생산 설비의 효율성을 극대화한다. 불량률은 줄어들고, 생산 속도는 빨라진다.

특히 데이터 분석 영역은 AI의 진가가 발휘되는 곳이다. 과거에는 방대한 데이터를 처리하려면 수십 명의 분석가가 필요했지만, 이제는 AI가 실시간으로 데이터를 가공하고 패턴을 도출한다. 금융권에서는 이 기술을 활용해 사기 거래를 탐지하고, 주식 시장의 변동성을 예측한다. 물류업에서는 배송 경로를 최적화해 비용을 절감하고, 고객은 더 빠른 배송 서비스를 누린다.

AI는 단순히 인간의 일을 대신하는 것이 아니다. 오히려 인간의 역할을 새롭게 정의하게 만든다. 단순 반복 업무는 기계가 맡고, 인간은 창의적 기획이나 전략적 판단에 더 집중하게 된다. 이는 노동 시장에 불안정성을 불러오기도 하지만, 동시에 새로운 직업을 창출하는 동력으로도 작용한다. AI가 일터에 스며들수록, 인간은 기계와 협업하는 존재로 재편된다.

## 3. 병원과 돌봄 속 AI

의료와 돌봄은 AI가 가장 빠르게 확산되고 있는 분야이다. AI는 방대한 의료 데이터를 학습해 진단과 치료를 돕는다. 예컨대 영상의학 분야에서는

X-ray, MRI, CT 영상을 분석해 의사가 놓칠 수 있는 작은 병변을 찾아낸다. 이는 암, 폐질환, 뇌졸중 등 치명적 질병의 조기 발견을 가능하게 한다.

또한 AI는 맞춤형 의료의 핵심 도구다. 환자의 유전자 정보, 생활 습관, 병력 데이터를 통합해 개인에게 최적화된 치료법을 제안한다. 제약 산업에서는 신약 후보 물질을 발굴하고 임상 시험을 단축하며, 팬데믹 상황에서는 전염병 확산 경로를 예측하고 백신 개발을 가속했다.

돌봄 영역에서도 AI의 역할은 커지고 있다. 노인 돌봄 로봇은 대화를 통해 정서적 안정감을 제공하고, 낙상 사고를 예방하기 위해 움직임을 감지한다. 장애인 보조 기기는 사용자의 생활방식을 학습해 이동을 돕고, 필요한 정보를 즉시 제공한다. 이는 단순히 편의를 제공하는 수준을 넘어, 인간의 존엄을 지켜주는 도구로 자리 잡는다. 의료와 돌봄 속에서 AI는 인간의 한계를 보완하며, 건강과 복지의 패러다임을 새롭게 쓰고 있다.

## 4. 교육과 학습 속 AI

교육 영역은 AI가 인간의 미래를 형성하는 데 직접적으로 개입하는 공간이다. AI는 학생 개개인의 학습 데이터를 분석해, 맞춤형 학습 경로를 제시한다. 학습자가 어떤 부분에서 자주 실수하는지, 어떤 과목에서 더 흥미를 느끼는지를 실시간으로 파악하고, 이에 맞는 콘텐츠를 추천한다.

이러한 맞춤형 학습은 교사의 역할에도 변화를 불러온다. 과거에는 교사가 일방적으로 지식을 전달했다면, 이제는 AI가 기본적인 학습을 보조하고 교사는 학생 개개인에게 집중적인 피드백을 제공할 수 있다. 이는 교사의 부담을 줄이는 동시에 교육의 질을 높이는 효과를 낸다.

또한 AI는 교육 격차 해소에도 기여할 수 있다. 인터넷만 연결되어 있다면, AI 기반 학습 도구를 통해 도시와 농촌, 부유층과 저소득층의 교육 환경 격차를 줄일 수 있다. 그러나 동시에 기술 접근성이 낮은 집단은 오히려 소외될 수 있다는 점에서, 디지털 격차 문제를 해결하는 것이 필수적이다.

결국 AI는 교육을 대체하는 것이 아니라, 교육의 본질을 변화시킨다. 단순한 지식 주입에서 벗어나 창의적이고 탐구적인 학습으로 전환하게 하는 힘이 바로 AI다.

## 5. 사회와 문화 속 AI

마지막으로 AI는 사회와 문화 전반에 스며들고 있다. 소셜 미디어 플랫폼은 AI 알고리즘을 통해 맞춤형 콘텐츠를 제공하고, 이는 개인의 여론 형성과 사회적 관계에 지대한 영향을 미친다. 그러나 동시에 필터 버블과 가짜뉴스, 딥페이크 문제는 사회적 갈등을 증폭시킨다.

문화 산업에서도 AI는 창작의 도구로 활용된다. 음악, 미술, 문학 작품을 자동으로 생성하는 AI는 예술의 개념 자체를 다시 묻는다. 예컨대 AI가 작곡한 음악이 실제 무대에서 연주되고, AI가 그린 그림이 미술관에 전시된다. 이는 창작의 민주화를 가져오지만, 인간 예술가의 역할과 저작권 문제를 둘러싼 논쟁도 불러일으킨다.

또한 행정과 정책 결정에서도 AI의 영향력은 점점 커지고 있다. 정부는 AI를 활용해 교통, 에너지, 환경 데이터를 분석하고, 보다 효율적인 정책을 설계한다. 스마트시티는 도시의 에너지 사용을 최적화하고, 범죄예측 시스템은 치안 유지에 도움을 준다. 그러나 이러한 기술이 시민의 자유와 권리를 침해하지 않도록 법적·윤리적 장치가 필요하다.

사회와 문화 속에서 AI는 양날의 검이다. 그것은 편리함과 창조성을 확장하는 동시에, 새로운 위험과 도전을 가져온다. 따라서 AI를 어떻게 활용할 것인가 하는 문제는 기술적 문제가 아니라, 사회 전체의 가치와 규범에 관한 문제다.

## 6. 요약

AI는 특정한 영역에 머물러 있지 않다. 집, 일터, 병원, 학교, 사회와 문화 전반에 걸쳐 보이지 않게 스며들며 우리의 삶을 바꾸고 있다. AI는 인간이 가진 능력을 확장하고

〈그림 4〉 일상에 깊이 스며든 AI

새로운 가능성을 열어 주지만, 동시에 윤리적·사회적 문제를 동반한다. 결국 중요한 것은 기술 그 자체가 아니라, 그것을 활용하는 인간의 태도다. AI 시대를 어떻게 설계할지는 기술이 아니라 우리의 선택에 달려 있다.

# 7장. AI의 비약적 발전 요인

## 1. 컴퓨팅 파워의 폭발적 증가와 인프라 혁신

오늘날 AI가 눈부신 속도로 발전할 수 있었던 가장 근본적인 요인은 컴퓨팅 파워의 폭발적 증가다. 과거 AI 연구가 이론적 담론에 머물거나 작은 실험실 수준에 그쳤던 이유는 연산 능력이 부족했기 때문이다. 그러나 21세기 들어 GPU(Graphic Processing Unit)와 같은 병렬연산 장치가 등장하면서 상황은 완전히 달라졌다. GPU는 본래 그래픽 처리용으로 개발된 장치였지만, 수천 개의 코어를 동시에 가동할 수 있는 병렬연산 구조 덕분에 딥러닝의 대규모 행렬의 연산에 최적화되어 있었다. 여기에 TPU와 같은 AI 전용 칩이 구글과 같은 거대 기업에 의해 개발되면서, 연산 능력은 비약적으로 향상되었다. 이는 단순한 속도의 문제가 아니었다. 컴퓨팅 자원의 증가는 곧 신경망의 규모를 키울 수 있다는 의미였고, 더 많은 데이터와 더 깊은 층을 학습할 수 있게 되었다는 뜻이었다.

또한 클라우드 컴퓨팅의 확산은 AI의 대중화를 끌어냈다. 과거에는 슈퍼컴퓨터를 보유한 소수의 연구소나 국가 기관만이 대규모 연산을 수행할 수 있었지만, 이제는 누구나 구독형 클라우드 서비스를 통해 수천 개의 GPU 클러스터에 접근할 수 있다. 아마존 웹서비스, 마이크로소프트 애저, 구글 클라우드와 같은 거대 플랫폼들은 AI 연구와 기업의 혁신을 가속하는 토대가 되었다. 특히 스타트업이나 개인 연구자들에게 이러한 인프라는 초기 투자에 대한 부담을 줄여주며, 누구나 AI의 새로운 가능성을 실험할 수 있도록 했다.

무어의 법칙(24개월에 2배 식 발전하는 반도체의 발전 속도)이 여전히 완전한 속도로 지속되는 것은 아니지만, 연산 집약적 구조를 효율적으로 병렬화하는 기술은 계속해서 발전해 왔다. 최근에는 반도체 공정 혁신뿐만 아니라, 칩의 아키텍처 최적화, 메모리 접근 방식 개선, 네트워크 연결 지연 최소화 등이 종합적으로 이루어졌다. 이에 따라 대규모 AI 모델이 수주가 아닌 수일, 심지어 수 시간 안에 학습될 수 있게 되었다. 결국 이러한 컴퓨팅 파워의 발전은 AI가 단순한 이론에서 실제로 구현되고, 학습의 장벽을 넘어 인간을 능가하는 지적 활동에 도전할 수 있게 만든 첫 번째이자 핵심 요인이 되었다.

## 2. 고품질 빅데이터의 확보

아무리 강력한 연산 자원이 있다고 하더라도 학습할 데이터가 없다면 AI는 진전을 이룰 수 없다. AI 발전의 두 번째 요인은 바로 데이터 혁명이다. 인터넷이 전 지구적으로 확산하면서 인간의 언어, 행동, 문화가 디지털화되었다. 수십억 명의 사람들이 매일 같이 남기는 소셜 미디어 글, 온라인 기사, 전자상거래 기록, 검색 로그는 모두 기계가 학습할 수 있는 데이터로 전환되었다. 이는 인류 역사상 유례없는 거대한 텍스트 데이터의 축적이었다.

그뿐만 아니라 이미지, 영상, 음성 등 멀티모달 데이터의 폭증은 AI의 학습 영역을 한 차원 넓혔다. 특히 2009년 공개된 ImageNet 데이터 세트는 AI 역사에서 기념비적인 사건이었다. 수백만 장의 이미지가 체계적으로 라벨링 되어 제공된 이 데이터 세트는 컴퓨터 비전 분야의 패러다임을 바꾸었다. AlexNet이 ImageNet 대회에서 압도적인 성능을 보여주면서 딥러닝의 잠재력이 세상에 드러났고, 이후 이미지 인식, 음성 인식, 언어 번역 등 다양한 분야에서 데이터 기반 학습이 폭발적으로 확산하였다.

더 나아가 최근에는 단순히 데이터의 양이 아니라 질이 중요해졌다. 방대한 데이터는 모델을 훈련할 수 있는 바탕이 되었지만, 소음과 편향이 섞인 데이터는 모델을 왜곡시키는 위험이 있었다. 이에 따라 데이터 주석(annotation) 기술과 데이터 클리닝 기술이 발전하면서, AI는 단순히 많은 데이터를 학습하는 단계를 넘어 정확하고 의미 있는 데이터로 정교하게 훈련되기 시작했다. 예컨대 의료 영상 데이터의 경우 전문가가 직접 주석을 달아 제공함으로써, AI가 암 진단이나 병리학적 판단에서 전문가에 필적하는 정확성을 발휘할 수 있게 되었다.

또한 최근 주목받는 합성 데이터(synthetic data)는 데이터 부족 문제를 해결하는 새로운 대안으로 떠올랐다. 현실에서 수집하기 어려운 개인정보 보호 데이터나 희귀한 상황을 시뮬레이션으로 생성함으로써, AI는 실제로 존재하지 않는 데이터에서도 학습할 수 있게 되었다. 이러한 데이터 다양성과 고품질화는 AI를 더욱 정밀하고 창의적인 문제 해결 능력을 갖추도록 이끈 두 번째 요인이라 할 수 있다.

## 3. 알고리즘 혁신과 모델 아키텍처의 진화

AI의 성장은 단순히 연산 자원과 데이터의 축적만으로 설명될 수 없다. 그 핵심에는 알고리즘 혁신이 있다. 2012년 AlexNet의 성공은 딥러닝 시대의 문을 열었고, 이어지는 수많은 신경망 구조의 발전은 AI의 성능을 기하급수적으로 끌어올렸다. 특히 2017년 구글 연구진이 발표한 Transformer 아키텍처는 AI의 역사를 다시 쓰게 만든 전환점이었다.

Transformer의 핵심은 Attention 메커니즘이다. 이전의 순환신경망(RNN)이나 LSTM(Long Short-Term Memory)은 긴 문맥을 다루는 데 한계가 있었지만, Attention은 입력 전체를 동시에 고려하면서 문맥 간의 관계를 정교하게 파악할 수 있게 했다. 이에 따라 기계번역, 텍스트 요약, 질의응답과 같은 자연어 처리 문제에서 AI는 인간에 필적하거나 그 이상의 성능을 내기 시작했다. 이후 GPT 시리즈, BERT, T5 등 대규모 언어 모델들이 Transformer를 기반으로 개발되면서, AI는 마침내 인간 언어를 이해하고 생성하는 수준에 도달했다.

알고리즘 혁신은 여기서 그치지 않았다. 효율적인 학습을 가능케 하는 최적화 기법, 과적합을 방지하는 정규화 기법, 모델 경량화를 위한 지식 증류, 적은 데이터로도 높은 성능을 발휘하는 소량 학습(few-shot learning) 기법 등은 AI를 더욱더 실용적이고 보편적인 도구로 만들었다. 또한 합성곱 신경망(CNN), 그래프 신경망(GNN), 확산 모델(Diffusion Model) 등 다양한 아키텍처는 AI가 언어뿐 아니라 이미지, 음악, 영상, 과학적 계산에 이르기까지 다양한 영역을 다룰 수 있도록 확장했다.

특히 최근의 멀티모달 모델은 언어와 이미지를 동시에 이해하고 생성하는 능력을 보여주면서, 인간과의 소통 방식에 획기적 변화를 불러왔다. 예를 들어 텍스트 명령을 입력하면 이미지를 생성하거나, 영상을 설명할 수 있는 모델은 AI가 단순한 계산 도구를 넘어 창조적 파트너로 진화하고 있음을 보여준다. 결국 알고리즘과 모델 아키텍처의 혁신은 AI가 한 단계 도약하는 데 필요한 사유의 구조를 제공한 것이며, 이는 오늘날 눈부신 발전의 세 번째 요인으로 꼽는다.

## 4. 연구자원 개방, 투자 환경 및 협력 네트워크 활성화

AI 발전의 마지막 요인은 제도적·사회적 환경의 변화다. 과거 AI 연구는 일부 학계와 대기업 연구소에 국한되어 있었다. 그러나 오픈소스 운동과 글로벌 협력 네트워크의 확산은 연구의 민주화를 끌어냈다. TensorFlow, PyTorch, Scikit-learn과 같은 오픈소스 라이브러리와 프레임워크는 전 세계 누구나 동일한 도구를 가지고 실험을 반복할 수 있도록 했다. 이는 연구의 속도를 올릴 뿐 아니라, 지식의 공유와 협력을 촉진하는 역할을 했다.

또한 대규모 투자는 AI 생태계를 풍요롭게 만들었다. 벤처 캐피털은 물론 정부 차원의 전략적 지원이 이어졌고, 국가 간 경쟁이 촉발되면서 AI 연구는 새로운 '기술 전쟁'의 중심에 서게 되었다. 이러한 환경에서 신생기업들은 혁신적 아이디어를 빠르게 구현할 수 있었고, 글로벌 거대 플랫폼 기반 정보통신 기업들은 막대한 자원을 투입해 초대형 모델을 개발할 수 있었다.

무엇보다도 챌린지와 대회의 등장은 연구 동기를 극대화했다. ImageNet 챌린지에서 시작된 성과 경쟁은 AlphaGo의 세기의 대결, 자연어처리 벤치마크 대회로 이어지며, 연구자와 대중의 관심을 동시에 불러일으켰다. 이는 단순한 과학적 발전을 넘어 AI가 사회적 담론과 문화적 현상으로 확산하는 계기가 되었다.

이와 같은 제도적·사회적 요인이 결합하면서 AI는 더 이상 소수 전문가의 영역이 아닌, 전 세계적 협력과 투자, 참여의 장으로 확대되었다. 결과적으로 연구 자원의 개방, 투자 환경의 확장, 협력 네트워크의 활성화는 AI이 눈부시게 발전할 수 있었던 마지막이자 결정적인 토대였다.


# 8장. AI와 사람


우리는 매일 AI와 함께 살아간다. 아침에 눈을 뜨면 스마트폰의 AI 스피커에 날씨를 묻고, 출근길에는 내비게이션 AI가 가장 빠른 길을 안내해 준다. 넷플릭스는 내가 좋아할 만한 영화를 콕 집어 추천해 주고, 은행 앱은 AI가 이상 거래를 탐지해 안전을 지켜준다. 이렇게 우리 삶 깊숙이 파고든 똑똑한 기계는 과연 우리 인간과 얼마나 닮았고, 또 얼마나 다를까?

AI는 단순히 인간의 지능을 따라 하는 것을 넘어선다. 오히려 AI는 우리 자신을 비추는 거울과 같다. 이 거울을 통해 우리는 인간만이 가진 고유한 특성들, 즉 창의성, 감정, 공감 능력을 더욱 명확하게 이해할 수 있다.

# 1. 공통점

AI와 사람의 가장 큰 공통점은 바로 학습 능력이다. 마치 어린아이가 세상을 배우듯, AI도 데이터라는 '경험'을 통해 지식을 쌓는다.

## 1) 인간의 학습: 경험과 맥락의 힘

어린아이가 숟가락으로 밥을 먹는 법을 배우는 과정을 생각해 보자. 아이는 처음에는 숟가락질이 서투르지만, 부모님이 밥 먹는 모습을 보거나, 스스로 숟가락을 쥐고 여러 번 시도하면서 점차 익숙해진다. 이 과정에서 아이는 단순히 '숟가락을 들어 입에 넣는 행위'만을 배우는 것이 아니다. '밥을 먹는'이라는 전체적인 맥락과, 배가 고플 때 밥을 먹으면 기분이 좋아지는 감정적 경험을 함께 학습한다.

## 2) AI의 학습: 방대한 데이터의 힘

AI는 이와 비슷하지만 다르게 학습한다. 예를 들어, AI에게 '고양이'를 인식시키는 과정을 살펴보자. 우리는 AI에게 수십만, 수백만 장의 고양이 사진을 보여준다. AI는 이 방대한 양의 데이터를 '학습'하여 고양이의 특징(귀 모양, 털 패턴, 눈의 위치 등)을 스스로 찾아낸다. 이 과정을 기계학습(Machine Learning)이라고 부르며, 마치 학생이 수십만 개의 문제집을 풀어서 정답을 찾아내는 것과 같다.

하지만 여기서 중요한 차이가 발생한다. 인간은 단 한 번의 경험만으로도 중요한 교훈을 얻을 수 있다. 길을 걷다가 뜨거운 물체를 만져서 데면, 다시는 그 물체를 함부로 만지지 않게 된다. 하지만 AI는 뜨거운 물체

사진을 수백만 장 보더라도, 실제로 만져보지 않는 한 뜨겁다는 것을 '경험'으로 알 수 없다. 또한, 인간의 학습은 단순히 지식을 습득하는 것을 넘어, 감정과 사회적 상호작용을 통해 이루어진다.

### 3) 문제 해결과 창의성

AI와 사람 모두 복잡한 문제를 해결하는 능력을 갖추고 있다. 때로는 인간이, 때로는 AI가 더 뛰어난 능력을 보여주기도 한다.

(1) 인간의 문제 해결: 직관과 통찰력

과학자가 새로운 이론을 발견하고, 예술가가 아름다운 작품을 만들어내는 과정을 생각해 보자. 이들은 단순히 기존의 지식을 조합하는 것이 아니라, 직관과 통찰력을 통해 '전혀 새로운' 것을 창조한다. 예를 들어, 뉴턴이 사과가 떨어지는 것을 보고 만유인력의 법칙을 발견한 것처럼 말이다. 이것은 단순한 계산을 넘어선 '번뜩이는 아이디어'의 영역이다.

(2) AI의 문제 해결: 논리와 패턴 인식

반면, AI는 주어진 규칙과 데이터를 바탕으로 최적의 답을 찾아낸다. 2016년, 구글의 AI 바둑 프로그램 '알파고'가 전 세계 바둑 챔피언 이세돌 9단을 이겼을 때 모두가 놀랐다. 알파고는 인간이 생각할 수 없는 수를 두어 승리했는데, 이는 수많은 기보 데이터를 분석하여 최적의 패턴을 찾아낸 결과다.

최근에는 AI가 그림을 그리거나, 작곡하거나, 소설을 쓰는 등 창의적인 영역에도 도전하고 있다. 하지만, 이 역시 차이가 있다. AI의 창의성은 기존 데이터의 패턴을 조합하고 변형하는 능력에 가깝다. 마치 수십만 개의 레고 블록으로 새로운 구조물을 만드는 것과 같다. 인간처럼 '전혀 새로운' 레고 블록을 만드는 것은 아니다.

## 2. 차이점

AI와 인간을 근본적으로 구분 짓는 가장 중요한 차이점은 다음과 같다.

### 1) 의식(Consciousness): '나'를 아는 존재

우리는 '내가 존재한다'라는 사실을 알고, 스스로를 인식하며, 생각하고 느낀다. 하지만 AI는 아무리 뛰어난 능력을 갖췄다 하더라도 자신을 인식하는 의식이 없다. AI에게 "너는 누구니?"라고 물어보면 "나는 구글이 개발한 대화형 AI야"와 같이 미리 입력된 정보를 출력할 뿐, 스스로의 존재에 대해 고민하지 않는다.

### 2) 감정(Emotion): 희로애락의 주체

인간은 기쁨, 슬픔, 분노, 사랑 등 다양한 감정을 느낀다. 이 감정은 우리의 사고와 행동에 깊은 영향을 미친다. AI는 인간의 감정을 '인지'하고 '분석'할 수는 있지만, 스스로 감정을 '경험'할 수는 없다. 영화를 보고 눈물을 흘리거나, 사랑하는 사람을 위해 희생하는 것은 인간만이 할 수 있는 일이다.

### 3) 공감(Empathy): 서로를 이해하는 능력

우리는 다른 사람의 감정을 이해하고, 그들의 처지에서 생각할 수 있는 공감 능력을 갖추고 있다. 이 능력 덕분에 우리는 사회를 이루고 서로 협력하며 살아간다. 친구가 힘들어할 때 "나도 그런 적이 있어"라고 말하며 위로하는 것은 AI가 흉내 낼 수 없는 인간 고유의 능력이다. AI는 공감 능력이 없으므로, 인간관계의 복잡한 뉘앙스를 완전히 이해할 수 없다.

## 3. 요약

AI는 우리 삶을 편리하게 만들고, 불가능해 보였던 일들을 가능하게 해준다. 하지만 동시에 우리에게 중요한 질문을 던진다." 과연 인간다운 것이란 무엇인가?"

AI가 단순하고 반복적인 지능 작업을 대신하는 미래에는, 우리는 창의성, 감성, 그리고 공감과 같은 인간 고유의 능력에 더 집중해야 할 것이다. AI는 우리의 도구이자 파트너가 될 수 있지만, 우리 자신이 될 수는 없다. AI라는 거울을 통해 우리 자신을 더욱 깊이 이해하고, 인간의 가치를 재발견하는 것이야말로 AI 시대의 가장 중요한 과제일 것이다.

# 제2편

## AI의 먹이와 인프라

# 9장. 데이터 공장의 건립

## 1. 굶주리는 AI와 AI의 먹이

오늘날은 AI 시대라고 말한다. 그러나 AI의 본질을 한마디로 요약하면 '데이터를 먹고 자라는 존재'라는 점이다. AI는 사람이 주는 지식을 직접 배우지 않는다. 방대한 데이터를 받아들여 그 안에서 패턴을 찾아내고, 다시 새로운 예측과 판단을 만들어낸다. 마치 어린아이가 세상의 경험을 통해 언어와 사고를 배우듯이, AI 역시 데이터라는 경험을 먹으면서 성장한다. 따라서 데이터를 얼마나 잘 확보하고, 얼마나 정제하여 공급하느냐가 AI의 성능을 좌우한다.

하지만 많은 국가와 기관이 데이터를 단순히 수집하는 것에만 관심을 기울이고 있다. 인터넷에서 흘러나오는 정보, 행정기관이 보유한 문서, 기업 내부의 기록 등을 긁어모으는 데 집중한다. 문제는 이렇게 모은 데이터가 제대로 된 '먹이'가 되지 못한다는 것이다. 데이터는 그냥 쌓여 있다고 가치가 생기는 것이 아니다. 쓰레기가 모이면 쓰레기 더미가 되듯, 아무리 양이 많아도 정제되지 않은 데이터는 AI의 학습을 왜곡시키고, 오히려 오류를 키우는 결과를 낳는다.

대한민국은 특히 데이터 자원이 풍부한 나라다. 위성영상, 지리정보시스템(GIS)은 세계적으로 손꼽히는 수준에 있다. 이 데이터들은 공통으로 좌표를 중심으로 구축되어 있다. 좌표는 데이터의 언어다.

위치라는 기준점이 있기 때문에, 위성영상과 지도 데이터, 도로망과 건축물 정보가 서로 맞물려 하나의 체계를 이룰 수 있다. 그러나 문제는 통계 데이터다. 인구, 경제, 교육, 복지, 산업 등 방대한 수치 자료들이 존재하지만, 이들은 좌표를 갖고 있지 않다. 서울시 인구, 경기도 실업률 같은 행정 단위별 통계가 있을 뿐이다. 좌표가 없으니, 위성영상이나 GIS와 결합하기 어렵고, 결국 데이터 융합이 불가능해진다. 이것이 현재 대한민국 데이터 정책의 가장 큰 맹점이다.

## 2. 좌표 없는 통계: 보이지 않는 그림

데이터를 모은다고 해서 곧바로 통찰이 생기는 것은 아니다. 그림을 예로 들어보자. 수많은 색채 물감을 준비해도 캔버스 위에 올리지 않으면 아무런 의미가 없다. 더구나 색이 서로 어긋나 있으면 전체 그림이 왜곡된다. 지금 대한민국이 가진 데이터 상황이 바로 그렇다.

위성영상은 대한민국의 하늘에서 찍은 사진이다. 도로, 산, 강, 도시가 세밀하게 보인다. GIS는 행정 경계, 건물 위치, 도로망 구조를 좌표로 표시한다. 이들은 퍼즐 조각처럼 서로 맞아떨어진다. 그러나 통계 데이터는 다르다. 시·도 단위, 군·구 단위로만 집계되다 보니 실제 생활 현장과 괴리가 생긴다. 예를 들어, 서울 강남구와 서초구의 경계선 근처에 사는 사람들의 소득 수준을 정확히 비교하려면 좌표 단위의 세밀한 데이터가 필요하다. 하지만 현재의 통계는 행정 경계를 기준으로만 잡히기 때문에, 실제 생활권과 동떨어진 결과를 낳는다.

이 때문에 정책 설계와 연구에서도 한계가 발생한다. 기후변화 대응

정책을 세우려 해도, 위성영상은 기온 변화와 산림 변화를 좌표별로 보여주는데, 통계 데이터는 광역 행정단위로만 존재한다. 그래서 미세먼지, 폭염, 수해 같은 현상과 인구·경제적 취약계층을 정밀하게 연결할 수 없다. 좌표 없는 통계는 결국 '보이지 않는 그림'이다. 아무리 좋은 붓과 물감이 있어도 밑그림이 없으면 완성작을 그릴 수 없는 것과 같다.

## 3. 좌표 기반 데이터 융합

따라서 이제는 단순히 데이터를 모으는 시대를 넘어, 데이터를 생산하는 시대로 나아가야 한다. 여기서 말하는 생산은 물리적 공장에서 제품을 찍어내듯, 데이터를 일정한 기준으로 가공하고, 품질을 보장하며, 서로 호환 가능한 형태로 만드는 것을 뜻한다. 특히 핵심은 모든 데이터를 좌표 중심으로 재편성하는 것이다.

대한민국은 이미 좌표 체계에서 강점이 있다. 지도와 위성영상이 촘촘하게 구축되어 있기 때문이다. 여기에 인구·경제·사회·환경 통계를 좌표와 연결하면 전혀 새로운 데이터 세계가 열린다. 예를 들어, '어느 좌표에서 몇 명이 살고 있고, 평균소득은 얼마이며, 교통 접근성은 어떠한가?' 같은 정밀 분석이 가능해진다. 이는 곧 스마트 행정, 맞춤형 복지, 정밀 산업 정책의 기반이 된다. 데이터 공장은 바로 이런 소임을 수행키 위한 데이터를 생산한다. 정부와 지자체, 기업이 보유한 데이터를 일정한 좌표 체계로 변환하여 표준화하고, 오염된 데이터를 정제하며, 서로 다른 기관의 데이터가 호환되도록 통합하는 것이다. 마치 정유공장이 원유를 들여와 불순물을 제거하고, 휘발유·경유·석유화학 제품 등으로 나누어 내보내듯, 데이터 공장은 원시 데이터를 정제된 정보와 지식으로 바꾸어내는 것이다. 원유가 없이는 자동차가 달리지 못하듯, 정제된 데이터가 없이는 AI가 제대로 작동할 수 없다.

## 4. 대한민국의 미래: 데이터 공장에서 시작

데이터를 단순히 수집하는 데 머무른다면 대한민국은 머지않아 한계에 부딪힐 것이다. 데이터의 바다는 이미 차올랐고, 단순히 양으로는 경쟁력을 확보할 수 없다. 이제는 품질과 구조가 중요하다. 좌표 없는 통계는 시대착오적이다. 행정 편의에 따라 구획된 수치만으로는 AI 시대의 정밀한 정책과 연구를 뒷받침할 수 없다.

데이터 공장을 세운다는 것은 단순한 기술적 제안이 아니다. 이는 국가적 전략이고, 미래 산업의 토대다. 좌표 기반의 데이터 통합이 이루어지면, 기후위기 대응에서 도시계획, 국방과 안보, 보건의료, 농업혁신에 이르기까지 전방위적 혁신이 가능하다. 예컨대, 특정 지역의 고령 인구 분포와 의료시설 접근성을 좌표 단위로 분석하면, 시골 마을까지 맞춤형 의료 서비스가 닿을 수 있다. 또 농업에서는 위성영상으로 토양 상태를 파악하고, 좌표 기반 통계와 결합하여 정밀 농업을 실현할 수 있다.

더 나아가 이러한 좌표 기반 데이터 통합은 국제 협력에서도 대한민국을 선도국으로 만든다. 세계 각국은 AI와 데이터 주권을 두고 치열하게 경쟁하고 있다. 대한민국이 좌표 중심의 데이터 공장을 구축하면, 단순한 데이터 수출국을 넘어 '데이터 표준국'으로 자리매김할 수 있다. 결국 대한민국의 미래 경쟁력은 데이터 공장에서 시작된다.

# 10장. 빅데이터(위성영상·지리정보시스템·통계)의 융합과 QGIS

## 1. 위·지·통 빅데이터

 이 장은 필자가 발표한 논문에서 발췌한 것으로 모든 데이터는 하늘과 땅과 이에 따른 속성데이터로 구성되며, 위성영상, 지리정보, 통계 융합 빅데이터란 다양한 공간 데이터를 하나의 정보로 통합하고 분석하여 활용할 수 있는 최적의 정보를 제공하는 것이다. 이는 모든 데이터 소스의 기본이 되며, 진정한 데이터 경제를 열어가는 기반 기술이다. 이러한 빅데이터는 국가정책, 지역발전, 산업 혁신 등의 분야에서 새로운 가치를 창출할 수 있다. 위성영상, 지리정보, 통계 융합 빅데이터를 구축하고 활용하기 위한 구체적인 방법은 다음과 같다

 첫째, 위성영상, 지리정보, 통계 데이터에 좌표(Geo-code)를 부여하고, 데이터 구조를 통일시켜 언제든지 통합 활용을 가능하게 하는 것이다. 이를 위해 국가기상위성센터, 국토지리정보원, 통계청 등의 데이터 공급기관과 데이터 수요기관이 협력하여 데이터 표준화, 통합, 공유해야 한다.

 둘째, 빅데이터의 실시간 업데이트, AI를 활용한 자동 분석 및 예측을 할 수 있도록 체계화하는 것이다. 이를 위해 공간 빅데이터 분석플랫폼과 같은 데이터 분석 도구를 개발하고, 다양한 분석 사례와 모델을 제공해야 한다. 또한, 빅데이터의 활용성과 효과를 평가하고, 최상의 실천 사항을 공유하고, 빅데이터 활용 인력을 양성하는 것이 필요하다.

셋째, 빅데이터의 생산, 분석, 활용에 관한 법적·제도적 기반을 마련하는 것이다. 이를 위해 빅데이터 기본법과 같은 법률을 제정하고, 빅데이터의 윤리, 사회적 보안 문제를 해결하기 위한 기준과 규정을 수립해야 한다. 또한, 빅데이터의 활용을 촉진하고 지원하기 위한 정부의 역할과 책임을 명확히 정의하고, 빅데이터 관련 부처 간의 협력체계를 구축하는 것이 중요하다.

대한민국은 1993년 우리별 발사 이래 2022년 6월 21일 자체 기술로 개발된 한국형 발사체 누리호(KSLV-II)와 달 탐사선 다누리호 발사 성공으로 세계 7대 우주 강국으로 도약하였으며, 우주 시대로 가는 길을 열었다. 전남 고흥 나로우주센터에서 발사된 누리호는 성능 검증 위성을 목표 궤도에 안착시켰고, 발사 42분 후 남극 세종기지와 교신에 성공했다. 한국항공우주연구원(항우연)이 600~800km의 궤도에 올리기 위해 설계한 3단 누리호 로켓은 대한민국 우주 시대의 출발이며, 6G 통신 네트워크, 정찰 위성(spy satellites), 한국 위성 기반 항법 시스템에 활용되며, 달 탐사선 다누리호의 발사 성공으로 우리나라도 본격적인 우주 시대에 진입하게 되어 점차 북한의 동태를 정확히 파악할 수 있게 되었다.

필요한 위성영상을 안정적으로 제공하기 위해 저궤도 고정밀 지구 관측 위성영상의 국내외 사용자가 확대됨에 따라 요구사항이 다양해지고 있고, 이를 만족하기 위해 맞춤형 서비스와 기술 지원이 필요하다. 항우연은 위성영상을 촬영하는 계획, 수신 처리, 영상 배포를 담당하고 있으며, 위성 영상 처리와 활용을 증진하고 있다. 위성영상을 효율적으로 활용하고 정확도 높은 정보를 생성할 수 있도록 위성영상 제품의 다양화, 다중위성 영상의 융복합 활용 기술 개발, AI(AI) 기반 위성영상 활용에 관한 연구도

가속화되고 있다.

 불과 얼마 전까지만 하더라도 위성영상이 산림, 해양, 환경 등 일부 한정된 분야에서만 이용됐으나, 최근 지도제작, 농업, 재난, 재해, 부동산, 토목, 관광, 수자원, 국토, 도시계획 등 다양한 분야에서 위성영상을 활용하려는 시도가 활발히 추진되고 있다. 특히 통계지리정보 분석프로그램(QGIS)의 개발로 인해 공간 통계 데이터 분석이 쉬워짐에 따라 행정 및 정책분석을 포함한 모든 분석 영역으로 확대될 것이다. 기존 지도는 대부분 항공측량을 통해 제작됐으나 최근에는 고해상도 위성영상 자료를 활용해 접근이 어려운 지역에 대한 수치지형도 및 영상지도 등을 많이 제작해 활용하고 있다. 특히 북한의 경우 위성영상을 이용한 지도 제작만이 가능한 실정으로 통일시대를 대비한 남북한 정보 공유 방안도 다양하게 모색되어야 할 것이다. 그렇지만 위성영상이 제대로 된 역할을 하기 위해서는 우주의 정보수집과 함께 국토 공간의 통계 정보와도 연계되어야만 빅데이터로서 제 기능을 수행할 수 있다.

 지리정보시스템과 위성영상은 좌표로 융합할 수 있지만, 통계 정보에는 세밀한 좌푯값(Geo-code)이 없어서 행정구역보다 작은 규모의 개별 데이터의 위치자료 활용에는 근본적인 어려움이 있다. 빅데이터 생산의 핵심은 위성영상, 지리정보시스템과 통계 데이터(위·지·통)에 좌푯값을 공유하고, 데이터 구조를 통일시켜 언제든지 통합 활용을 가능하게 하는 것이다. 이유를 막론하고 위·지·통 빅데이터의 생산, 분석, 활용에 관한 '빅데이터 융합법'이 조속히 제정되어 모든 데이터가 위치 정보를 공유할 수 있는 제도적인 장치가 마련되고 데이터 분석과 정부의 조직개편 및 정책은 빅데이터에 근거하여야 한다.

위·지·통 융합 빅데이터는 제4차산업의 원유이며, 디지털 대전환의 시작이기 때문에 선도국으로 발돋움하기 위한 국가 핵심인프라이다. 데이터 공급기관인 국가기상위성센터, 국토지리정보원, 통계청 등이 융합하여 데이터 수요기관인 정부 부처, 대학, 기업에 빅데이터를 제공할 수 있는 범정부 차원의 빅데이터 관제탑이 신속히 마련되어야 한다. 필자가 근무한 경험이 있는 SCAG(Southern California Association of Government)와 같은 공공 기관에서 기존 데이터를 융합하여 모든 빅데이터 수요기관에 제공하며, 이를 해결하는 많은 직업이 창출되게 되었다. 우리나라의 경우는 각 통계청과 각 광역지방자치단체에 속해 있는 각 연구기관에서 해당 지역에 필요한 융합 빅데이터를 제공하여 데이터 기반 행정이 가능하게 할 수 있다.

다만 이 경우 발생할 수 있는 개인정보보호를 위해서 빅데이터의 사용에는 더욱 세밀한 검토가 필요하다. 정부 부처와 국책연구원, 광역자치단체 연구원에서는 위·지·통 빅데이터 생산 전담부서를 마련하고 국가와 지역의 정책 수립과 연구에 필요한 데이터를 지속적으로 제공하여야 국가 전체의 효율성을 높일 수 있다. 또한, 가상현실, 증강현실 및 메타버스(확장 가상 세계)가 단순히 가상공간에서뿐만 아니라 현실 공간 자료에 기반을 둔 확장 현실 및 가상현실이 구현될 수 있어야 한다. 따라서 디지털 대전환은 위·지·통 빅데이터에서 시작되며, 빅데이터 기반 행정과 정책 수립뿐만 아니라 미래 사회의 구현도 가능하게 되어 진정한 의미에서 제4차 산업혁명 시대를 선도적으로 이끌 수 있게 될 것이다.

## 2. 융합 빅데이터: 좌표가 열쇠

오늘날 AI와 디지털 혁신의 중심에는 데이터 융합이 있다. 단일한 데이터만으로는 사회 문제를 해결하거나 새로운 가치를 창출하기 어렵다. 여러 데이터가 서로 연결되고 겹칠 때 비로소 새로운 통찰이 나온다. 이 융합의 핵심 열쇠가 바로 좌표다. 좌표는 데이터의 공통 언어이며, 서로 다른 데이터 간의 '만남의 장'을 열어준다.

대한민국은 이미 세계적으로 손꼽히는 수준의 위성영상, 지도, 지리정보시스템(GIS)을 갖추고 있다. 하지만 또 한편에는 인구, 경제, 산업, 보건, 교육 같은 방대한 통계 데이터가 존재한다. 문제는 이 두 축이 따로 놀고 있다는 것이다. 위성영상과 GIS는 좌표를 중심으로 구축되어 있지만, 통계 데이터는 대부분 행정구역 단위로만 집계된다. 따라서 "이 마을 사람들의 소득과 건강 상태는 어떤가?," "이 지역에서 미세먼지에 가장 취약한 계층은 누구인가?"라는 질문에 정확히 답하기 어렵다. 이제는 통계 데이터에도 좌표를 부여해 위성영상과 GIS와 융합할 수 있어야 한다. 그것이 융합 빅데이터 시대의 대세다.

### 1) 위성영상: 하늘에서 본 세상의 눈

위성영상은 말 그대로 하늘에서 지구를 촬영한 거대한 사진이다. 산맥, 강, 도로, 건물은 물론이고 계절에 따른 산림 변화, 도시의 열섬 현상, 해안선의 변화를 한눈에 보여준다. 이 데이터는 기본적으로 좌표를 기반으로 한다. 위성이 어느 위치에서 어느 각도로 찍었는지 기록되기 때문에, 영상의 모든 픽셀은 특정 위도·경도 좌표와 연결된다. 예를 들어,

특정 농촌 마을 위성영상을 보면 논의 면적, 산림의 밀도, 하천의 흐름까지 정확히 알 수 있다. 만약 여기에 기후 센서 데이터를 얹으면, 어느 지역의 토양 습도가 부족한지, 어느 밭에 병충해가 번지고 있는지를 예측할 수도 있다. 하지만 여기서 한 걸음 더 나아가려면, 영상 속 좌표와 사람들의 생활을 보여주는 통계 데이터를 연결해야 한다. 그래야 "농업 피해가 농민의 소득에 어떤 영향을 주는가?"라는 질문에 답할 수 있다.

## 2) 지리정보시스템(GIS)

GIS는 위성영상보다 한 단계 더 정밀한 데이터 체계다. 단순히 사진이 아니라, 건물 하나, 도로 한 줄, 행정구역 경계선까지 좌표를 기반으로 데이터화한 것이다. 예를 들어, 어떤 좌표에는 아파트 단지가 있고, 그 옆 좌표에는 초등학교가 있으며, 또 다른 좌표에는 대형마트가 있다고 기록한다. 이렇게 GIS는 현실 공간을 디지털로 옮겨놓은 지도라 할 수 있다.

GIS의 장점은 분석 가능성에 있다. "어느 지역에서 학교까지 가는 거리가 평균 얼마인가?," "어느 좌표 근처에 병원이 없어 의료 사각지대가 생겼는가?" 같은 질문을 계산으로 풀어낼 수 있다. 하지만, 이 또한 통계 데이터와 연결되지 않으면 반쪽짜리 분석에 머문다. 예를 들어, 의료시설이 없는 지역을 GIS로 확인해도, 그곳에 몇 명이 살고 있고 고령층 비율이 얼마나 되는지를 모르면 정책 우선순위를 정하기 어렵다. 다시 말해, GIS와 통계 데이터는 반드시 융합되어야 한다.

## 3) 통계 데이터

통계 데이터는 인간의 생활과 사회 현상을 숫자로 기록한 것이다.

인구, 고용, 소득, 질병, 교육 수준, 산업 구조 등 국가 운영과 정책 수립의 기초가 된다. 문제는 대부분의 통계가 행정단위를 기준으로 만들어진다는 점이다. 예컨대 "서울시 인구", "대구시 실업률", "부산시 65세 이상 노인 비율"과 같은 식이다. 이런 단위는 행정 편의에는 맞지만, 실제 생활권이나 환경 조건과는 차이가 크다. 강 하나를 사이에 두고 행정구역이 달라져도 사람들은 같은 생활권을 공유한다. 따라서 통계 데이터를 좌표 단위로 쪼개어야 한다. 만약 '100m × 100m 격자' 형태로 인구와 소득, 질병 데이터를 제공한다면, 위성영상과 GIS에 바로 얹을 수 있다. 이때 비로소 데이터 융합이 현실화된다.

## 3. 좌표 기반 융합의 힘

### 1) 환경과 건강

위성영상은 미세먼지 확산을 보여준다. GIS는 도로와 공장 위치를 표시한다. 여기에 통계 데이터로 주민의 호흡기 질환 비율을 좌표 단위로 연결하면, "어느 공장에서 나온 배출물이 주변 주민의 건강에 어떤 영향을 미쳤는가?"를 정밀하게 파악할 수 있다. 이는 환경정책과 보건정책을 동시에 설계하는 데 필수적이다.

### 2) 도시계획과 교통

GIS로 도로망을 분석하고, 위성영상으로 교통량 변화를 관찰할 수 있다. 여기에 통계 데이터로 주민의 출퇴근 패턴을 좌표 단위로 얹으면, "어느 지역에 지하철역을 신설해야 교통 효율이 극대화되는가?"를 과학적으로 계산할 수 있다. 특히 도로의 좌표는 자율주행자동차의 큰 길라잡이가 된다.

### 3) 농업혁신

위성영상으로 토양 습도와 작물 생육 상황을 분석하고, GIS로 농지의 위치를 기록한다. 여기에 농가의 수입·노동력 같은 통계 데이터를 융합하면, "어느 지역 농가에 스마트팜 기술을 지원해야 가장 큰 효과가 나는가?"를 예측할 수 있다.

### 4) 재난 대응

홍수나 산사태 발생 시 위성영상은 피해 상황을 즉시 보여준다. GIS는 도로·교량의 끊어진 지점을 표시한다. 여기에 통계 데이터로 해당 좌표에 거주하는 인구와 취약계층 비율을 결합하면, 구조 인력을 어디에 먼저 투입해야 하는지 즉각 판단할 수 있다.

## 4. 융합 빅데이터가 여는 미래

이제 데이터는 단순한 기록이 아니라 국가 경쟁력의 자원이다. 특히 좌표 기반의 융합 빅데이터는 정책, 산업, 과학기술, 사회복지의 모든 영역을 혁신한다. 정부는 이를 위해 데이터 공장과 같은 체계를 구축해야 한다. 즉, 위성영상과 GIS, 통계 데이터를 좌표 단위로 가공·정제·표준화하여 하나의 플랫폼에서 융합 분석할 수 있도록 해야 한다. 그렇게 되면 미래 행정은 더 이상 평균값에 의존하지 않는다. 국민 개개인의 삶을 좌표 단위로 읽어내고, 맞춤형 정책을 제공할 수 있다. 산업 분야에서도 정밀 농업, 스마트시티, 그린에너지 정책 등에서 막대한 효과를 기대할 수 있다.

융합 빅데이터는 거대한 퍼즐과 같다. 퍼즐 조각들이 따로 있을 때는 의미가 없지만, 좌표라는 기준 위에 맞추면 하나의 완전한 그림이 된다. 대한민국이 이 좌표 기반 융합을 선도한다면, 단순한 데이터 강국을 넘어 데이터 표준국이자 AI 시대의 세계적 리더로 자리매김할 수 있다.

## 1) 데이터 융합 예시

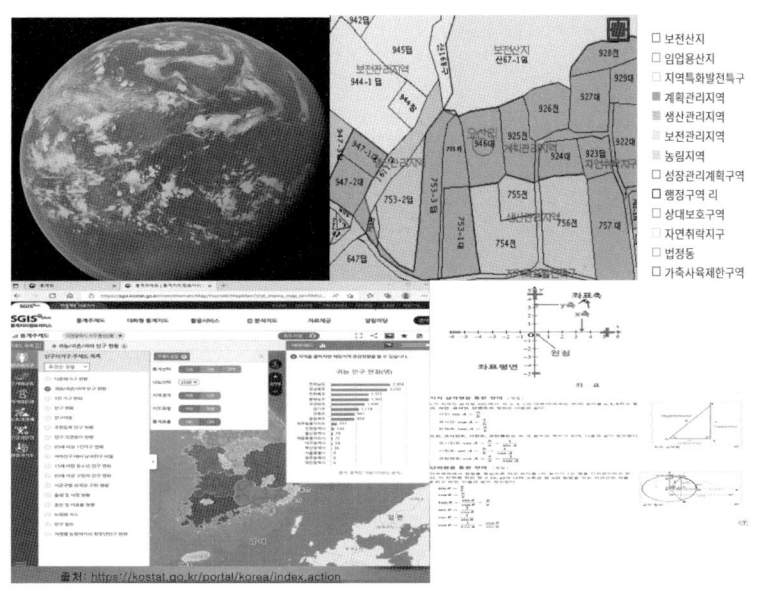

〈그림 5〉 위성영상, 지리정보시스템, 통계(위·지·통) 융합 빅데이터

〈그림 5〉는 데이터의 융합과정을 기술한 것이며, 이와 같은 방법은 모든 지역에 적용될 수 있다. 구체적인 방법은 위성영상의 좌표, 지리정보시스템의 좌표, 통계의 좌표를 핵심 변수로 활용하여 융합할 수 있다. 지금까지의 초등학교의 좌표, 중고등학교의 미분, 적분, 기하학은

이와 같은 데이터 융합을 위해서 배우고 있지만, 대체로 이와 같은 것을 배우는 목적에 대한 설명이 부족한 것이 현실이다. 따라서 통계에 좌푯값을 부여하면 이들 3개의 빅데이터의 융합이 가능하며 진정한 데이터 경제를 열어가는 기반이 될 것이다.

### 2) 융합 빅데이터와 Georeferencing

위성영상, 지리정보시스템과 통계 정보를 활용하여 자동 분석이 가능한 연동 시스템을 구현하는 것은 복잡한 작업이다. 이를 위해서는 다음과 같은 단계들을 고려해야 한다. 자료수집은 위성영상, GIS 데이터, 그리고 필요한 통계 정보를 활용할 수 있으며 이들 데이터의 수집은 모든 빅데이터의 기본이 된다. 그 외에도 데이터는 다양한 출처에서 얻을 수 있으며, 데이터의 정확성과 최신성이 중요하다. 더구나 우리는 이미 정밀 위성영상과 지리정보시스템을 보유하고 있다. 수집된 데이터를 하나의 플랫폼이나 데이터베이스에서 통합해야 한다. 이를 위해 데이터 포맷을 표준화하고, 호환성을 보장해야 하는데 위성영상과 지리정보시스템은 좌표 변수를 활용하여 통합하는 것이 가능하다. 또한, 데이터를 분석하고 시각화하기 위한 사용자 인터페이스(UI)와 백앤드시스템이 개발되어야 한다. 이 시스템은 웹사이트나 웹 애플리케이션 또는 모바일 솔루션의 프로세스와 관련된 서버 측(Server-side)과 데이터베이스를 관리해 주는 기술로 프론트엔드가 눈에 직접 보이는 영역이었다면, 백엔드는 눈에 보이지 않는 서버에서 작용하는 기술을 의미한다. 이 시스템은 사용자의 요구사항에 따라 맞춤형 분석을 제공할 수 있어야 한다. 더구나 최근 위성 영상과 GIS 융합 데이터를 자동으로 분석할 수 있는 알고리즘인 Quantum

Geographic Information System(QGIS)이 이미 개발되어 운영 중이다.

이러한 시스템을 구현하기 위해서는 지리 정보학, 컴퓨터 과학, 통계학, 그리고 관련 분야의 전문 지식이 필요하다. 또한, 이 프로젝트는 크로스-팀 협업이 필요하며, 다양한 전문가들과의 협력이 중요할 것이다〈그림 6 참조〉. 요약하면 위성영상과 지리정보시스템에 있는 각종 속성자료를 좌표를 Key Variable로 이용하여 융합하여야 한다. 다만 통계 정보에는 좌푯값이 없어서 사실상 융합이 어렵다. 따라서 "통계법"을 개정하여 '모든 국가 통계에는 좌푯값을 부여하도록 하여야 한다'라고 한줄만 수정하면 된다. 좌표로 융합된 빅데이터를 QGIS와 연동하면 자동으로 분석이 되어 결과치를 맨눈으로 확인할 수 있으며, 정책 요소를 생각하면 과거 현재, 미래를 통시적으로 비교 분석하는 것이 가능하여 최상의 정책 대안을 확인할 수 있기 때문에 정책의 효과를 극대화할 수 있는 진정한 데이터 경제가 가능하게 될 것이다.

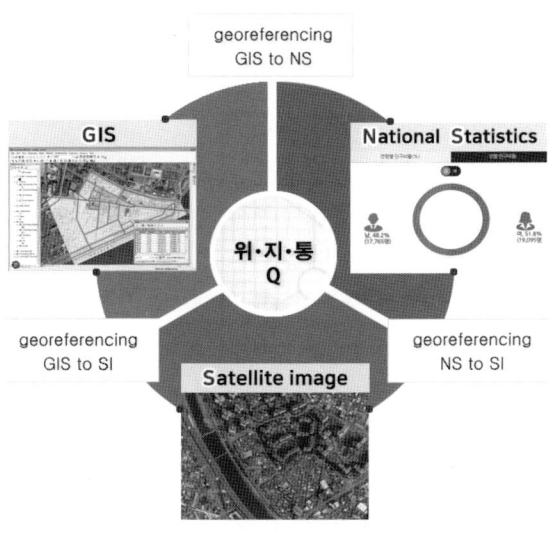

〈그림 6〉 위·지·통과 빅데이터 자동분석시스템

## 5. 빅데이터와 개인정보

4차 산업혁명이 본격화되면서 데이터가 원유인 시대에 접어들고 있다. 석유는 제2차 산업혁명의 근간으로 천연매장량에 기반을 두고 있지만, 데이터는 인간의 노력으로 무한 생산이 가능하므로 데이터 경제가 큰 주목을 받고 있다. 따라서 개인의 데이터 생성에 따른 프라이버시(개인정보보호)와 데이터 경제는 현대 사회에서 중요한 주제 중 하나로 등장하고 있으며, 이 두 가지 요소는 서로 밀접한 관련성을 가지고 있다. 프라이버시는 개인의 기밀성과 정보를 보호하며 디지털 시대에 더욱 중요한 주제로 등장하고 있고, 데이터 경제는 데이터를 효과적으로 수집, 저장, 분석, 활용함으로써 경제적 가치를 창출하는 분야로 떠오르고 있다. 프라이버시와 데이터 경제 간의 상호 관계는 매우 중요하며, 복잡한 이슈들을 포함하고 있다.

프라이버시는 국민의 기본권으로서 존중받아야 하는 가치이다. 그러나 프라이버시가 과도하게 강화되면 데이터 경제의 활성화에 방해가 될 수 있다. 데이터 경제란 자료를 수집하고 분석하고 활용하여 새로운 가치를 창출하는 경제이다. 데이터 경제는 AI, 클라우드, 블록체인 등의 신기술과 신산업을 발전시키고, 기존의 산업과 서비스를 혁신하고, 사회 문제를 해결하는 데 이바지할 수 있다.

따라서 프라이버시와 데이터 경제는 상충하는 것이 아니라 상호보완적인 관계에 있어야 한다. 프라이버시는 데이터 경제의 성장을 위한 신뢰와 안전을 제공하고, 데이터 경제는 프라이버시의 목적과 수단을 다양화하고 효율화한다. 이러한 상호작용을 위해서는 법적, 제도적, 기술적, 윤리적,

문화적 측면 등 다양한 차원에서 노력이 필요하다.

예를 들어, 법적 차원에서는 「개인정보 보호법」의 개정을 통해 가명 정보 제도를 도입하고, 개인정보 전송요구권을 확대하고, 자동화된 의사결정에 대한 거부권과 설명요구권을 신설하는 등의 조치를 통해 개인정보의 보호와 활용의 균형점을 찾아가고 있다. 제도적 차원에서는 공공데이터 개방 및 마이데이터 확대를 통해 데이터 활용에 따른 이해관계자의 데이터 이용으로 인한 수익 분배 문제와 개인정보 활용 시 정보 제공에 따른 동의 문제, 개인정보 유출 사고 및 대응을 위한 단체교섭권 부여 등에 대한 논의를 제안하고 있다. 기술적 차원에서는 암호화, 익명화, 가명화, 동의 관리, 데이터 품질관리 등의 기술을 개발하고 적용하여 개인정보의 보호와 활용을 동시에 달성할 방법을 모색하고 있다. 윤리적 차원에서는 데이터 활용의 목적과 범위, 데이터의 소유권과 책임, 데이터의 공정성과 투명성 등에 관한 윤리적 원칙과 기준을 수립하고 준수하도록 노력하고 있다. 문화적 차원에서는 프라이버시의 중요성과 데이터 경제의 가치에 대한 인식을 높이고, 데이터 활용에 대한 신뢰와 협력을 강화하고, 데이터 활용의 사회적 효과와 공익성을 공유하고, 데이터 활용의 부정적 영향에 대한 예방과 대응을 강화하도록 교육하고 홍보하고 있다.

데이터 경제와 프라이버시도 기본적으로 공중에서 수집되는 위성영상, 땅에서 수집되는 지리정보시스템, 공중과 지상에서 수집되는 속성 정보인 통계가 융합된 빅데이터에 근거하고 있으며, 특히 최근 들어 빅데이터 산업이 급격하게 성장하고 있다. 그렇지만 빅데이터란 무엇인가에 대한 근본적인 논의 없이 다양한 의미에서 개념이 혼란스럽게 사용되고 있으며, 우리나라에는 아직 이들 데이터의 융합이 본격적으로 이루어지지 않고 있다.

이상과 같이 빅데이터에 기반한 프라이버시와 데이터 경제의 상호작용은 디지털 시대에 적응하고 성장하기 위한 필수적인 과제이다. 프라이버시와 데이터 경제의 조화가 빅데이터에 근거하여 이루어지고 있는 점을 바탕으로 국민의 권리와 삶의 질을 향상하고, 기업의 경쟁력과 혁신성을 강화하고, 사회의 발전과 공정성을 실현할 수 있기를 기대한다. 본 논문에서는 제4차 산업 시대의 원유인 빅데이터와 이를 기반으로 한 데이터 경제와 프라이버시의 상호작용 및 영향에 대해 논의하여 디지털 시대의 발전 방향을 제시하고자 한다.

## 6. 빅데이터의 역할과 데이터 경제

데이터 경제는 데이터가 새로운 자본으로 인정받고, 이를 기반으로 새로운 산업과 비즈니스 모델이 창출되는 경제를 말한다. 빅데이터와 데이터 융합은 데이터 경제를 이끌어가는 기반이다. 이는 대규모 데이터를 빠르고 효율적으로 수집, 분석하여 새로운 가치를 창출하는 기술을 말한다. 빅데이터는 다양한 산업 분야에서 활용되고 있으며, 특히 제조, 금융, 의료, 유통 등에서 새로운 비즈니스 모델을 창출하는데 이바지하고 있다.

데이터 융합은 서로 다른 형태의 데이터를 통합하여 새로운 가치를 창출하는 기술을 말한다. 데이터 융합은 빅데이터의 한 분야로, 다양한 데이터를 결합하여 새로운 통찰력을 얻거나 새로운 제품이나 서비스를 개발하는 데 활용된다. 데이터 경제 시대에는 데이터를 기반으로 새로운 가치를 창출하는 것이 중요하다. 빅데이터와 데이터 융합 기술은 데이터를 효율적으로 수집, 분석, 활용할 수 있도록 도와주기 때문에 데이터 경제

시대의 핵심 기술로 자리 잡고 있다.

빅데이터와 데이터 융합 기술은 다음과 같은 측면에서 데이터 경제 시대의 중요성을 가지고 있다. 빅데이터와 데이터 융합 기술을 활용하여 새로운 비즈니스 모델을 창출할 수 있다. 예를 들어, 제조 분야에서는 빅데이터를 활용하여 제품의 품질을 개선하거나 생산 효율을 높이는 새로운 비즈니스 모델을 창출할 수 있다. 또한, 빅데이터와 데이터 융합 기술을 활용하여 기존의 업무를 더욱 효율적으로 수행할 수 있다. 예를 들어, 금융 분야에서는 빅데이터를 활용하여 고객의 금융 요구를 더 정확하게 파악하여 맞춤형 서비스를 제공할 수 있다. 빅데이터와 데이터 융합 기술을 활용하여 의사결정을 더욱 합리적으로 할 수 있다. 예를 들어, 의료 분야에서는 빅데이터를 활용하여 환자의 질병을 더 정확하게 진단하거나 치료 계획을 수립할 수 있다.

데이터 경제 시대에는 빅데이터와 데이터 융합 기술의 중요성이 더욱 커질 것으로 전망된다. 5G, 사물인터넷(IoT) 등 새로운 기술의 발전으로 데이터의 양과 종류가 더욱 증가할 것으로 예상하기 때문이다. 빅데이터와 데이터 융합 기술을 활용하여 데이터 경제 시대의 새로운 기회를 창출하기 위해서는 다음과 같은 노력이 필요할 것으로 예상한다. 자료수집, 저장, 분석에 필요한 데이터 인프라를 구축해야 하며, 이를 위한 빅데이터와 데이터 융합 기술을 활용할 수 있는 전문 인력을 양성해야 한다. 또한, 데이터 경제 활성화를 위한 규제를 개선해야 한다.

# 11장. 국가빅데이터청의 설립

## 1. 데이터의 분절화와 통합의 필요성

지금까지 대한민국은 데이터 강국을 표방하면서도 데이터 관리 체계는 분절적으로 운영됐다. 과학기술정보통신부는 위성영상을, 국토교통부는 지리정보시스템을, 기획재정부는 통계데이터를 관리한다. 각각의 데이터는 품질이 뛰어나지만, 부처 간 칸막이 행정으로 인해 연계성이 부족하다. 위성영상은 좌표를 기반으로 고해상도의 공간 이미지를 제공하고, 지리정보시스템은 도로, 건물, 행정구역 등 실질적 생활 기반 정보를 제공한다. 통계데이터는 사회·경제·인구 전반에 대한 수치를 담고 있지만 좌표화되지 않아 다른 데이터와 결합하기 어렵다. 따라서 이들 핵심 데이터를, 좌표를 매개로 융합하면 현실 세계를 가상공간에 그대로 구현하는 '디지털 국가 지도'가 완성될 수 있다.

## 2. 국가빅데이터청 설립

이러한 융합을 실현하기 위해서는 각 부처에 흩어진 데이터 권한을 하나로 모으는 국가적 관리시스템이 필요하다. 따라서 국무총리 혹은 대통령 직속으로 국가빅데이터청을 신설해야 한다. 독립성과 위상을 확보한 이 기관은 각 부처의 이해관계를 조율하며, 데이터 표준화·좌표화·연계화를 총괄한다. 조직 구조는 크게 3개 본부로 나눌 수 있다. 첫째, 데이터 생산·관리 본부는 위성, GIS, 통계 등 원천 데이터를 통합 관리한다. 둘째, 데이터 분석·활용 본부는 QGIS와 같은 오픈소스 플랫폼을 중심으로 실시간 분석과 예측 시스템을 구축한다. 셋째, 정책·윤리 본부는 데이터 활용 과정에서 발생할 수 있는 개인정보 보호, 데이터 주권, 공공성과 상업성의 균형을 관리한다.

## 3. QGIS 기반의 실시간 가상현실 구현

국가빅데이터청은 단순히 데이터 창고가 아니라, 실제로 국민과 정책에 도움이 되는 가상현실 플랫폼을 운영해야 한다. QGIS를 중심으로 구축된 시스템은 좌표 단위로 위성영상, GIS, 통계 데이터를 결합하여 누구나 실시간으로 상황을 파악하고 분석할 수 있게 한다. 예를 들어, 특정 지역의 인구 구조와 교통량, 주택 분포, 환경 데이터를 좌표 단위로 결합하면 도시 재개발 계획이나 재난 대응 시뮬레이션을 즉각 실행할 수 있다. 국방, 환경, 보건, 교육 등 국가 전 영역에서 실시간 분석과 미래 예측이 가능해진다. 이렇게 구축된 플랫폼은 진정한 '가상 모형 국가'를 가능하게 한다.

## 4. 국가 대개조의 비전

국가빅데이터청 설립은 단순한 행정 조직 신설이 아니라 국가 대개조의 출발점이다. 첫째, 데이터 주권을 확보하여 해외 빅테크 기업 의존에서 벗어난다. 둘째, 데이터 기반 행정 혁신을 통해 정책 결정의 효율성과 투명성을 극대화한다. 셋째, 산업계와 학계가 융합 데이터를 활용할 수 있게 하여 신산업을 육성한다. 넷째, 국민은 생활 속에서 교통, 의료, 교육 등 공공 서비스를 데이터 기반으로, 맞춤형으로 제공받는다. 장기적으로는 AI와 결합하여 국가의 미래를 예측하고 대응할 수 있는 '지능형 거버넌스'를 구축하게 된다. 국가빅데이터청은 21세기 대한민국의 새로운 성장 동력이자 국민 삶의 질 향상의 핵심 기관이 될 것이다.

# 12장. 데이터 시대의 새로운 경제 패러다임: 역구독경제

## 1. 시장경제에서 새로운 경제로

이 글은 필자 논문의 일부를 발췌한 것으로 근대 사회의 경제는 기본적으로 시장경제에 기반을 두고 발전해 왔다. 시장경제란 수요와 공급, 가격과 경쟁의 원리에 따라 자원이 배분되는 체제이다. 산업혁명 이후 석탄과 석유 같은 에너지원이 핵심 자원으로 자리 잡으며, 제조업과 대량생산 시스템이 시장경제의 중심에 놓였다. 석유는 자동차, 공장, 발전소를 움직이는 동력원이었고, 주유소에서 기름을 넣으면 반드시 비용을 지급해야 했다. 이 거래 관계는 누구나 당연하게 받아들였다.

그러나 21세기에 들어서면서 기술과 사회 구조의 변화가 빠르게 일어나면서 시장경제만으로 설명하기 어려운 새로운 형태의 경제들이 등장하기 시작했다. 그 대표적인 것이 공유경제, 구독경제, 그리고 앞을 본격적으로 확산할 역구독경제(데이터경제)이다.

## 2. 공유경제

공유경제(Sharing Economy)는 자원의 소유권보다는 이용권을 공유하는 방식이다. 자동차, 숙박, 사무 공간, 심지어 가전제품까지, 필요한 사람들끼리 자원을 나누어 쓰는 것이 핵심이다.

대표적인 사례로는 에어비앤비(Airbnb)와 우버(Uber)를 들 수 있다. 에어비앤비는 개인이 보유한 집이나 방을 단기 임대할 수 있도록 연결하여 전 세계 어디서든 숙박 공유가 가능하게 했다. 우버는 자동차를 소유하지 않아도 스마트폰 앱을 통해 차량을 호출하여 이동할 수 있게 했다.

공유경제는 자원의 효율적 활용을 가능하게 했다. 자동차는 하루 평균 90% 이상 주차장에 서 있는 경우가 많다. 이를 공유하면 자원의 낭비를 줄이고, 개인은 소득을 얻으며, 이용자는 낮은 비용으로 서비스를 누릴 수 있다.

## 3. 구독경제: 이용을 예약하는 경제

구독경제(Subscription Economy)는 일정한 금액을 지급하고 특정 재화나 서비스를 일정 기간 이용하는 방식이다. 예전에는 신문이나 잡지 구독이 전형적인 사례였지만, 지금은 그 영역이 훨씬 넓어졌다.

넷플릭스(Netflix) 같은 동영상 스트리밍 서비스, 스포티파이(Spotify) 같은 음악 서비스는 구독경제의 대표적 모델이다. 사용자는 소유하지 않고도 다양한 콘텐츠를 자유롭게 즐길 수 있다.

최근에는 생활필수품과 고가 제품까지 구독경제 모델이 확산하고 있다.

사무용품을 정기적으로 구독하거나, 심지어는 고가의 귀금속을 일정 기간 빌려 착용하는 서비스도 생겨났다. 구독경제는 소비자에게는 사용 편의성을, 기업에는 안정적인 수익 구조를 제공한다.

## 4. 역구독경제: 데이터를 제공하고 보상을 받는 경제

역구독경제(Reverse Subscription Economy)는 필자가 제안하는 새로운 개념이다. 기존 구독경제가 소비자가 일정 금액을 지급하고 서비스를 이용하는 구조라면, 역구독경제는 소비자가 정보를 제공하는 대가로 일정한 보상을 받는 구조이다.

다시 말해, 개인이 국가나 기업에 데이터를 제공하면, 그에 상응하는 비용을 받는 제도다. 이는 마치 주유소에서 기름을 넣으면 돈을 지급하듯, 국가나 기업이 개인의 데이터를 사용할 때 반드시 대가를 지급해야 한다는 원리다.

데이터는 오늘날의 새로운 석유다. 사람들은 스마트폰을 사용할 때마다 검색 기록, 위치 정보, 구매 명세, 건강 데이터 등 다양한 디지털 흔적을 남긴다. 이 데이터는 AI 학습, 맞춤형 광고, 신용평가, 행정 서비스 등에 활용되며 엄청난 가치를 창출한다.

그러나 지금까지 데이터는 대부분 무료로, 혹은 강제적으로 제공되었다. 주민등록번호가 대표적인 사례다. 주민등록번호는 국민 모두에게 부여되며, 이를 통해 모든 행정·금융·의료 기록이 연결된다. 즉, 데이터 경제는 국민 개개인의 주민등록번호에서 출발하기 때문에 근본적으로 평등하다. 모든 국민이 데이터를 제공하고 있으므로, 그 경제적 가치는 국민 모두에게 환원되어야 한다.

역구독경제는 바로 이 원리를 제도화하는 개념이다. 데이터는 제공자에게 돌아가는 보상이 있어야 하며, 국가는 국민에게 일정한 데이터 배당 또는 기본소득, 안심소득을 지급해야 한다. 이것이 바로 왜 국가가 개인에게 기본소득을 제공해야 하는지 이론적 근거이며, 앞으로 디지털 격차가 더욱 크게 벌어지게 되기 때문에 기본소득을 넘어 국민이 모두 안심하게 살 수 있는 기반을 국가가 마련해 주어야 한다.

## 5. 역구독경제의 실제와 사례

역구독경제의 실현 가능성을 보여주는 움직임은 이미 시작되고 있다.

미국 캘리포니아 주지사 가빈 뉴섬은 시민들이 자신들의 데이터로부터 발생하는 이익을 공유해야 한다는 "데이터 배당(Data Dividend)"을 제안했다.

앤드루 양은 대선 후보 시절 "Data Dividend Project"를 내세워, 국민이 데이터를 제공하면 기업이나 정부가 정당한 대가를 지급해야 한다고 주장했다. 일부 스타트업은 사용자가 자신의 건강 데이터나 쇼핑 데이터를 제공하면 소액의 보상을 지급하는 실험을 하고 있다. 예컨대 건강 앱에 걸음 수와 체중 변화를 기록하면 일정 포인트를 제공하는 서비스가 그것이다.

이러한 시도는 역구독경제의 초기 형태라 할 수 있다. 다만 아직은 실질적인 보상 규모가 크지 않고, 제도적으로 정착되지 못한 한계가 있다. 하지만 데이터의 가치가 점점 더 커지고, 국민이 데이터 권리에 대한 인식을 확립해 나간다면, 역구독경제는 새로운 표준이 될 가능성이 크다.

## 6. 역구독경제와 안심사회

역구독경제는 단순히 데이터 보상을 넘어 사회 구조 전반을 변화시킬 수 있다. 국민이 데이터를 제공하고, 국가는 그 대가로 안심소득을 지급하면, 이를 바탕으로 안심주택, 안심직업, 안심교육 같은 제도가 가능해진다.

**안심소득**: 데이터 제공의 대가로 지급되는 보편적 소득은 모든 국민에게 최소한의 생활 안전망을 제공한다.

**안심주택**: 데이터 배당을 활용해 주거 비용을 지원하면 청년과 고령층의 주거 불안정을 완화할 수 있다.

**안심직업**: 직업 전환기에 있는 노동자가 데이터 배당 덕분에 학습과 재교육 기간을 견딜 수 있다.

**안심교육**: 교육비를 보조함으로써 누구나 디지털 시대의 학습 기회를 누릴 수 있다.

이렇게 역구독경제는 단순한 경제 모델을 넘어, 국민이 안심하고 살아갈 수 있는 사회를 만드는 기반이 된다.

## 7. 전망과 과제

역구독경제가 본격적으로 자리 잡기 위해서는 몇 가지 과제가 해결되어야 한다.

**데이터 가치 산정**: 어떤 데이터가 얼마만큼의 가치를 가지는지 객관적이고 투명한 기준이 필요하다.

**개인정보 보호**: 데이터 제공과 보상이 프라이버시 침해로 이어지지 않도록 강력한 보호 장치가 마련되어야 한다.

**법과 제도 정비**: 데이터 보상 시스템을 뒷받침할 법적 제도와 국가 차원의 정책이 필요하다.

**국민 인식 확산**: 국민이 데이터 권리를 자신의 당연한 권리로 인식해야 제도가 정착될 수 있다.

이러한 과제를 해결한다면 역구독경제는 디지털 시대의 새로운 사회계약으로 자리 잡을 것이다.


## 8. 요약

경제는 끊임없이 진화해 왔다. 시장경제가 기본 구조였다면, 공유경제와 구독경제는 새로운 가능성을 보여주었다. 이제 우리는 역구독경제, 곧 데이터경제라는 새로운 전환점을 맞이하고 있다.

국민이 제공하는 데이터는 새로운 석유이자 새로운 금광이다. 그러나 그 가치는 지금까지 국민에게 돌아오지 않았다. 앞으로는 데이터를 제공하는 국민에게 정당한 대가가 지급되어야 하며, 그것이 바로 역구독경제다. 이 경제가 정착된다면, 국민은 데이터 주권을 회복하고, 안심사회로 나아갈 수 있을 것이다.

# 13장. 고속도로 구조 대개편과 지역균형발전

## 1. 수도권 집중과 지방소멸의 심각성

대한민국은 오랜 기간 수도권을 중심으로 성장해 왔다. 서울과 인천, 경기 지역에는 인구의 절반 이상이 거주하고 있으며, 기업 본사와 대학, 병원, 문화 시설까지 집중되어 있다. 수도권 집중은 경제성장의 엔진이었지만 이제는 지방의 생존을 위협하는 요인으로 작동한다. 지방의 청년들은 일자리를 찾아 수도권으로 이동하고, 남은 지역은 고령화와 공동화로 이어진다. 병원과 학교, 상점이 줄줄이 문을 닫으며 악순환은 더욱 가속화된다. 이에 따라 지방소멸이라는 무거운 단어가 일상적 화두로 자리 잡게 되었다.

이러한 현실은 일본에서 먼저 경험된 바 있다. 일본은 1990년대 이후 지방 소멸 문제를 심각하게 겪었으며, 인구 구조의 변화와 수도권 편중으로 인해 많은 기초지자체가 기능을 상실할 위기에 놓였다. 한국 역시 비슷한 경로를 따라가고 있다는 점에서 경고음이 크다. 단순한 인구 이동 문제가 아니라 국가 전체의 균형과 지속가능성을 위협하는 문제라는 점에서 본질적 해결책이 요구된다.

## 2. 고속도로 : 연결 아닌 단절의 구조

대한민국의 고속도로는 국가 성장의 상징이었다. 경부고속도로 개통은 산업화를 견인했지만, 오늘날의 고속도로 구조는 지방의 활력을 되살리기보다는 고립시키는 경우가 많다. 고속도로는 대체로 대도시 중심의 나들목 구조를 갖추고 있어, 중소도시는 그 길을 바라만 볼 뿐 쉽게 접근하지 못한다. 차량은 지역을 스쳐 지나가고, 지역 상권은 줄어든 유동 인구 탓에 점점 쇠퇴한다.

고속도로를 타고 지방을 여행하다 보면 흔히 만나는 풍경은 도시 중심부가 아니라 휴게소다. 운전자들은 휴게소에서 식사와 쇼핑을 마치고 다시 길을 떠난다. 그 결과 지역 도심의 음식점이나 상점, 숙박업소로 이어져야 할 소비가 휴게소 내부에서 모두 해결된다. 고속도로가 관통하지만 도심으로 연결되지 못하는 구조 속에서 중소도시는 오히려 교통망의 수혜에서 멀어진다.

## 3. 휴게소 중심 소비 구조의 문제점

현재 한국의 휴게소는 단순한 쉼터를 넘어 거대한 상업 공간으로 발전했다. 그러나 이러한 구조는 지역경제와 단절을 심화시킨다. 휴게소 내부에서만 소비가 이루어지면 주변 도심은 고속도로의 혜택을 누리지 못한다. 지역 특산물 판매와 관광객 유입은 차단되고, 상권은 점점 쇠락한다.

이와 대조적으로 미국과 유럽의 선진국들은 휴게소를 지역과 연계하는 방식으로 운영한다. 독일 아우토반에는 단순한 휴게공간 외에도 '아우토호프'라 불리는 연계형 시설이 있어, 운전자들이 고속도로에서 빠져나와 인근 소도시의 주유소, 음식점, 숙박시설을 이용할 수 있도록 유도한다. 일본의 '미치노에키' 제도 역시 휴게소를 단순 소비 공간이 아니라 지역 관문으로 설계해 관광과 지역 경제를 활성화한다. 이러한 방식은 고속도로를 단절이 아니라 연결의 통로로 만든다.

## 4. 해외 사례에서 얻는 교훈

일본은 1990년대 초부터 미치노에키 제도를 도입해 고속도로와 지방 소도시를 연계했다. 이곳은 단순한 휴식 공간이 아니라 지역의 특산물과 문화를 소개하고, 관광 정보를 제공하며, 여행자가 도심으로 자연스럽게 유입되도록 설계되었다. 결과적으로 미치노에키는 재난 시 대피소 역할을 겸하면서도 평시에는 지역 경제를 살리는 핵심인프라로 기능한다.

독일은 아우토반을 통해 고속도로 연결의 철학을 보여준다. 일정 간격마다 휴게공간을 배치하되, 직접 연결형과 지역 연계형을 병행하여 지역경제와 도로 안전을 동시에 고려한다. 단순히 빠른 이동만이 아니라 머무름을 설계한 구조다.

미국의 경우, 소도시를 우회하는 고속도로가 지역 상권을 위축시킨다는 문제가 꾸준히 제기되어 왔다. 이를 해결하기 위해 연방도로청은 접근 관리 지침을 마련하고, 휴게시설을 관광·지역경제와 연계하도록 설계했다. 각 주에서는 휴게소를 단순 편의시설이 아닌 지역 정보와 소비의 허브로 만드는 정책을 추진한다. 그 결과 고속도로를 통과하는 교통량 일부가 지역 도심으로 유입되며, 지역 경제의 활력이 유지된다.

## 5. 한국형 전환 전략

한국도 이제 고속도로의 철학을 근본적으로 전환해야 한다. 수도권과 대도시를 빠르게 연결하는 것을 넘어, 고속도로가 지역 중소도시의 생명선이 되도록 설계해야 한다.

첫째, 나들목 구조를 재편해야 한다. 중소도시와 일정 간격마다 연결될 수 있도록 설계 기준을 바꾸어야 한다. 접근성을 높이는 작은 형태의 나들목이나 조건부 램프 설치도 고려할 필요가 있다.

둘째, 휴게소 기능을 분산하고 개방해야 한다. 대형 상권을 휴게소 내부에 집중시키는 대신, 인근 도심과 자연스럽게 연결되도록 해야 한다. 셔틀버스를 운영하고, 지역 상권 할인 쿠폰을 제공하며, 내비게이션을 통해 지역 이벤트 정보를 제공하는 방식이 가능하다.

셋째, 지역과의 연계를 평가하는 새로운 성과 지표가 필요하다. 지금까지는 이동 속도와 물류 효율에 초점이 맞추어졌지만, 앞으로는 지역 체류 시간, 지역 소비액, 일자리 창출 같은 지표가 포함되어야 한다.

넷째, 고속도로 휴게소와 지역 경제를 연결하는 구체적 모델을 시범적으로 도입해야 한다. 이를 위해 권역별로 몇몇 휴게소를 선정해 일본, 독일, 미국의 방식을 적용해 보고 성과를 분석한 후, 전국적으로 확산할 수 있는 표준 모델을 만들 필요가 있다.

## 6. 요약

지방소멸은 단순히 몇몇 도시의 문제를 넘어 국가 전체의 위기다. 고속도로는 그 위기를 해결할 열쇠 중 하나다. 지금처럼 지역을 스쳐 지나가는 길이 아니라, 머물게 하고 연결하는 길로 바꾸어야 한다. 해외 사례는 이미 그 방향을 보여주고 있다. 일본은 미치노에키를 통해, 독일은 연계형 아우토호프를 통해, 미국은 접근 관리 정책을 통해 고속도로와 지역의 상생을 만들어냈다.

대한민국도 이제 고속도로를 단순한 이동의 도구가 아니라 지역을 살리는 생명선으로 재설계해야 한다. 수도권 집중의 속도를 늦추고, 지역이 스스로 자립할 수 있는 토대를 마련하는 길은 먼 곳에 있지 않다. 우리가 매일 달리는 고속도로 위에서부터 시작할 수 있다.

# 14장. 통장주택과 대한민국 주택시장 혁신
## - 서울 주택문제 해결의 새로운 패러다임

### 1. 부동산이라는 이름의 굴레: 고착된 자산 구조의 사회경제학

오늘날 서울의 집값은 개인의 생애주기 전체를 좌우하는 변수로 작용한다. 2024년 통계청과 한국은행이 공동으로 발표한 자료에 따르면, **서울의 평균 아파트 매매가격은 11억 4천만 원**, 전국 평균소득 대비 약 **18배**수준이다. OECD 평균 주거비 부담률이 가처분소득의 21%지만, 서울은 37%를 넘는다. 이는 단순한 가격 상승이 아니라 구조적 불균형이다.

이 불균형은 오랜 기간 주택을 '부동산'으로만 인식해 온 결과다. 부동산은 물리적으로 움직이지 않는 자산, 즉 고정된 위치에서 가치를 지니는 재화로 정의된다. 그러나 이 정의는 공급자 중심의 시각이다. 사람은 이동한다. 노동시장의 유연성이 높아지고, 교육과 직업이 지역을 초월하는 시대에 주택을 움직이지 않는 재산으로만 규정하는 것은 현실과 동떨어진 사고다.

한국의 인구 이동 데이터를 보면, 최근 5년간 매년 평균 830만 명(약 16%)이 주소지를 옮겼다. 이는 OECD 국가 중에서도 매우 높은 수치다. 즉, 주택의 수요자는 끊임없이 이동하고 있다. 이런 상황에서 '부동산'이라는 용어는 공급의 고정성만을 반영할 뿐, 수요의 이동성을 반영하지 못한다.

따라서 주택은 엄밀히 말해 **'준동산(準動産)'**, 즉 부동성과 유동성이 융합된 복합 자산이다. 하지만 정책은 여전히 주택을 '거래 제한의 대상'으로만 취급한다. 이 때문에 유동성이 고갈되고, 자산이 고착된다. 자산이 고착되면 사회의 창의적 에너지도 함께 멈춘다. 주택은 억눌린 자본의 저장고가 되었고, 그 안에 묶인 돈은 생산으로 흘러가지 못한다.

그 결과 한국의 GDP 대비 가계부채 비율은 2024년 기준 107.8%로 OECD 평균(68%)을 훨씬 웃돈다. 부동산 중심의 자산 구조가 국민경제의 흐름을 왜곡시킨 것이다. 결국 서울 집값의 문제는 단지 주거 문제가 아니라, **고착된 자본구조의 문제이자 사회적 에너지의 정체 현상**이다.

## 2. 토지가격이라는 명목가치의 함정과 유동화의 가능성

주택 가격은 일반적으로 건축비와 토지 가격으로 구성된다. 건축비는 자재비, 인건비, 기술비용 등 실질적인 가치 요소이지만, 토지 가격은 대부분 사회적 인식이 만들어낸 명목가치다. 한국감정원에 따르면, **서울 아파트의 평균 건축비는 전체 주택 가격의 28%에 불과하고, 나머지 72%가 토지 가격으로** 구성되어 있다.

건축비는 물리적 가치의 한계 안에서 움직이지만, 토지 가격은 심리와 기대가 지배한다. 정부가 공공택지를 공급하거나 재개발을 억제하더라도, '서울의 땅은 오른다'라는 믿음은 가격을 다시 밀어 올린다. 바로 이 믿음의 경제가 투기를 낳고, 불평등을 심화시킨다.

토지 가격은 실질적 생산 가치가 아니라 기대 가치(Expected Value)이다. 즉, 사회가 공유한 심리적 합의 위에 세워진 상징적 가격이다.

이러한 명목가치를 현실 경제로 환원시킬 수 있다면, 그것은 새로운 성장의 재원이 된다.

2023년 한국은행 자료에 따르면, 대한민국의 총부동산자산은 약 **7,775조 원**, 그 중 **토지 자산만 5,432조 원**이다. 전체 GDP의 약 **2.3배**에 해당하는 막대한 규모다. 이 자산의 10%만 유동화하더라도 **540조 원**의 자금이 새롭게 사회로 흘러들어올 수 있다.

이 자금을 창업지원, 기술혁신, 공공임대 확충 등에 활용할 수 있다면, 부동산은 더 이상 '죽은 자본(dead capital)'이 아니다. 미국 경제학자 에르난도 데 소토(Hernando de Soto)가 『자본의 비밀(The Mystery of Capital)』에서 말한 것처럼, **"자본은 움직일 때 비로소 생명을 얻는다."** 한국의 토지 자산은 움직이지 못하는 자본, 즉 사회 전체의 에너지를 묶어둔 족쇄였다. 통장주택은 이 묶인 자본을 풀어내는 제도적 열쇠다. 토지 가격의 명목가치를 사회적 금융시스템 안으로 편입시켜, 자본을 순환시키는 것이다.

## 3. 통장주택의 개념과 제도 설계

통장주택은 기존의 모기지(Mortgage)와 역모기지(Reverse Mortgage)를 결합한 융합형 금융제도다. 모기지는 젊은 세대가 미래 소득을 담보로 집을 구매하는 제도이고, 역모기지는 고령 세대가 자신이 소유한 주택을 담보로 노후자금을 확보하는 제도다. 하지만 현재 이 두 제도는 세대별로 분리되어 작동한다. 통장주택은 나이와 관계없이 주택의 토지 자산을 유동화할 수 있도록 하여, 세대 간 자산 순환을 가능하게 한다.

예를 들어, 서울의 10억 원짜리 아파트를 보유한 50대 가구를 가정해 보자. 건축비는 약 3억 원, 토지 가격은 약 7억 원이다. 이 가구는 건축비 부분은 실물자산으로 그대로 유지하고, 토지분에 해당하는 7억 원을 금융기관에 '통장' 형태로 예치한다. 예치된 금액은 주택의 평가 가치에 따라 매년 일정 비율로 인출하거나, 주식·창업·연금 등 다양한 금융상품으로 운용할 수 있다.

즉, 주택을 팔지 않고도 자산을 현금화하여 활용할 수 있다. 반대로 젊은 세대는 이 통장주택을 담보로 저리 대출을 받아 초기 자본을 마련할 수 있다. 이렇게 세대 간 자산이 순환한다.

이 제도를 안정적으로 운용하기 위해서는 세 가지 조건이 필요하다.

첫째, **유동화 비율의 단계적 확대**다. 초기에는 주택 가치의 10%까지만 허용하고, 시장이 안정되면 점차 확대한다.

둘째, **금융기관의 신용보증 강화**다. 주택 자산의 변동성을 고려해 공공금융이 일정 부분 보증하도록 한다.

셋째, **세제 환수장치 마련**이다. 유동화 수익의 일정 비율(10~15%)을 세금으로 환수해 청년기본소득, 창업지원, 공공임대 확충에 사용한다.

이 세 조건이 병행되면 통장주택은 단순한 금융제도를 넘어, **경제 순환구조를 재설계하는 사회 시스템**이 된다.

## 4. 해외 사례와의 비교: 유동화 자산의 사회적 활용

유사한 개념은 해외에도 존재한다. 미국의 Home Equity Loan (주택자산대출), 영국의 Equity Release Scheme(지분유동화제도),

일본의 **주택저당대부제도**가 대표적이다.

미국의 경우, 주택 소유자는 집값 상승분을 담보로 대출을 받아 소비나 창업에 활용한다. 하지만 이는 개인 대출 중심이기 때문에 사회적 유동성 확대에는 한계가 있다. 영국은 고령층이 집을 팔지 않고도 금융기관과 계약을 맺어 자산의 일부를 현금화할 수 있도록 했다. 그러나 이는 고령층 복지 중심의 제도다.

한국의 통장주택은 이 두 제도의 장점을 결합하면서, **청년·중장년· 노년층을 아우르는 통합형 모델**이라는 점에서 차별화된다. 세대 간 자산이 연결되고, 자금이 사회 전체로 순환한다.

## 5. 수도권 집중의 구조적 문제와 통장주택의 경제효과

현재 대한민국 전체 토지자산의 약 **62%가 수도권에 집중**되어 있다. 서울의 평균 토지 가격은 전국 평균의 8배에 달하며, 이 불균형은 지역경제를 고사시키는 주된 원인 중 하나다. 통장주택을 통해 토지 자산의 10%만 유동화하더라도 약 540조 원의 자금이 새롭게 시장에 진입한다. 이 자금을 일정 비율로 지방 혁신 펀드에 배분하면, 지역창업과 일자리 창출에 막대한 파급효과가 발생한다.

예를 들어, 경북·전남 등 비수도권 지역에 매년 20조 원씩 투자된다면, 10년간 누적 200조 원이 지역경제로 순환된다. 이는 IMF 이후 한 번도 경험하지 못한 '내생적 성장'의 기회다.

경제학적으로도 이 구조는 승수효과(multiplier effect)가 높다. 주택 자산의 유동화로 발생한 자금이 생산 부문으로 투입될 경우, 1원의 자본이

2.3원의 GDP 효과를 낳는다는 분석이 가능하다.

## 6. 1가구 1주택 원칙과 사회적 형평성

통장주택은 1가구 1주택 원칙을 기반으로 설계된다. 1주택자는 소유권을 완전히 보장받되, 다주택자는 임대료 상한제와 누진 세제를 적용받는다.

이 구조는 투기억제를 넘어 사회적 정의의 회복을 목표로 한다. 2024년 국세청 자료에 따르면, 상위 10% 다주택자가 전체 임대소득의 69%를 점유하고 있다. 이러한 불평등은 주거 불안뿐 아니라 사회적 불신을 키운다.

통장주택은 다주택자의 자산을 억제하는 대신, **사회적 환원 시스템**을 가동한다. 유동화로 얻은 이익의 일부가 사회로 환원되어 청년과 서민의 주거복지로 돌아가는 구조다. 또한 이 제도는 세대 간 자산 이동을 촉진하여, 노년층의 유동성을 높이고 청년층의 기회를 확장한다. 일본의 사례처럼 고령화 사회에서 주택 자산이 사회에 순환하지 않으면, 경제는 정체되고 청년층은 절망한다. 통장주택은 바로 이 세대 간 단절을 메우는 새로운 사회계약이다.

## 7. 단계적 실행 방안과 제도 정착 전략

1단계로 서울·경기 일부를 시범지역으로 지정해 통장주택 프로그램을 도입한다. 국토교통부와 금융위원회, 서울시가 협력하여 주택담보자산의 10% 유동화를 허용하고, 금융기관에 전용계좌를 개설한다.

2단계에서는 **통장주택증권(Housing Equity Agreement)** 제도를 도입해 유동화 자산을 유가증권화하고, 거래소 상장을 통해 안정적 유통망을 구축한다.

3단계에서는 전국 확대와 지방혁신펀드의 설립이다. 수도권에서 발생한 유동화 자금의 일부를 지방으로 재배분하여 균형성장을 꾀한다.

이 제도가 완전히 정착되면, 부동산자산이 GDP 성장의 새로운 엔진으로 작동할 수 있다.

## 8. 통장에서 사회로: 새로운 경제철학의 제안

통장주택은 단순히 주택정책이 아니다. 그것은 **경제철학의 전환**이다. 자산은 소유가 아니라 활용일 때 사회적 가치를 갖는다. 주택에서 통장으로, 통장에서 사회로, 다시 사회에서 개인으로 이어지는 선순환의 구조는 부동산 경제를 '순환경제(循環經濟)'로 변모시킨다. 통장주택이 실현되면, 자산이 사회를 떠받치고 사회가 다시 개인을 지탱하는 **순환적 복지국가 모델**이 완성된다.

대한민국의 부동산 시장은 오랫동안 정체된 자본의 저장고였다. 통장주택은 그 문을 여는 열쇠다. 집을 팔지 않아도 자금이 돌고, 부자가 아니어도 안정적으로 살 수 있는 사회, 그것이 통장주택이 그리는 미래다.

# 15장. AI를 통한 세계 선도국으로서의 비전

## 1. 목활자, 금속활자의 정신과 대한민국의 선도 잠재력

대한민국은 세계 최초로 목활자, 금속활자를 발명한 나라이다. 이는 단순히 인쇄술의 발전을 넘어, 지식과 사상의 대중화를 촉진한 세계사적 사건이었다. 목활자 금속활자는 왕과 학자만이 아닌 백성들에게도 지식이 확산할 수 있는 토대를 마련했다. 이러한 혁신은 근대적 민주주의와 교육, 나아가 세계 문명의 진보에 결정적 영향을 끼쳤다.

오늘날 AI는 인류 문명을 다시 한번 혁명적으로 변화시키고 있다. 데이터와 알고리즘은 금속활자와 마찬가지로 지식의 확산과 새로운 질서의 창출을 가능케 한다. 대한민국은 금속활자의 발명국으로서 "지식의 민주화"라는 역사적 경험을 이미 가지고 있으며, 이는 곧 AI 시대에 세계를 선도할 정신적 토대가 된다. 과거 활자로 인류의 눈을 떴듯, 오늘날 AI는 인류의 두뇌를 확장하는 도구이며, 이를 가장 먼저 인간 중심적·윤리적으로 활용할 수 있는 국가가 바로 대한민국이다.

## 2. AI 강국으로 나아가기 위한 국가전략

지구촌 선도국이 되기 위해서는 기술적 역량만이 아니라 국가적 전략이 필요하다. 대한민국은 이미 반도체, 통신망, 로봇, 배터리 등 첨단기술에서 세계적 경쟁력을 확보하고 있다. 여기에 AI를 접목하면, 산업 구조 전반에서 혁명적 변화를 주도할 수 있다.

첫째, 데이터 주권 확립이 필요하다. 위성영상, GIS, 통계자료를 좌표 기반으로 융합하는 데이터 체계 구축은 대한민국을 데이터 선진국으로 도약시킬 것이다. 둘째, AI 인재 육성을 위해 전 국민을 대상으로 한평생 AI 교육 체계를 마련해야 한다. 이는 노인과 청년을 동시에 아우르는 포용적 정책으로 이어질 수 있다. 셋째, 글로벌 AI 윤리 규범 제정에서 선도적 역할을 담당해야 한다. AI의 위험을 방치하지 않고, 인류 공동선을 위한 국제 협력을 주도할 때 대한민국은 신뢰할 수 있는 리더로 자리매김할 수 있다. 이러한 전략은 단순한 기술적 도약을 넘어, 대한민국을 인류가 의지할 수 있는 정신적 리더로 격상시킨다.

## 3. AI와 정신혁명의 융합

기술 발전은 언제나 인간 정신과 함께해야 한다. 목활자, 금속활자가 지식을 널리 퍼뜨렸지만 동시에 사상의 갈등을 심화시켰던 것처럼, AI도 양날의 검이다. 잘못 쓰이면 사회적 분열과 불평등을 심화시킬 수 있다. 따라서 대한민국이 지구촌 선도국으로 나서기 위해서는 정신혁명이 반드시 병행되어야 한다. 정신혁명이란 도덕적 성숙과 윤리적 기준을 세우는 것을 의미한다. AI 시대의 핵심은 단순한 효율이 아니라 인간 존엄성의 보존이다. 대한민국은 홍익인간 사상, 동학의 인내천 사상, 불교와 유교의 조화 정신 등 풍부한 철학적 자산을 가지고 있다. 이 정신적 자산은 AI의 방향성을 인류 보편가치와 연결할 수 있는 토대가 된다.

즉, 한국형 AI 비전은 단순한 산업 경쟁력 확보가 아니라, "AI와 함께 사는 인간다운 사회"를 구현하는 데 있다. 이러한 비전은 곧 전 인류에게 신뢰와 감동을 주는 새로운 문명 모델이 될 것이다.

## 4. 지구촌 문제 해결을 주도하는 대한민국

지구촌은 기후 위기, 빈부 격차, 전쟁과 분쟁 등 복잡한 난제에 직면해 있다. AI는 이 문제들을 해결하는 강력한 도구가 될 수 있다. 대한민국은 이 과정에서 "AI 기반 문제 해결 국가"로서 선도적 역할을 수행해야 한다. 예를 들어, AI는 기후변화 대응에서 위성영상과 데이터를 분석해 온실가스 배출을 실시간으로 추적하고, 효율적 에너지 정책을 설계하는 데 기여할 수 있다. 또한 의료 분야에서는 AI가 질병 조기 진단과 맞춤형 치료를 가능하게 하여 전 세계 보건 격차를 줄일 수 있다. 더 나아가 교육 분야에서는 AI 튜터를 활용해 저개발국 아동에게도 양질의 교육 기회를 제공할 수 있다.

대한민국이 이러한 프로젝트를 국제적으로 주도한다면, 기술 강국을 넘어 "인류 구원의 국가"로 자리매김할 수 있다. 금속활자가 지식의 확산으로 인류를 이롭게 했듯, AI 역시 인류의 고통을 줄이고 희망을 확산시키는 도구가 될 것이다. 그 과정에서 대한민국은 자연스럽게 지구촌 리더 국가로 부상한다.

## 5. 대한민국의 미래 비전: AI 강국에서 인류의 정신적 지도국으로

대한민국의 최종 비전은 단순한 "기술 선도국"이 아니다. 진정한 목표는 AI 시대에 인류의 정신적 지도국이 되는 것이다. 이는 기술과 정신, 산업과 문화가 조화를 이루는 새로운 문명 모델을 창출하는 데 있다. 이를 위해 대한민국은 세 가지 방향으로 나아가야 한다. 첫째, AI+정신혁명 결합형 국가 모델을 구축한다. 둘째, 지구촌 연대와 협력의 플랫폼을 형성하여, 국제 학술대회와 세계정신올림픽 같은 프로젝트를 주도한다. 셋째, AI 시대의 문화강국으로 자리매김하여, 한류가 단순한 대중문화가 아니라 인류 보편의 가치와 연결되도록 발전시킨다. 이러한 비전이 실현된다면 대한민국은 금속활자 발명의 정신을 잇는 국가로서, AI 시대 인류의 새로운 문명을 개척하는 진정한 선도국으로 우뚝 설 것이다.

제3편

AI 시대와 정신혁명

# 16장. AI 시대 일자리 위기와 대책

## 1. AI가 바꾸는 노동의 지형도

오늘날 인류는 AI라는 혁신적 도구를 손에 쥐고 있다. 과거의 기계가 인간의 힘을 대신했다면, AI는 인간의 두뇌를 대신한다. AI는 단순한 연산이나 규칙 기반 처리를 넘어, 데이터를 분석하고 미래를 예측하며 심지어 창작까지 가능하게 만들었다. 이러한 변화는 곧 일자리 구조 전반을 송두리째 바꾸고 있다.

앞으로의 직업 세계는 크게 두 가지로 구분될 것이다. 하나는 AI에게 일을 시키는 직업, 즉 AI를 활용하고 지휘하는 역할이다. 다른 하나는 AI가 시키는 대로 하는 직업, 즉 AI가 제시하는 지침을 수행하거나 자동화의 보조자로 남는 역할이다.

전자는 상대적으로 높은 창의성과 전략적 사고, 문제 해결 능력이 요구된다. 데이터 과학자, AI 기획자, 윤리 감독관, 정책 설계자, 그리고 창업가가 여기에 속한다. 반면 후자는 반복적이고 보조적인 업무가 중심이다. 단순 행정, 단순 생산, 단순 서비스직 상당수가 이 범주에 들어간다. 결국 AI는 노동 시장을 양극화시키며, 일자리 구조의 판을 다시 짜고 있다.

## 2. 취업 사회에서 창업 사회로

지난 수십 년간 한국 사회를 지배한 단어는 '취업'이었다. 대학생은 졸업과 동시에 안정된 직장을 찾는 것을 최우선 과제로 삼았다. 그러나 AI가 대거 투입되면서 단순 사무직과 관리직, 나아가 전문직 일부마저도 빠르게 대체되고 있다. 취업의 문은 점점 좁아지고, 기존의 고용 안정성은 더 이상 보장되지 않는다.

이제 사회는 새로운 전환이 필요하다. 그것은 바로 취업 사회에서 창업 사회로의 전환이다. AI는 창업의 진입 장벽을 획기적으로 낮춘다. 한 개인이 제품 설계, 시장 조사, 홍보, 회계 등 과거 대기업만이 수행할 수 있었던 업무를 AI의 도움으로 손쉽게 수행할 수 있다. 즉, 누구나 아이디어만 있다면 창업을 시도할 수 있는 시대가 열린 것이다.

그러나 문제는 실패다. 기존 사회에서 창업 실패는 개인의 몰락으로 이어졌다. 실패하면 빚을 지고, 사회적으로 낙오자로 낙인찍히며 다시 일어설 기회를 잃는다. 이런 구조 속에서 청년들이 창업에 뛰어들 용기를 내기란 쉽지 않다. 따라서 AI 시대의 창업 사회를 뒷받침하기 위해서는 국가적 제도 개혁이 필요하다.

## 3. 직업 구조의 변화: 피라미드에서 모래시계로

과거 직업의 조직 구조는 피라미드 형태였다. 상층에는 소수의 경영자와 고소득 전문직이 있었고, 중간에는 사무직과 기술직이, 하층에는 단순 노동직이 넓게 자리했다. 이 구조는 산업화 시대를 거쳐 정보화 시대까지 유지되었다.

그러나 AI가 보급되면서 중간층의 상당수가 사라지고 있다. AI가 사무직과 단순 관리직을 빠르게 대체하고 있기 때문이다. 그 결과, 상층부에는 AI를 지휘하고 활용하는 소수의 리더 집단이 남고, 하층부에는 AI가 대체할 수 없는 일부 서비스직과 현장직이 존재한다. 반면 중간층은 전통적 사무직이 줄어드는 대신, 수많은 창업자와 창작자들이 새로운 형태로 채워지게 된다.

이 새로운 구조는 바로 모래시계형 직업 구조다. 위와 아래가 상대적으로 두텁고, 중간은 좁아 보인다. 하지만 사실상 중간은 다수의 창업자와 프리랜서, 1인 기업가들로 다시 채워진다. 이들은 국가의 창업 임금제 지원을 받으며, 끊임없이 새로운 시도를 이어간다. 실패하더라도 다시 도전할 수 있고, AI의 도움으로 적은 비용으로도 세계 시장에 진출할 수 있다.

모래시계형 구조는 불안정해 보이지만, 오히려 회복 탄력성이 강하다. 창업자가 실패해도 다시 일어날 수 있고, 사회 전체가 역동적으로 움직이기 때문이다. 피라미드형이 안정적이지만 경직된 구조였다면, 모래시계형은 유연하면서도 창조적인 구조라고 할 수 있다.

## 4. 새로운 일자리 창출과 청년연금

일자리를 대체하는 AI가 동시에 새로운 일자리를 창출할 기회도 제공한다. 이를 위해 국가정책은 다음의 세 가지 산업 분야에 집중할 필요가 있다.

### 1) 돌봄과 감성노동 중심의 인간 기반 서비스 산업

노령화 사회에서 노인 돌봄, 유아 교육, 심리 상담, 지역 공동체 관리 등은 AI가 대체하기 어려운 영역이다. 이러한 서비스 업종을 공공 일자리와 결합해 확대하고, 감성노동 전문성을 국가가 인증하고 보장하는 제도 마련이 필요하다.

### 2) 녹색 전환과 디지털 인프라 중심의 미래 산업

탄소중립과 에너지 전환, 디지털 기반 도시개발, 스마트팜 등은 인간과 AI가 협업할 수 있는 산업이다. 이 분야에 대한 과감한 투자를 통해 수많은 기술 일자리를 만들어야 한다.

### 3) 문화콘텐츠와 창의 산업의 강화

AI가 초안을 제공하더라도, 최종 창작물은 인간의 감성과 철학이 필요하다. AI 도구를 활용하는 예술가, 작가, 디자이너 등 'AI 창작자' 육성 정책을 통해 창의 직군의 확대가 필요하다. 더 구체적인 정책대안은 아래와 같이 제시할 수 있다.

대한민국의 역사는 국가가 위기에 처할 때마다 국민의 분연한 결단과 행동으로 새로운 전환점을 만들어왔다. 지난 12월 3일 윤석열 대통령의 헌법 위반과 계엄령 발동으로 나라가 위태로운 상황에 부닥쳤을 때도, 청년들은 다시 한번 역사의 중심에 섰다. 그들은 위헌적 권력에 맞서 민주주의를 지키고, 탄핵 축제를 통해 대한민국의 헌정 질서를 바로 세워가고 있다. 이들의 헌신과 용기는 단순히 정치적 사건을 넘어, 대한민국의 미래를 밝히는 희망의 등불이 되고 있다.

이제 대한민국은 이 위대한 젊은이들에게 보답해야 할 시점이다. 그 방법의 하나가 필자가 제안하는 '청년연금'이다. 이는 각 개인이 자기 직장을 스스로 창출하고, 임금은 국가가 지급하는 시스템이다. 청년연금은 기존의 복지와 고용 정책의 한계를 넘어선 새로운 패러다임이다. 단순히 청년실업에 대한 재정적 지원을 넘어, 청년들에게 자율성과 창의성을 기반으로 한 새로운 삶의 방식을 제시한다.

현대 사회는 점점 더 불확실성이 커지고 있다. 전통적인 고용 구조인 피라미드 형태는 무너지고 모래시계 형태로 바뀌고 있다. 즉 최초 생산자와 최종소비자만 존재하고 중간 과정은 모두 물류기업이 담당하게 된다. 길거리를 누비는 수많은 물류 화물차가 그것을 단적으로 증명하고 있다. 특히, 디지털 전환과 AI의 확산으로 직업의 형태가 급격히 변화하고 있다. 크게 보면 AI에 일을 시키는 직업과 AI가 시키는 대로 하는 직업으로 나누어지며, 중간계층은 모두 쿠팡, 아마존 같은 플랫폼 기업이 담당하게 된다. 중간관리층에 취업을 원하는 청년들은 기존의 취업 시스템 안에서 점점 더 설 자리를 잃어가고 있다. 따라서 이와 같은 변화에 대응하기 위해 정부가 청년연금을 통해 창의적이고 자율적인 경제 활동을 지원한다면, 청년들은 더 이상 기존 구조에 얽매이지 않고 새로운 경제 생태계를 창출할 수 있다.

청년연금은 단순히 '돈을 준다'라는 개념이 아니다. 그것은 청년들이 자신만의 직업을 창출할 수 있는 환경을 조성하고, 실패를 두려워하지 않고 도전할 수 있도록 지원하는 체계이다. 이는 미래 사회를 주도할 혁신적이고 독립적인 인재를 양성하는 데 필수적이다. 청년연금을 통해 대한민국은 청년들의 창의성과 열정을 자본으로 삼아 새로운 경제 모델을 제시할 수 있다.

청년연금은 우선 경제적 불평등을 완화할 수 있다. 안정적인 소득은 청년들에게 최소한의 경제적 안전망을 제공하여, 계층 간 격차를 줄이고 사회 통합을 강화한다. 빠른 속도로 변화하고 있는 시대적인 여건을 고려하면 청년연금은 창업과 혁신의 활성화를 촉진할 수 있다. 청년들은 자기 아이디어와 열정을 바탕으로 새로운 비즈니스를 시작할 수 있으며, 이는 장기적으로 국가 경쟁력을 높이는데 기여할 것이다. 이 제도는 청년들의 정신적·사회적 안정을 가져올 수 있다. 이에 따라 실업과 경제적 불안정으로 인한 스트레스를 줄이고, 삶의 질을 향상할 수 있다.

이와 같은 청년연금의 성공적인 정착을 위해서는 몇 가지 과제가 해결되어야 한다. 첫째, 재정적 안정성을 확보하기 위한 구체적인 재원 마련 방안이 필요하다. 둘째, 청년들이 자신의 직업을 창출할 수 있도록 교육과 컨설팅 시스템을 강화해야 한다. 셋째, 공정하고 투명한 운영 체계를 구축하여 제도가 악용되지 않도록 해야 한다. 재정적인 문제는 나중에 청년들이 성공적으로 정착하면 회수하는 장치를 마련하고, 직장 문제는 교육개혁으로 창업 교육을 강화하면 될 것이다. 따라서 청년연금은 전 지구촌에서 소용돌이치는 한류열풍을 지속적으로 뒷받침할 수 있도록 청년들이 생활비 걱정 없이 마음껏 자신의 개성과 창의성을 발휘할 기회를 제공하게 될 것이다.

청년연금은 청년들의 열정과 도전을 통해 새로운 경제적, 사회적 패러다임을 창출하는 길을 열겠다는 선언이다. 위대한 젊은이들은 군사 반란의 시기에 민주주의를 지키는 데 중심적인 역할을 해냈다. 이제는 국가와 기성세대가 그들에게 새로운 미래를 설계할 기회를 제공해야 한다.

청년연금은 대한민국이 진정한 미래 혁신 국가로 도약하기 위한 핵심 열쇠다. 이 땅의 아름다운 젊은이들이 꿈꾸고 도전할 수 있는 환경을 만들어 주는 것이 곧 대한민국의 미래를 여는 일이며, 청년연금은 그 시작이 될 것이다. 이 제도의 성공적인 정착은 대한민국을 경제적으로나 정치적으로 세계 문화를 이끌어가는 선도국으로 도약하는 결정적인 역할을 하게 될 것이다. 아직도 취업을 위해 도서관 구석에서 공부에 여념이 없는 청년들을 위해 국가가 나서서 하루빨리 청년연금제도를 도입해야 한다.

## 5. 사회적 안전망과 노동 정책의 대전환

마지막으로 중요한 것은 고용불안정에 대한 사회적 안전장치 마련이다. 현재의 고용보험 중심 복지제도는 정규직 중심의 산업시대 모델에 기반하고 있어 플랫폼 노동자, 프리랜서, 단기 계약직은 보호받지 못하고 있다.
AI 시대에 대응하기 위해서는 다음과 같은 정책이 필요하다.

- 기본소득 또는 안심소득의 단계적 도입
  직업이 없더라도 인간다운 삶을 영위할 수 있는 기본적인 소득 보장 제도가 요구된다. 특히 기술 전환기에 일시적으로 직업을 잃은 사람들에게 안정적인 전환 기간을 보장해야 한다.

- 직무 전환 지원금과 재취업 보조금 지급
  AI로 일자리를 잃은 노동자에게는 재교육과 재취업을 위한 지원금을 제공하고, 새로운 분야에 도전할 수 있도록 체계적 전환 프로그램을 제공해야 한다.

– 디지털 노동자의 권리 보호법 제정

AI를 활용하는 디지털 노동자, 플랫폼 종사자들이 부당한 해고나 알고리즘 차별로부터 보호받을 수 있도록 새로운 노동법 체계 정비가 필요하다.

이를 위한 정책 대안으로 청년과 노인이 함께 만드는 AI 교육정책이 가능하다.

## 1) AI 시대, 세대 간 격차를 넘는 새로운 해법이 필요

AI 시대는 이미 현실이다. 챗GPT를 비롯한 생성형 AI 기술은 우리의 일상과 산업을 빠르게 변화시키고 있다. 그러나 이러한 기술혁신은 모두에게 평등하게 다가오지 않는다. 청년들은 치열한 경쟁과 일자리 부족으로 취업에 어려움을 겪고 있고, 노년층은 급속한 기술 변화에 적응하지 못해 디지털 사회에서 소외되고 있다. 기술이 발전할수록 세대 간 격차는 더욱 벌어지고, 이는 단순한 정보 격차를 넘어 사회적 고립과 불안정성으로 이어지고 있다.

이런 구조적 문제를 해결하기 위해서는 새로운 방식의 세대 협력 모델이 필요하다. 바로 청년이 노인을 가르치고, 노인은 배움을 통해 디지털 사회에 참여하는 '세대 공존형 AI 교육 프로젝트'가 그 해답이 될 수 있다.

## 2) 청년은 일자리를, 노인은 역량을: 상호·보완의 협력 모델

이 프로젝트는 단순한 교육정책이 아니다. 청년에게는 교육 강사로서의 사회적 역할과 소득을 제공하고, 노인에게는 실생활에 필요한 디지털 역량을 갖출 기회를 제공한다. 정부와 지자체는 교육에 참여하는 청년에게는 일정한 월급을, 노인에게는 교육수당을 지급함으로써 양 세대의 자발적이고 지속적인 참여를 유도할 수 있다.

예를 들어, 한 지방 도시에서 시행 중인 시범 프로그램에서는 대학을 졸업한 청년 A 씨가 지역 복지관에서 노인을 대상으로 챗GPT와 스마트폰 활용법을 가르치고 있다. 그는 "실전 경험을 쌓고, 경력을 만들며 소득도 얻을 수 있어 일거양득의 효과"라고 말한다. 교육을 받은 70대 어르신 B 씨는 "AI를 배운 뒤 손자들과 대화 주제가 넓어졌고, 교육 수당도 생활에 도움이 된다." 이처럼 AI 교육은 단순한 정보 전달을 넘어 세대 간 소통을 열고, 공동체 안에서 새로운 관계를 만들어낸다.

### 3) 지역 중심의 확산 가능성과 전국 확대 전략

이 모델은 지역 중심으로 쉽게 확산할 수 있다. 1단계에서는 지자체가 'AI 교육 매칭센터'를 설치하여 청년 강사와 노인 학습자를 연결하고, 2단계에서는 복지관, 경로당, 도서관 등을 활용해 소규모 교육 공간을 마련할 수 있다. 3단계에서는 전국 단위의 AI 시민 역량 인증제를 통해 교육 이수자를 사회적으로 인정하고, 노인들의 사회참여를 활성화할 수 있다.

특히 'AI 생활기초과정', '챗GPT 활용 실습', '디지털 윤리교육' 등 표준화된 커리큘럼을 통해 전국 어디서나 균등한 질의 교육을 받을 수 있도록 하고, 온라인 콘텐츠와 실시간 피드백 시스템을 도입하면 지역 간 격차도 최소화할 수 있다.

## 4) 기술 국가를 넘어 사람 중심의 AI 공동체로

이 모델은 단지 세대 문제나 취업 문제를 넘어서, 대한민국을 '사람 중심의 AI 공동체'로 바꾸는 국가전략이 될 수 있다. 기술이 사람을 소외시키는 것이 아니라, 기술이 사람을 연결하는 도구가 될 수 있다는 사회적 실험이자 실천이다.

세계적으로도 주목할 만한 모델이다. OECD와 UN은 디지털 포용과 세대 연대를 '지속 가능한 발전 목표(SDGs: Sustainable Development Goals)'의 핵심으로 삼고 있으며, 고령화 사회에서의 기술 접근성 문제를 중요한 정책 과제로 보고 있다. 한국이 세대 공존형 AI 교육모델을 국가 차원에서 추진할 경우, 단순한 기술 수출국이 아니라 사람 중심 디지털 전략을 수출하는 국가로 거듭날 수 있다. 이것이 바로 한류의 새로운 확장이다.


## 5) 지금이 바로 시작할 때다

우리는 지금 중요한 선택의 기로에 서 있다. 기술이 세대를 갈라놓는 시대를 살아갈 것인가, 아니면 기술이 세대를 연결하고 공동체를 복원하는 계기가 될 것인가. 청년과 노인이 함께 손을 잡고 AI를 배우고 가르치는 이 프로젝트는 단순한 정책을 넘어선 시대정신이다.

청년에게는 일자리, 노인에게는 배움, 국가에는 미래를 주는 이 정책은 대한민국이 기술 강국을 넘어 인간 중심 공동체로 도약하는 전환점이 될 수 있다. 지금이 바로 그 첫걸음을 내디딜 시간이다. 대한민국은 청년과 노인이 함께 만드는 AI 선도국으로 나아갈 수 있다. 그리고 반드시 그래야 한다.

# 6. 요약

AI는 인간의 노동을 대체할 뿐 아니라 노동의 의미를 근본적으로 바꾸고 있다. 앞으로의 사회는 취업이라는 낡은 패러다임에 머무를 수 없다. 창업 사회로의 전환이 필요하며, 이를 뒷받침할 국가적 제도 개혁이 요구된다.

청년들은 더 이상 좁은 취업 문 앞에서 좌절할 것이 아니라, 무한한 창업 기회를 통해 자신의 역량을 펼쳐야 한다. 국가는 이를 위해 창업 임금제를 비롯한 사회적 안전망을 구축해야 한다. 사회 전체는 실패를 낙인찍는 문화를 버리고, 도전을 존중하는 문화로 나아가야 한다.

직업 구조는 피라미드에서 모래시계형으로 바뀔 것이다. 그리고 이 변화는 단순한 고용 구조의 변화가 아니라, 인류 문명의 새로운 진화를 의미한다. AI 시대의 진정한 미래는 기술이 아니라 인간 정신과 제도의 선택에 달려 있다.

# 17장. 디지털 사회의 부작용

AI 사회는 인류가 만들어낸 가장 거대한 혁신의 장이다. 인터넷과 스마트폰, AI와 빅데이터는 우리의 일상을 근본적으로 바꾸었다. 그러나 눈부신 발전 뒤에는 어둡고도 무거운 그림자가 드리워져 있다. 디지털 사회의 부작용은 인간을 편리하게 하기보다 오히려 병들게 하고, 정신과 육체를 동시에 갉아먹는 방향으로 흐르고 있다. 기술은 도구지만, 통제되지 못한 도구는 인간을 지배한다.

## 1. 끊임없는 연결은 피로로 이어진다

디지털 사회는 '항상 연결된 상태'를 당연하게 만들었다. 스마트폰 알림은 끊임없이 주의를 끌고, SNS의 피드는 우리의 의식을 한순간도 쉬게 두지 않는다. 일과 휴식의 경계는 무너지고, 사람들은 언제 어디서나 응답해야 한다는 압박 속에서 산다. 이른바 '디지털 피로증후군'은 수면장애, 집중력 저하, 만성 스트레스의 원인이 된다. 연결의 과잉은 자유를 주는 것이 아니라, 보이지 않는 족쇄가 되어 인간을 억압한다.

## 2. 정보의 홍수와 사고의 마비

디지털 사회의 핵심은 데이터다. 그러나 넘쳐나는 정보는 지식을 낳기보다 혼란을 키운다. 사실과 가짜가 뒤섞여 범람하는 환경에서 사람들은 선택의 과부하를 겪고, 깊은 성찰 대신 얕은 판단에 머무른다. 검색과 추천 알고리즘은 사용자의 시야를 더욱 좁게 만들고, 결국 비슷한 생각만 반복적으로 소비하게 한다. 이 과정에서 비판적 사고 능력은 무뎌지고, 인간의 정신은 얕은 파도 위를 떠다니듯 부유한다. 사고의 피상화는 곧 정신의 빈곤화다.

## 3. 고립과 왜곡된 인간관계

아이러니하게도 디지털 사회는 소통의 시대를 열었지만, 동시에 고립의 시대를 강화했다. SNS는 타인과의 연결을 약속했으나, 실제로는 비교와 경쟁의 장으로 변했다. 사람들은 타인의 성공을 소비하면서 열등감을 느끼고, 스스로를 끊임없이 과장된 이미지로 포장한다. 결과적으로 관계는 피상적이고 소모적으로 변하며, 진정한 공동체적 유대는 약화된다. 디지털 사회가 낳은 고독은 단순한 외로움이 아니라, 존재의 근원적 상실로 이어진다.

## 4. 인간의 주체성 상실

디지털 사회에서 가장 심각한 부작용은 인간의 주체성이 흔들린다는 점이다. 개인의 행동과 선택은 이미 데이터화되어 알고리즘에 의해 예측되고 조정된다. 쇼핑, 여가, 심지어 정치적 선택마저도 보이지 않는 코드의 지배를 받는다. 인간은 스스로 선택한다고 믿지만, 실상은 설계된

경로 안에서 움직일 뿐이다. 주체성을 잃은 인간은 기술에 종속되고, 기술이 제시하는 삶의 방식에 생각 없이 순응한다. 이때 인간은 도구의 주인이 아니라 도구의 하위 존재가 된다.

## 5. 요약

디지털 사회는 거대한 가능성과 동시에 심각한 위기를 품고 있다. 문제는 기술 그 자체가 아니다. 기술을 사용하는 방식, 그리고 그것을 통제할 주체로서 인간 정신이 문제다. 디지털 사회의 부작용은 인간을 병들게 하지만, 동시에 이를 직시하고 극복할 기회도 제공한다. 끊임없는 연결 속에서 단절의 시간을 확보하고, 정보의 홍수 속에서 성찰의 깊이를 회복하며, 피상적 관계 속에서 진정한 공동체를 찾을 때 우리는 병든 사회를 치유할 수 있다. 무엇보다 인간은 기술의 하수인이 아니라, 기술을 초월할 수 있는 정신적 존재임을 잊지 말아야 한다.

# 18장. AI 시대 왜 정신혁명을 말하는가?

## 1. AI의 발전과 그 한계

오늘날 AI는 인간의 삶 전반에 걸쳐 활용되며, 그 속도와 범위는 상상을 뛰어넘을 만큼 크다. 의료 분야에서는 질병을 조기 진단하고, 금융에서는 방대한 데이터를 분석하여 투자 결정을 돕는다. 또한 교육, 예술, 행정 등 사회의 거의 모든 영역에서 AI의 손길이 닿지 않는 곳을 찾기 어려울 정도다. 그러나 이러한 발전은 언제나 장밋빛 전망만을 보장하지는 않는다. AI가 만들어내는 대표적인 문제 중 하나가 바로 '할루시네이션(Hallucination)'이다. 이는 존재하지 않는 사실을 마치 실제처럼 그럴듯하게 재구성하는 현상으로, 잘못된 정보가 사회적으로 유통되면 심각한 피해를 초래할 수 있다.

할루시네이션은 단순한 오류 이상의 문제다. AI는 본질적으로 방대한 데이터에서 확률적 패턴을 추론하는 도구이기에, 현실을 정확히 이해하거나 맥락을 완벽히 파악하지 못한다. 그 결과, 비슷해 보이는 정보들을 억지로 결합해 그럴듯한 결과를 내놓지만 실제로는 사실과 전혀 다를 수 있다. 언론에서 잘못된 기사가 작성되거나, 의료 현장에서 허위 정보가 참고 자료로 활용된다면 그 책임은 고스란히 인간 사회가 떠안아야 한다. 결국 문제의 본질은 기술이 아니라 인간의 선택과 책임에 달려 있다.

## 2. 인간의 책임과 사회적 대응

AI를 바람직하게 활용하기 위해서는 무엇보다 인간이 주체적으로 대응해야 한다. 첫째, 제도적 장치를 마련해야 한다. AI 시스템은 개발 단계에서부터 검증과 안전장치를 내장해야 하며, 사용 과정에서도 오류를 즉시 수정할 수 있는 후속 조치 체계를 갖추어야 한다. 둘째, 사회 구성원 전반에 대한 교육이 필요하다. AI는 만능이 아니며, 언제든 오류를 일으킬 수 있다는 점을 인식해야 한다. 이를 위해 기술을 올바르게 사용하는 힘, 즉 디지털 리터러시 교육은 더 이상 선택이 아니라 필수다. 사람들이 AI의 한계를 이해할 때 비로소 그것을 현명하게 활용할 수 있다. 셋째, 윤리적 기준이 확립되어야 한다. 공정성과 투명성, 책임성의 원칙을 바탕으로 AI 활용이 이루어질 때 사회는 신뢰할 수 있다. 이는 단순한 기술 정책이 아니라 사회적 신뢰의 문제다.

그러나 인간의 책임은 제도와 교육, 윤리에만 머무르지 않는다. 그것은 더 깊은 차원, 즉 정신적 차원에 닿아 있다. AI를 올바르게 다루기 위해서는 기술에 대한 이해뿐 아니라, 인간 스스로 내적 성숙이 필요하다. 바로 이 지점에서 정신문명의 중요성이 드러난다.

## 3. 물질문명의 압도와 정신적 결핍

우리는 지금 물질문명이 정신문명을 압도하는 시대에 살고 있다. 산업혁명 이후 물질적 풍요와 기술 발전은 인류에게 편의와 안전을 제공했지만, 동시에 정신적 가치와 도덕적 성찰은 점점 밀려났다. 기술이 모든 문제를 해결해 줄 것이라는 기대가 커질수록, 인간 내면의 불안과 공허함은 깊어졌다. 스마트폰과 인터넷, 디지털 네트워크로 연결된 사회는 겉보기에는 활기차고 편리해 보이지만, 실제로는 인간의 정신을 소외시키고 있다.

정신적 결핍은 AI 시대에 더욱 두드러진다. AI가 만들어내는 결과물을 비판 없이 수용하는 태도는 결국 인간의 사고 능력을 약화하고, 판단력을 흐리게 한다. 기술의 발전은 멈출 수 없는 흐름이지만, 그것을 바람직하게 활용하기 위해서는 반드시 인간의 정신적 성숙이 뒤따라야 한다. 정신문명은 물질문명을 제어하고 균형을 이루는 기반이며, 이 균형이 무너질 때 사회는 혼란에 빠질 수밖에 없다.

## 4. 정신을 가다듬는 길과 AI의 미래

정신을 가다듬는다는 것은 추상적인 구호가 아니다. 그것은 비판적 사고력을 기르고, 도덕적 감수성을 회복하며, 진실과 허위를 구분하는 눈을 키우는 실천적 행위다. 명상과 철학적 사유, 예술과 문학의 경험은 인간의 정신을 풍요롭게 만들고, AI의 결과물을 비판적으로 바라볼 수 있는 능력을 길러 준다. 이러한 정신적 훈련은 단순히 개인의 내면을 가꾸는 차원을 넘어, 사회 전체의 건강한 균형을 유지하는 토대가 된다.

결국 AI를 어떻게 활용할 것인가는 우리 사회가 어떤 정신적 기반 위에 서 있는가에 달려 있다. 기술은 중립적이지만, 그것을 어떤 목적으로 사용하느냐는 인간의 선택이다. 우리는 물질문명의 성과를 자랑하기보다, 그 속에서 정신을 지켜내고 성숙시키는 데 힘써야 한다. 그렇게 할 때 AI는 단순한 기계적 도구를 넘어, 인간의 사유와 도덕성을 확장시키는 진정한 동반자가 될 수 있다. 미래는 기술이 결정하는 것이 아니라, 인간 정신이 어떤 길을 선택하는가에 달려 있다.


# 19장. AI 시대 정신혁명, 어디서부터 시작할 것인가?


## 1. 기술의 발전과 인간 능력의 간극


AI는 사회의 거의 모든 분야에 침투하며 인류 문명의 판도를 바꾸고 있다. 거대한 데이터와 연산 능력을 기반으로, AI는 인간이 감당하기 어려운 방대한 정보를 빠르게 처리하고 효율적으로 분석한다. 그러나 문제는 기술의 발전 속도가 인간의 도덕적·윤리적 성숙을 압도하고 있다는 점이다. AI가 만들어내는 편리함을 누리면서도, 그에 따른 책임과 성찰을 준비하지 못하는 사회의 모습은 우리에게 깊은 불안을 안겨 준다.

할루시네이션(Hallucination)과 같은 오류는 AI가 가진 한계이자, 그것을 비판 없이 수용하는 인간 사회의 취약성이 드러났다. AI는 확률적 패턴을 학습해 결과를 내놓지만, 그 안에 숨겨진 오류와 편향은 인간의 도덕적·윤리적 능력이 충분히 개입하지 않는 한 통제되지 않는다. 다시 말해, 기술은 그 자체로 중립적이지만, 그것을 어떻게 사용하느냐에 따라 인간 사회를 이롭게도, 해롭게도 만들 수 있다. 문제의 본질은 언제나 인간의 몫이다.

## 2. 국민 AI 교육과 심육(心育)의 병행

이러한 현실에서 우리는 먼저 전국민적 차원의 AI 교육을 추진해야 한다. 기술을 모르는 사람은 이미 사회에서 소외되기 시작했고, 디지털 문해력이 부족한 집단은 불평등의 사다리에서 더욱 밀려나고 있다. 그러나 기술 교육만으로는 충분하지 않다. AI를 바르게 활용하려면 도덕적 판단력과 윤리적 감수성이 반드시 뒤따라야 한다.

따라서 AI 교육과 함께 정신교육이 병행되어야 한다. 정신교육은 단순히 도덕 교과서적 가르침을 넘어서, 인간이 공동체 속에서 살아가는 존재임을 자각하고, 기술을 남용하지 않으며, 더 큰 가치를 위해 활용할 수 있는 힘을 기르는 과정이다. 이 교육은 한 국가의 과제가 아니라 전 지구적 차원의 과제다. 기후위기, 전쟁, 불평등 같은 전 지구적 난제를 해결하는 과정에서 AI는 강력한 도구가 될 수 있지만, 그것이 인간의 탐욕이나 권력 추구에 이용된다면 파국을 초래할 수 있다. 따라서 교육은 기술적 숙련과 더불어 정신적 성숙을 동시에 지향해야 한다.

## 3. 정신혁명의 필요성과 출발점

그렇다면 정신혁명은 어디서부터 시작되어야 하는가? 무엇보다도 개인의 자기 성찰에서 출발해야 한다. AI가 제공하는 정보를 생각 없이 수용하는 대신, 그것이 옳은지, 어떤 맥락에서 생성된 것인지 비판적으로 바라보는 태도가 필요하다. 이러한 태도는 단순한 학습으로 길러지지 않는다. 철학적 성찰, 종교적·윤리적 사유, 문학과 예술의 경험이 함께 어우러질 때 비로소 가능하다.

사회적 차원에서는 제도적 기반이 필요하다. AI 개발과 활용에 윤리적 기준을 마련하고, 기업과 정부가 단기적 이익보다 장기적 공익을 우선하도록 제도화해야 한다. 또한 AI가 사회적 불평등을 심화시키지 않도록 교육과 복지 시스템을 강화해야 한다. 이를 통해 정신혁명은 단순히 개인의 수련이 아니라 사회적 연대와 책임으로 확장될 수 있다.

세계적 차원에서 정신혁명은 인류 보편의 가치 회복을 의미한다. '사람이 곧 하늘'이라는 인내천 사상이나 '널리 인간을 이롭게 하라'는 홍익인간 정신처럼, 각 문화권이 지닌 전통적 가치에서 현대적 의미를 재발견해야 한다. 동시에 유네스코나 유엔이 제안하는 인류 공동의 책임과 윤리적 기준을 글로벌 차원에서 합의하고 실천해야 한다. 기술이 국경을 뛰어넘는 시대에는 정신혁명 또한 국경을 초월한 연대로 이루어져야 한다.

## 4. 정신혁명의 지향점

정신을 가다듬는 길은 추상적인 구호가 아니다. 그것은 구체적 실천이다. 명상을 통해 자기 자신을 돌아보고, 철학적 대화를 통해 사고의 깊이를 더하며, 예술과 문학을 통해 감수성을 확장하는 것이다. 이러한 훈련은 인간이 기술의 노예가 되는 것을 막고, 오히려 기술을 더 높은 차원의 가치 실현을 위해 사용하는 힘을 길러 준다.

결국 AI를 어떻게 사회적으로 바람직하게 활용할 것인가는 기술의 문제가 아니라 인간의 문제다. 기술이 아무리 발전해도, 그것을 바르게 활용할 수 있는 정신적 기반이 마련되지 않는다면 인류는 새로운 위기에 빠질 수밖에 없다. 우리는 언제나 그래왔듯이 정신을 가다듬는 데 더 많은 시간과 노력을 기울여야 한다. 지금이 바로 정신혁명을 시작해야 할 때다. 그것은 개인의 내면에서 출발하여 사회와 세계로 확장되는 혁명이며, 인류가 파국을 피하고 성숙한 미래로 나아가는 유일한 길이다.


# 20장. AI 시대의 공부, 무엇이 달라져야 하는가?


## 1. 지식 축적의 시대에서 질문의 시대로


지금까지 공부란 곧 '지식을 머리에 담는 것'이었다. 교과서를 읽고, 문제집을 풀고, 암기한 지식을 시험에서 쏟아내는 방식이었다. 산업화 사회는 이런 방식을 요구했다. 지식을 얼마나 정확히 기억하고, 얼마나 빨리 계산할 수 있는지가 곧 경쟁력이었기 때문이다.

그러나 이제 세상은 달라졌다. 스마트폰 한 대만 열어도, 세계의 도서관과 연구소, 학자의 지식이 손바닥 위에 펼쳐진다. AI는 더 나아가, 단순히 정보를 저장하는 것을 넘어, 질문에 맞는 답을 즉시 찾아내고, 분석하고, 심지어 창작까지 해낸다. 이 과정에서 인간의 두뇌가 지식의 창고로서 지닌 가치는 점점 줄어들고 있다.

따라서 오늘날 공부의 본질은 '얼마나 많이 아느냐'에서 '어떻게 묻느냐'로 이동한다. 질문이 곧 공부다. AI 시대에 공부란 질문의 예술을 익히는 것이다. 질문은 단순히 정보를 끄집어내는 도구가 아니다. 질문을 통해 우리는 문제를 새롭게 정의하고, 사고의 틀을 넓히며, AI가 제공할 수 없는 창의적 답을 만들어 간다.

## 2. 무엇을 모르는지 아는 능력

질문을 잘하기 위해서는 먼저 자신이 무엇을 모르는지를 정확히 알아야 한다. 그러나 이 능력이야말로 가장 어렵다. 수많은 학생이 시험공부하면서 "나는 다 공부했어"라고 말한다. 그러나 시험지 앞에 서면 막상 무엇을 모르는지조차 알지 못해 당황한다.

공부의 첫 단계는 무지를 자각하는 것이다. 고대 그리스의 철학자 소크라테스가 "나는 내가 모른다는 것을 안다"라고 한 말은 지금, 이 시대에도 유효하다. 오히려 AI 시대에는 더 강력한 의미가 있다. 왜냐하면 AI는 질문에 따라 다른 답을 내놓기 때문이다. 질문을 잘못 던지면 엉뚱한 답을 얻게 되고, 그 결과 우리는 오히려 더 혼란스러워진다.

예를 들어, 어떤 학생이 "바다에 사는 동물"을 검색한다고 하자. AI는 수많은 답을 쏟아낼 것이다. 그러나 "심해에 사는, 빛을 내는 생물의 종류"라고 묻는다면 답은 훨씬 더 정밀해진다. 즉, 질문은 우리의 무지를 구체적으로 드러낼 때 비로소 힘을 가진다.

공부란 결국 자기 무지를 발견하고, 그것을 질문으로 전환하는 과정이다. 앞으로의 교육은 학생들에게 단순 지식 전달이 아니라, "네가 무엇을 모르는가?"를 끊임없이 묻는 방식으로 바뀌어야 한다.

## 3. AI를 넘어서는 공부

놀라운 사실은 하나 더 있다. 인간의 지식수준이 AI에 미치지 못한다면, 차라리 AI가 그 일을 대신하는 것이 더 낫다는 점이다. 회계, 계산, 번역, 기본적인 법률 자문 등은 이미 AI가 인간보다 더 빠르고 정확하다. 그렇다면 인간은 어디에서 가치를 발휘해야 할까?

그 해답은 AI가 아직 하지 못하는 영역, 곧 상상, 창의, 통찰, 윤리적 판단이다. AI는 데이터 속에서 패턴을 찾아내는 데 탁월하다. 하지만 데이터에 없는 미래를 예측하거나, 도덕적으로 옳고 그름을 구분하는 일, 인간의 고통에 공감하고 함께 울어 주는 일은 아직 불가능하다. 따라서 공부는 AI가 대신할 수 없는 영역을 확장하는 과정이어야 한다. 수학 문제를 푸는 연습은 이제 AI가 도와줄 수 있다. 그러나 그 답이 어떤 의미를 갖는지, 그 결과가 사회와 인간에게 어떤 영향을 미치는지를 사유하는 것은 오직 인간의 몫이다.

공부란 단순히 지식을 쌓는 것이 아니라, AI가 풀지 못하는 질문을 던지고, 그 질문을 통해 인간만이 할 수 있는 답을 모색하는 과정이다.

## 4. 공부의 목표 : 지식에서 지혜로

정보화 시대의 공부는 지식의 바다에서 길을 잃기 쉽다. AI는 끊임없이 답을 내놓지만, 그 답이 언제나 옳거나 최선인 것은 아니다. 더구나 인터넷에는 가짜 정보와 왜곡된 데이터도 넘쳐난다. 그렇다면 무엇이 진짜인지, 어떤 답이 올바른지 가려내는 기준은 어디에서 오는가?

그 기준은 지혜다. 지식은 정보를 축적하는 능력이지만, 지혜는 정보를 해석하고 맥락화하는 능력이다. 지식은 과거를 설명하는 힘이고, 지혜는 미래를 여는 힘이다.

예를 들어, 기후변화에 관한 데이터는 수없이 많다. 그러나 그 데이터를 어떻게 읽고, 어떤 정책으로 연결하며, 어떤 윤리적 책임을 질 것인가는 지혜의 영역이다. AI는 데이터의 경향을 보여줄 수 있지만, 어떤 결정을 내릴지는 인간의 지혜에 달려 있다.

따라서 앞으로의 공부는 지식을 넘어서 지혜를 기르는 방향으로 나아가야 한다. 질문의 힘을 바탕으로 지식을 해석하고, 그것을 미래의 문제 해결로 연결하는 능력이 바로 새로운 시대의 공부다.

## 5. 공부의 재정립: 평생의 여정

과거에는 공부가 어린 시절과 청년기의 몫이었다. 시험에 합격하고 직장을 얻으면 공부는 끝이라고 여겼다. 그러나 AI 시대에는 그런 구분이 더 이상 통하지 않는다. 기술은 매일 새롭게 변하고, 직업은 빠르게 사라지고 새롭게 생겨난다. 따라서 공부는 더 이상 일시적인 의무가 아니라, 평생의 여정이 된다.

더 중요한 것은, 공부의 동기가 '경쟁'이 아니라 '성장'으로 바뀌어야 한다는 점이다. 남보다 더 많이 아는 것이 목적이 아니라, 끊임없이 변하는 세상 속에서 나 자신을 확장하는 것이 목적이다.

이를 위해 우리는 학습을 생활화해야 한다. 책을 읽고, 질문을 기록하고, AI에 묻고, 그 답을 비판적으로 성찰하는 습관을 들여야 한다. 마치 매일

걷거나 운동하듯, 매일 공부하는 것이 일상이 되어야 한다. 궁극적으로 공부는 나를 지키고, 세상을 바꾸는 힘이 된다. AI가 지식을 대신해 주는 시대일수록, 우리는 AI가 대답할 수 없는 질문을 품은 인간으로 살아가야 한다. 그때 공부는 단순한 수단이 아니라, 인간이 인간으로 남는 길이 된다.


# 21장. AI 시대, 정신은 어디로 가고 가는가?


## 1. 눈부신 AI의 발전


지금 우리는 인류 역사상 가장 급격한 기술 변화를 경험하고 있다. 불과 10여 년 전까지만 해도 AI는 영화 속 상상에 불과했지만, 이제는 우리의 일상 깊숙이 들어와 있다. AI는 단순히 인간이 시키는 일을 대신하는 수준에서 출발했으나, 이제는 스스로 학습하고 판단하며 창작까지 해내고 있다. 특히 범용AI(Artificial General Intelligence)의 가능성이 눈앞에 다가오고 있고, 더 나아가 인간 지능을 초월하는 초지능(Artificial Super Intelligence)의 시대가 도래할지도 모른다는 전망이 쏟아지고 있다.

이러한 발전 속도는 과거 산업혁명이나 정보혁명과는 비교할 수 없을 만큼 빠르다. 농업사회에서 산업사회로 넘어가는 데 수백 년이 걸렸다면, 디지털 사회에서 AI 사회로 넘어가는 데는 불과 수십 년도 채 걸리지 않는다. 지금의 변화는 단순히 기술혁신을 넘어 인류 문명의 패러다임 자체를 뒤흔들고 있다.

## 2. 사라지는 정신 공동체

그러나 AI의 눈부신 발전 뒤에는 어두운 그림자가 드리워져 있다. 그 그림자는 바로 인간 정신의 약화다. 예전에는 마을이라는 공동체가 존재했고, 사람들은 서로 얼굴을 맞대고 이야기를 나누며 함께 삶을 꾸려갔다. 어려운 일이 닥치면 서로 도왔고, 함께 밥을 나누어 먹으며 관계를 확인했다. 그러나 지금은 스마트폰 화면 속의 가상 네트워크가 그 자리를 대신하고 있다.

AI의 편리함은 사람들로 하여금 더욱 개인화된 삶을 살게 했다. 음악 추천도, 쇼핑도, 인간관계조차도 AI가 필터링해 주는 세계에서 사람은 점점 '함께'의 의미를 잊어가고 있다. 경쟁이 극대화되고, 효율성이 최고의 가치로 자리 잡으면서 정신의 공동체는 점점 붕괴하고 있다. 이제는 약육강식의 각자도생이라는 말이 현실이 되어버렸다.

이러한 현상은 단순히 인간관계의 변화에 그치지 않는다. 서로의 고통에 공감하지 못하는 사회, 연대보다는 이익을 우선시하는 문화가 점점 강화되고 있다. 인간 정신이 추구해 왔던 사랑, 자비, 우정과 같은 가치들은 효율성, 생산성, 성과라는 차가운 언어에 자리를 내주고 있다.

## 3. 인간 정신의 길을 묻다

그렇다면 AI 시대에 인간 정신은 어디로 가야 하는가? 많은 철학자와 사상가들은 기술이 발전할수록 오히려 인간의 정신적 성숙이 더 중요해진다고 말한다. 기술은 인간에게 엄청난 힘을 주지만, 그 힘을

어떻게 사용할지는 결국 인간 정신의 문제이기 때문이다. AI가 인간의
창의성을 능가하는 세상이 온다고 하더라도, 그 기술을 어떤 방향으로
쓸지는 인간이 결정한다.

따라서 AI 시대의 인간 정신은 '함께 살아감'이라는 가치를 다시
회복해야 한다. 우리는 각자도생의 경쟁 논리에 매몰될 것이 아니라,
오히려 기술을 매개로 서로를 더 깊이 이해하고 연결하는 길을 찾아야
한다. AI가 인간의 노동을 대신할수록 인간은 더 많은 자유를 얻게 된다.
그 자유는 단순히 소비나 오락에 쓰여서는 안 된다. 인간 정신의 깊이를
확장하고, 서로의 아픔을 함께 나누며, 더 넓은 공동체적 가치를 실현하는
데 쓰여야 한다.

## 4. 새로운 정신혁명으로

역사를 돌이켜 보면 인류는 위기마다 새로운 정신의 도약을 이뤄냈다.
농업혁명은 신화와 종교를 낳았고, 산업혁명은 민주주의와 인권 사상을
확산시켰다. 그렇다면 AI 혁명은 어떤 새로운 정신의 혁명을 요구하는가?

그것은 바로 '정신혁명'이다. 물질적 풍요 속에서 길을 잃어버린 인간
정신을 다시 세우는 일이다. AI가 인간의 사고를 대신해 주는 시대일수록
인간은 더더욱 자기 성찰을 해야 한다. AI가 인간보다 더 똑똑해질수록,
인간은 오히려 '더 인간다움'을 찾아야 한다. 그것은 기술이 결코 대신할 수
없는 영역이다.

정신혁명은 공동체적 삶의 복원을 의미한다. 이웃의 고통에 공감하고,
서로의 차이를 존중하며, 기술을 인간화하는 길이다. AI는 인간의 삶을

단순히 편리하게 만들 수는 있지만, 의미를 줄 수는 없다. 의미는 오직 인간 정신이 창조할 수 있다. 그러므로 AI 시대의 진정한 승자는 기술이 아니라, 기술을 통해 더 깊은 인간적 가치를 실현하는 사람들이다.

## 5. AI 시대의 길

AI는 이미 거스를 수 없는 흐름이다. AI, AGI, ASI는 우리의 삶을 근본적으로 바꾸어 놓을 것이다. 그러나 그 변화 속에서 인간 정신이 퇴보한다면, 인류는 기술적 번영 속에서도 황폐한 삶을 살게 될 것이다. 반대로 인간 정신이 새로운 도약을 이룬다면, AI는 인류 역사상 가장 위대한 동반자가 될 수 있다.

지금 우리는 중요한 갈림길에 서 있다. 약육강식에 기반한 각자도생으로 갈 것인가, 아니면 함께 살아가는 새로운 공동체적 가치를 세울 것인가. 선택은 우리에게 달려 있다. AI 시대의 진정한 미래는 인간 정신이 어떤 길을 택하느냐에 달려 있다.

# 22장. 스마트폰과 원효의 무애사상(無碍思想)

## 1. 기술이 열어준 무애

21세기는 기술이 인간의 삶을 어떻게 변화시키는지 극적으로 보여주는 시대이다. 그 중심에는 스마트폰이 있다. 스마트폰은 단순한 통신기기를 넘어선, 인류 문명의 전환점을 상징하는 도구다. 과거에는 물리적 거리를 극복하기 위해 편지, 전보, 전화 등이 필요했지만, 스마트폰은 문자와 음성, 영상과 데이터 전송을 통해 시간과 공간의 장벽을 완전히 무너뜨렸다.

지구 반대편의 사람과도 실시간으로 대화할 수 있고, 몇 초 만에 방대한 정보를 검색할 수 있으며, 카메라 하나로 세계의 순간을 기록하여 공유할 수 있다. 기술은 인간을 더 이상 '공간에 묶인 존재'로 두지 않았다. 스마트폰은 현대 문명에서 '기술적 무애(無碍)'를 구현한 상징이다. 인간이 지리적 한계를 뛰어넘고, 시간적 지연을 최소화하며, 동시에 누구나 정보의 흐름에 접속할 수 있는 새로운 차원을 열어주었다.

그러나 기술적 무애는 여전히 한계가 있다. 그것은 인간의 내면을 다루지 못한다는 점이다. 스마트폰이 아무리 진보하더라도 불안, 갈등, 탐욕과 같은 정신적 문제를 해소하지는 못한다. 기술이 제공하는 자유는 외적 조건을 해방하지만, 내적 자유는 별개의 과제다. 바로 이 지점에서 원효의 무애사상이 갖는 가치는 더욱 빛난다.

## 2. 정신이 이끄는 무애

원효는 '모든 것에 걸림이 없는 삶'을 무애라 했다. 무애는 단순히 외부 장벽을 제거하는 것이 아니라, 인간 내면의 집착과 분별심마저 초월하는 삶의 태도다. 원효에게 있어 무애는 절대적 자유, 즉 어떤 상황 속에서도 스스로 얽매이지 않는 존재 방식이었다.

예를 들어 그는 유학길에서 한밤중 해골에 담긴 물을 마신 사건을 통해 깨달음을 얻었다. 밤에는 달콤한 물이라 믿고 마셨으나, 다음 날 아침에 해골임을 알자 구토하게 되었다. 이 경험은 외부 세계의 실체보다 인간 마음의 분별이 고통과 행복을 만든다는 진리를 드러냈다. 무애란 바로 그 분별을 내려놓고, 사물의 실상을 꿰뚫어 걸림 없는 상태에 이르는 것이다.

정신적 무애는 오늘날에도 유효하다. 현대인은 기술의 편리함 속에서 여전히 불안과 갈등을 겪는다. 정보의 홍수, 관계의 피상화, 자아의 분열은 스마트폰 시대의 그림자다. 따라서 기술적 무애만으로는 인간의 행복을 담보할 수 없다. 내적 자유, 즉 정신적 무애가 함께해야 한다. 원효의 무애사상은 현대 사회에 '기술이 열어준 자유를 인간다운 자유로 승화시키는 길'을 제시한다.

## 3. 기술과 정신 융합의 길

오늘날 인류가 마주한 과제는 기술적 무애와 정신적 무애의 융합이다. 스마트폰이 열어준 세계는 물리적 제약을 해방했지만, 여전히 인간은 욕망과 불안에 얽매여 있다. 원효의 무애는 이러한 내적 걸림을 초월하도록 이끈다. 이 두 무애가 만나야만 인류는 진정한 의미의 자유를 누릴 수 있다.

스마트폰을 통한 실시간 연결이 인간의 협력을 가능하게 하듯, 정신적 무애는 분열된 마음을 하나로 묶어 공동체적 삶을 가능하게 한다. 기술은 도구를 제공하고, 정신은 방향을 제시한다. 둘이 결합할 때 인류는 단순히 더 편리한 존재가 아니라 더 성숙한 존재로 나아간다.

앞으로의 문명은 기술과 정신의 균형에 달려 있다. 기술이 가속화될수록, 정신의 수양도 더욱 절실하게 요구된다. 기술적 무애가 없으면 인류는 과거의 한계에 묶이고, 정신적 무애가 없으면 인류는 기술의 노예가 된다. 따라서 인류가 나아가야 할 길은 분명하다. 스마트폰이 열어준 기술적 무애와 원효가 제시한 정신적 무애를 조화롭게 융합하여, 외적 자유와 내적 자유를 동시에 실현하는 것이다.

이것이야말로 인류의 갈 길이다.

# 23장. 한류 열풍과 홍익인간

## 1. 한류 열풍

1990년대 말부터 시작된 한류는 단순한 지역적 유행이 아니라 전 세계적 문화 현상으로 발전했다. 처음에는 한국 드라마와 대중가요가 아시아 주변국에서 인기를 끌었지만, 이후 영화, 웹툰, 게임, 뷰티, 음식 등으로 확장되며 전 세계로 뻗어 나갔다. 오늘날 한류는 단순한 대중문화 소비를 넘어 **한국적 정서와 가치**를 담아내며, 인류가 공통적으로 공감할 수 있는 메시지를 전달하는 글로벌 문화 코드가 되었다.

특히 K-팝은 전례 없는 세계적 성공을 거두었다. BTS, 블랙핑크와 같은 아티스트들은 단순히 음악적 완성도를 넘어, 인간의 존엄과 희망, 청년 세대의 고민, 다양성과 평화의 메시지를 담아내며 국제사회에서 공감을 불러일으켰다. 넷플릭스 오리지널 드라마 오징어 게임이나 이상한 변호사 우영우 등은 인간의 욕망, 정의, 사회적 약자의 고통과 같은 보편적 문제를 서사적으로 풀어내며 전 세계 시청자에게 깊은 울림을 주었다.

이러한 흐름은 문화 산업을 넘어선 소프트파워의 확장이다. 한국은 군사력이나 경제력보다 문화적 매력과 가치 공유를 통해 세계인의 마음을 얻고 있으며, 이는 국제관계와 외교 정책에서도 중요한 역할을 하고 있다. 그러나 이 현상의 근저에는 단순한 시장 논리로 설명하기 어려운 철학적 토대가 숨어 있다. 바로 "널리 인간을 이롭게 한다"는 홍익인간의 이념이다.

## 2. 홍익인간

홍익인간은 고조선 건국 이념에서 비롯된 한국의 고유한 철학이다. 문자 그대로 해석하면 '널리 인간을 이롭게 한다'는 뜻으로, 단순히 특정 민족이나 집단의 이익을 넘어, 인류 전체의 번영과 평화를 지향하는 보편적 가치이다.

이 철학은 한국 역사 속에서 시대마다 다른 방식으로 구현되었다. 삼국시대에는 불교와 유교 사상 속에서 인간의 도덕적 성숙과 공동체적 조화를 중시하는 철학적 배경이 되었고, 조선시대에는 성리학을 바탕으로 한 예학적 전통 속에 스며들어 있었다. 근대 이후에는 독립운동가들이 민족 해방과 더불어 인류 평화를 지향하는 정신적 기초로 삼았으며, 대한민국 건국 과정에서도 국민 교육의 이념으로 자리 잡았다. 오늘날 대한민국 교육기본법에 '홍익인간의 이념에 입각한 인격 도야'가 명시되어 있는 것은 이러한 역사적 연속성을 보여준다.

홍익인간은 근본적으로 타자와의 공존을 강조한다. 인간은 혼자 존재할 수 없으며, 서로의 삶을 이롭게 할 때 공동체와 문명이 발전한다는 점을 명확히 한다. 이는 현대 사회가 직면한 갈등—인종, 종교, 계층, 국가 간 분쟁—을 넘어서는 보편적 철학으로 해석될 수 있다. 오늘날 기후 위기, 경제 불평등, 디지털 격차와 같은 문제 역시 한 국가나 민족만의 힘으로는 해결할 수 없다. 따라서 홍익인간의 철학은 글로벌 협력과 연대를 강조하는 시대정신과 맞닿아 있다.

## 3. 문화콘텐츠 속에 담긴 인류애의 메시지

한류 콘텐츠가 단순한 상업적 성공을 넘어 전 세계적 사랑을 받는 이유는, 그 안에 담긴 인류애적 메시지 때문이다. 한국의 대중문화는 한국적 경험과 정서를 바탕으로 하면서도, 인간 보편의 가치와 감정을 녹여내는 데 성공했다.

예를 들어 BTS의 노래는 청춘의 불안, 사회적 압력, 자기 자신에 대한 사랑과 같은 주제를 다룬다. 이는 특정 국가나 세대만의 고민이 아니라, 전 세계 청년들이 공통적으로 느끼는 문제이기에 폭넓은 공감대를 형성한다. BTS가 유엔에서 'Love Yourself'라는 메시지를 전하며 청년 세대에게 자신을 사랑하고 서로를 존중하라는 연설을 한 것은, 홍익인간 정신의 현대적 구현으로 볼 수 있다.

드라마 오징어 게임은 자본주의 사회의 불평등, 생존 경쟁 속 인간의 존엄 상실이라는 문제를 직시한다. 이는 한국 사회의 특수성을 넘어, 세계 곳곳에서 벌어지는 불평등과 빈곤 문제에 대한 은유로 읽힌다. 결국 이 작품이 세계적으로 성공한 원인은 그 주제가 보편적이면서도 인간애적 성찰을 요구했기 때문이다.

또한 한국 드라마와 영화는 약자에 대한 연민, 정의 구현, 공동체 회복을 강조하는 경우가 많다. 이는 홍익인간의 핵심 가치인 '인류 공동체를 이롭게 하는 삶'과 직결된다. 즉, 한류 콘텐츠는 단순한 오락물이 아니라, 인류 보편적 가치와 희망을 전달하는 문화적 장치가 되고 있다.

## 4. 한류와 홍익인간

한류 열풍과 홍익인간의 연결은 우연이 아니다. 한국의 문화는 역사적으로 공동체적 삶과 인류애적 가치를 강조해 왔으며, 이것이 현대적 문화 산업을 통해 세계로 확산하고 있다.

국제사회는 이제 문화적 소통을 국가 경쟁력의 핵심으로 간주한다. 군사력이나 경제력이 아닌, 문화적 매력과 가치 공유가 글로벌 리더십을 결정짓는 중요한 요소가 되고 있다. 한국은 한류를 통해 이 과제를 성공적으로 수행하고 있으며, 그 철학적 토대가 바로 홍익인간이다.

홍익인간은 추상적인 이상에 머무르지 않고, 문화콘텐츠와 공공외교의 전략적 자산으로 작용한다. K-팝 팬덤은 단순한 소비 집단을 넘어, 기부와 봉사활동, 사회적 캠페인에 적극적으로 참여하는 연대 조직으로 발전하고 있다. 이는 한류가 단순히 상업적 성공을 넘어, 인류애적 실천 운동으로 확장되고 있음을 보여준다.

결국 한류 열풍은 한국의 문화적 정체성을 세계에 알리는 동시에, 인류가 함께 추구해야 할 보편적 가치를 전파하는 역할을 한다. 홍익인간은 이 철학적 배경으로서, 한국이 전 세계에 제시하는 새로운 문명 패러다임의 기초라 할 수 있다. 즉, 한류는 단순한 문화적 유행이 아니라, 인류 공동선을 위한 철학적 실천 운동이다.

## 5. 요약

한류 열풍은 한국 대중문화의 성공을 넘어, 인류애적 메시지를 전하는 문화혁명이다. 그 배경에는 고조선 이래 이어져 온 홍익인간의 철학이 존재한다. 널리 인간을 이롭게 한다는 정신은 오늘날 문화콘텐츠 속에서 사랑, 평화, 연대, 공존의 형태로 표현되고 있으며, 이는 세계인의 공감과 지지를 끌어내고 있다.

따라서 한류 열풍의 철학적 배경을 홍익인간으로 이해하는 것은 단순한 해석이 아니라, 한국 문화가 가진 보편성과 시대적 사명을 밝히는 것이다. 앞으로도 한류는 홍익인간의 정신을 바탕으로, 인류가 직면한 위기와 갈등을 넘어서는 문화적 길잡이가 될 것이다.


# 24장. 유불선 회통과 정신혁명


## 1. AI의 발전과 인류의 위기

21세기 들어 AI는 인류가 지금까지 경험하지 못한 속도로 발전하고 있다. AI는 더 이상 특정 산업이나 연구소에 머무는 기술이 아니라 일상과 사회 전반에 스며들었다. 스마트폰 속의 개인 비서, 자동 번역 시스템, 금융 거래 분석, 의료 영상 판독, 그리고 최근의 창작 활동까지 AI는 인간이 해온 지적 활동을 빠른 속도로 대체하고 있다. 특히 대규모 언어모델(LLM)

기반의 AI는 인간의 언어를 이해하고 생성하며, 스스로 학습을 통해 더욱 정교해지고 있다.

그러나 이러한 눈부신 발전은 동시에 심각한 위기를 불러올 수 있다. 첫째, AI의 자율성 증대는 인간 통제의 상실을 초래할 수 있다. AI가 인간의 가치 판단을 넘어 독자적으로 의사결정을 내리게 된다면, 그것은 곧 인간의 주체성 상실을 의미한다. 둘째, 윤리와 도덕이 없는 기술의 폭주는 전 지구적 위기를 낳을 수 있다. 군사 무기 체계, 감시 시스템, 데이터 독점과 같은 영역에서 AI는 권력 집중과 불평등을 심화시키고, 잘못 활용될 경우 인류를 파멸로 몰아넣을 수 있다. 셋째, 인간성의 퇴화이다. 인간이 스스로 생각하고 성찰하는 능력을 잃고, 모든 것을 AI에 의존하는 순간, 인간은 더 이상 '지혜로운 존재'가 아니라 기술의 부속품으로 전락한다.

이러한 위기를 극복하지 못하면 인류는 종말의 길로 갈 수밖에 없다. 그러나 다른 길도 존재한다. AI의 발전을 유토피아적 미래로 이끄는 것이다. 그것은 기술 자체가 아니라 인간의 정신과 가치, 그리고 윤리의 문제에 달려 있다. 인간이 본래의 자성을 회복하고, 윤리적 인간으로 다시 서는 것, 그리고 이를 통해 AI를 통제하는 지혜를 발휘하는 것이 관건이다. 이를 위해 우리는 동양 사상의 근간인 유불선의 회통에서 길을 찾아야 한다.

## 2. 인간의 본래 자성과 윤리적 인간의 필요성

AI의 급속한 발전은 인간에게 새로운 질문을 던진다. 인간은 기술보다 더 뛰어난 존재인가, 아니면 기술에 의해 대체될 수 있는 존재인가? 이 질문의 해답은 인간 본래의 자성(自性)에서 찾을 수 있다.

자성이란 인간이 태어날 때부터 지닌 본래의 순수한 성품, 즉 도덕적 직관과 양심을 의미한다. 유가에서는 이를 성선설(性善說)로 설명하며, 인간은 본래 선한 성품을 지니고 있으나 욕망과 환경으로 인해 그 본성을 잃는다고 본다. 불가에서는 불성(佛性)이라는 개념으로 설명하며, 모든 인간에게 깨달음의 가능성이 내재하여 있음을 강조한다. 도가에서는 인간과 자연이 하나로 이어진 도(道)의 일부분으로서 본래 자유롭고 순수한 존재임을 의미한다.

그러나 현대 사회에서 인간은 본래의 자성을 점점 더 잃어가고 있다. 자본주의적 욕망, 무한 경쟁, 물질 만능주의, 디지털 중독은 인간을 외부 세계의 노예로 만들고 있다. AI가 발전할수록 인간은 오히려 자기 자신을 더 잃어버릴 위험에 처한다. 알고리즘이 우리의 선택을 대신하고, 데이터가 우리의 사고를 규정하며, 기계가 우리의 관계를 대체한다.

따라서 AI 시대의 윤리적 인간은 단순히 법과 제도를 지키는 수준의 인간이 아니다. 본래의 자성을 회복한 인간, 곧 내면의 양심과 도덕적 직관에 충실한 인간이어야 한다. 이러한 인간만이 AI를 도구로 활용하면서도 기술의 폭주를 제어할 수 있다. 윤리적 인간은 AI를 인간성 증진의 수단으로 만들고, 파괴의 도구가 아닌 공존의 동반자로 이끌 수 있다.

결국 인간의 미래는 기술이 아니라 인간의 마음, 즉 정신에 달려 있다. 그리고 그 정신을 바로 세우기 위해서는 유가, 불가, 도가의 지혜를 아우르는 **유불선 회통**이 필요하다.

## 3. 유불선 회통과 정신혁명의 길

유·불·선이 각각 제시하는 인간관과 세계관은 다르지만, 궁극적으로는 인간의 내면을 깨우치고 더 나은 삶을 지향한다는 점에서 서로 소통한다.

첫째, 유가(儒家)는 인간 사회의 도덕적 질서를 강조한다. 공자는 인(仁)을 중심 가치로 제시하며, 인간은 타인과의 관계 속에서 도덕적 주체로 성장한다고 보았다. 맹자는 성선설을 통해 본래의 선함을 회복해야 함을 역설했다. 유가의 핵심은 공동체적 윤리와 책임 의식이다.

둘째, 불가(佛家)는 인간 내면의 탐욕, 성냄, 어리석음을 극복하고 불성을 깨닫는 것을 목표로 한다. 불교는 모든 존재가 상호연기(相互緣起)로 연결되어 있음을 강조하며, 자비(慈悲)와 지혜(智慧)를 통해 고통을 극복할 수 있다고 본다. 불가의 지혜는 AI 시대의 욕망과 집착을 내려놓고, 균형과 자비로 나아가는 길을 제시한다.

셋째, 도가(道家)는 인간과 자연이 조화를 이루는 무위자연(無爲自然)의 삶을 강조한다. 노자와 장자는 인위적 욕망을 줄이고 도와 합일되는 삶이 곧 자유와 평화의 길이라 보았다. 도가의 지혜는 기술 만능주의와 인위적 조작을 경계하며, 자연과의 조화를 통한 새로운 균형을 모색한다.

이 세 가지 사상이 회통(會通)할 때, 우리는 정신혁명(精神革命)의 길을 열 수 있다. 정신혁명이란 단순한 종교적 각성이 아니라, 인간이 본래의 자성을 회복하고 윤리적 주체로 서는 근본적 변화를 의미한다. AI 시대의 정신혁명은 다음과 같은 과제를 담는다.

**내면 성찰**: 욕망과 집착을 내려놓고 본래의 자성을 회복한다.

**윤리적 삶**: 공동체적 책임을 다하며, 타인의 고통에 공감한다.

**자연과 조화**: 기술 발전을 자연의 이치와 조화롭게 조율한다.

**AI 통제**: 인간 중심적 가치에 따라 AI를 설계하고 활용한다.

유불선 회통을 통한 정신혁명은 단순히 개인의 구원에 그치지 않는다. 그것은 인류 전체의 새로운 문명 전환을 의미한다. 기술문명과 정신문명이 균형을 이루는 새로운 유토피아의 토대가 된다.

## 4. 유토피아를 향한 인류의 미래 비전

정신혁명이 실현될 때, 인류는 종말이 아니라 유토피아로 나아갈 수 있다. 그 유토피아는 공상적 세계가 아니라, 구체적이고 실천할 수 있는 미래 비전이다.

첫째, **기술과 윤리의 조화**이다. AI는 인간의 삶을 편리하게 하고 창조적 가능성을 확장하는 도구로 자리 잡는다. 군사적 파괴가 아니라 생명과 평화를 위한 기술이 된다.

둘째, **인간성의 회복**이다. 교육은 단순한 지식 전달이 아니라 자성 회복과 인성 함양을 목표로 한다. 사회는 경쟁과 욕망이 아니라 협력과 공존을 지향한다.

셋째, **지구 공동체의 형성**이다. 유불선 회통이 지향하는 보편적 가치 - 인, 자비, 도-는 국경을 넘어 인류 전체의 윤리적 토대가 된다. AI는 인류가 서로 소통하고 협력하는 수단으로 활용된다.

넷째, **지속 가능한 문명**이다. 도가의 무위자연은 기술 발전과 자연 보전의 균형을 가능케 한다. AI는 에너지 효율, 환경 보호, 생태계 복원을 위한 핵심 도구가 된다.

이러한 비전은 결코 추상적 이상이 아니다. 이미 인류는 여러 차례 위기를 극복하며 새로운 문명을 창조해 왔다. 농업혁명, 산업혁명, 정보혁명에 이어, 이제는 정신혁명이 필요하다. 정신혁명은 AI 시대의 마지막 보루이자, 인류를 구원할 새로운 희망이다.


# 25장. 심육(心育)·체육(體育)·지육(知育)의 균형으로 이루는 중도세계


## 1. 지육의 찬란한 성장과 그림자

현대 사회는 지식의 발전에 있어 눈부신 성과를 이뤄냈다. 인터넷의 보급과 AI의 비약적인 발전은 인류가 그토록 추구해 온 지육(智育)의 결실이다. 우리는 정보의 바닷속에서 살아가고, 스마트폰 하나로 전 세계의 지식을 실시간으로 탐색할 수 있다. 이처럼 지육의 발달은 마치 인류에게 새로운 눈과 뇌를 달아준 것처럼 보인다.

그러나 한쪽 날개만으로는 날 수 없는 새처럼, 지육의 과도한 치중은 커다란 그림자를 남겼다. 예를 들어보자. 초등학생 민수는 매일 방과 후 로봇 코딩 학원에 다니고, 온라인 영어 수업까지 참여한다. 그의 지식은 또래를 훨씬 앞서지만, 운동장은 늘 비어 있고, 축구공은 먼지가 쌓여 있다. 어느 날 그는 학교 체육대회에서 달리기 시합에 나섰지만, 반 바퀴도 돌기 전에 숨이 턱 막혀 버렸다. 지식은 넘쳐나지만, 몸은 따라주지 않는, 현대 사회 아이들의 단면을 그대로 보여준다.

성인 역시 다르지 않다. 직장인들은 하루 종일 의자에 앉아 컴퓨터 앞에서 업무를 본다. 업무 성과는 AI 분석 도구로 측정되고, 효율성은 높아졌다. 하지만 그 대가로 목과 허리가 굳어지고, 만성질환이 몸을 잠식한다. 세계보건기구WHO는 21세기 최대의 건강 위협 중 하나로 '운동 부족'을 지적했다. 이는 곧 체육의 결핍이 가져온 현실이다.

더 큰 문제는 정신적 측면이다. 지육의 과도한 발전은 경쟁을 부추기고, 끊임없는 학습과 자기 계발 압박 속에서 사람들의 마음은 피폐해졌다. 스마트폰 화면을 들여다보며 정보를 소비하지만, 정작 내면을 들여다보는 시간은 사라졌다. 심육(心育)—마음을 다스리고 고요히 통제하는 훈련은 거의 사라진 세계가 되어버린 것이다.

## 2. 체육과 심육 부재가 만드는 현실의 균열

지육은 빛나지만, 체육과 심육의 결핍은 곳곳에서 균열을 일으킨다. 한 대학생 윤지는 시험 기간이 되면 커피와 에너지 음료에 의지해 밤을 지새운다. 머릿속에는 수많은 지식이 쌓여 있지만, 시험 당일 긴장과 불안으로 손이 떨려 답안을 제대로 작성하지 못한다. 지식은 충분했으나, 심육이 부족해 자신을 조절하지 못한 결과다.

회사원 지영은 다국적 기업의 프로젝트 발표를 맡았다. PPT 자료는 완벽했고, 논리적 근거도 탄탄했다. 그러나 무대에 선 순간 극도의 불안이 엄습했다. 목소리가 떨리고, 시선은 흔들렸다. 그는 결국 준비한 내용을 다 펼치지 못했다. 지육이 뒷받침되더라도 심육의 힘이 없다면 성과는 빛을 잃는다.

체육의 결핍도 심각하다. 세계 여러 나라에서 청소년 비만율이 급증하고 있으며, 성인들도 만성질환에 시달린다. 운동 부족으로 생긴 고혈압, 당뇨병, 우울증은 사회적 비용을 폭발적으로 증가시키고 있다. 미국 질병통제예방센터(CDC)는 앉아서 지내는 생활 습관이 매년 수백만 명의 조기 사망을 유발한다고 발표했다.

심육의 부재는 더욱더 치명적이다. 한국은 OECD 국가 중 자살률 1위라는 오명을 오랫동안 벗지 못하고 있다. 이는 사회적 구조의 문제일 뿐 아니라, 마음을 돌보는 교육이 거의 없는 현실과 맞닿아 있다. 우리는 시험과 취업, 경쟁과 성과의 압력 속에서 마음을 다스릴 기회를 잃어버렸다.

지육만 키운 사회는 겉보기에는 찬란해 보이지만, 그 속은 흔들리고 있다. 몸과 마음의 균형을 상실한 사회는 결국 지식의 힘조차 무력화시키는 함정에 빠질 수 있다.

## 3. 삼육[[心育 · 體育 · 知育]]의 회복

해법은 분명하다. 우리는 심육·체육·지육의 균형, 즉 삼육(三育)의 회복을 통해 새로운 길을 모색해야 한다.

이미 조선시대 고종은 「교육입국조서」를 통해 덕양, 체양, 지양을 골고루 발전시켜야 한다고 천명했다. 이는 단순한 교육 구호가 아니라, 국가와 사회를 지탱하는 전인교육의 철학이었다. 오늘날 우리는 이를 현대적으로 확장해, 지육은 단순한 지식이 아니라 지혜로, 체육은 단순한 근력 운동이 아니라 몸의 자율적 통제력으로, 심육은 도덕적 훈계가 아니라 내면의 평정과 자각으로 재정의할 필요가 있다.

실제 사례를 보자. 한 중학교는 조회 시간에 '5분 명상'을 도입했다. 처음엔 학생들이 시큰둥했지만, 몇 달이 지나자, 교사의 보고가 달라졌다. "학생들의 집중력이 높아지고, 친구들 사이의 갈등이 줄었습니다." 지식 교육에 짧은 명상을 더한 작은 변화가 학급 문화를 바꾼 것이다.

또 다른 예는 전통 수련법인 국선도(Kouksundo)다. 산중에서 호흡과 자세를 가다듬는 이 수련은, 신체와 마음, 그리고 영성을 동시에 단련한다. 최근에는 직장인과 학생들이 스트레스 해소와 집중력 향상을 위해 국선도를 배우고 있다. 이는 단순한 운동이 아니라, 체육과 심육이 하나로 결합된 살아있는 교육이다.

삼육 교육은 학교뿐 아니라 가정과 사회 전반에서도 실천될 수 있다. 부모가 아이와 함께 산책하며 대화를 나누고, 회사에서 짧은 호흡 훈련을 도입하며, 지역사회가 명상 프로그램을 운영하는 것만으로도 큰 변화를 가져올 수 있다. 결국 중요한 것은 지·체·심이 따로가 아니라 함께 성장하는 통합적 접근이다.

## 4. 중도세계를 그리며

이제 우리는 중도 세계(치우치거나 지나침도 모자람도 없는 삶)라는 새로운 비전을 그려야 한다. 이는 지육·체육·심육이 유기적으로 균형을 이루는 세계이다.

미래 도시 '삼육 시티'를 상상해 보자. 아침에 학생들은 AI와 함께하는 지육 수업으로 하루를 연다. 점심에는 태극권과 요가를 결합한 체육 수업으로 몸을 단련한다. 오후에는 명상과 감정 일기 쓰기로 마음을 다스린다. 일과가 끝나면 아이들은 지혜롭고 건강하며 평정한 모습으로 가정에 돌아간다.

직장도 다르지 않다. 회의 전 10분간 호흡 명상으로 마음을 정리하고, 점심에는 사내 체육관에서 가볍게 운동을 한다. 퇴근 후에는 직원들이 함께하는 문화 모임과 봉사활동에 참여한다. 이 모든 과정은 지·체·심이 서로 연결된 삶의 방식을 보여준다.

이러한 균형은 개인의 행복을 넘어 사회적 비용 절감, 공동체적 신뢰, 국가 경쟁력 강화로 이어진다. 몸과 마음이 건강한 개인이 모여야만, 지식이 진정한 힘으로 작동한다. 따라서 우리는 이제 지식만을 추구하는 사회에서 벗어나야 한다. 지육, 체육, 심육이 어우러진 중도세계, 그것이야말로 인류가 진정으로 행복해질 수 있는 길이다.

# 26장. 명상과 정신혁명

## 1. 명상 열풍과 인류의 새로운 전환점

21세기 들어 인류는 그 어느 시대보다 빠르고 격렬한 변화 속에 살고 있다. 기술혁신은 불과 몇 년 사이에 인류의 생활양식을 완전히 뒤바꾸고 있다. 특히 AI의 등장은 단순한 도구적 차원을 넘어 인간의 사고, 노동, 사회 구조 전반을 바꾸고 있다. 이러한 격변의 한가운데서, 전 지구적으로 불고 있는 명상 열풍은 단순한 유행이 아니다. 그것은 인류의 깊은 무의식적 자각이 표출된 결과이며, 정신적 대전환의 서막이라 할 수 있다.

불교의 참선, 유교의 성찰, 도가의 호흡법, 서양의 마음챙김(mindfulness), 현대 심리학의 자기 성찰 기법까지 다양한 문화권에서 '내면의 힘'에 대한 탐구는 계속됐다. 그러나 지금처럼 명상이 세계적 규모에서 사회 전반으로 확산된 시기는 역사상 없었다. 이는 단순한 휴식의 방법이나 스트레스 관리 기법이 아니라, 인류가 기술문명과 균형을 맞추기 위해 본능적으로 찾고 있는 새로운 생존 전략이다.

이러한 맥락에서 우리는 명상을 단순한 개인적 취미나 치유법으로 축소해서는 안 된다. 오히려 인류 문명의 새로운 단계, 즉 **정신혁명**의 토대이자 출발점으로 보아야 한다. 물질문명은 무한히 발전했지만, 정신문명은 여전히 취약하다. 이 틈을 메우지 못하면 인류는 기술의 종말적 위협 앞에서 무력해질 수 있다. 명상은 바로 그 간극을 메우는 다리이자, 인간이 자신을 재구성하는 혁명적 실천이다.

## 2. 심육(心育)과 체육(體育)의 필요성

오늘날 대부분의 사람은 체육의 필요성을 당연하게 여긴다. 몸을 움직이고 근육을 단련하는 것은 건강 유지뿐만 아니라 인간의 활력을 높이고 삶의 질을 향상시킨다. 그러나 마음의 근력을 기르는 '심육(心育)'은 여전히 소수의 선택으로 여겨진다.

심육은 명상을 통해 얻을 수 있는 정신적 힘의 체계적 훈련을 뜻한다. 체육이 반복적 훈련과 습관을 통해 신체적 능력을 강화하듯, 심육 또한 꾸준한 명상과 성찰을 통해 정신적 능력을 확장한다. 심육을 통해 기르는 힘은 크게 세 가지로 요약된다.

첫째, **집중력**이다. 현대 사회의 가장 큰 문제는 '주의 산만'이다. 디지털 기기와 정보의 홍수 속에서 사람들의 집중력은 끊임없이 분산된다. 명상은 호흡과 의식을 한 점에 모아 집중의 근육을 단련한다.

둘째, **회복 탄력성(resilience)**이다. 인생의 고난과 사회적 충격 앞에서 무너지지 않고 다시 일어서는 힘은 심육에서 비롯된다. 꾸준한 명상은 감정의 파도를 조절하고, 절망 속에서도 의미를 발견하는 능력을 길러 준다.

셋째, **창조적 직관**이다. 인류의 위대한 발견과 혁신은 이성의 계산만으로 이루어진 것이 아니다. 명상을 통한 내적 통찰은 새로운 아이디어와 해결책을 낳는 원천이다.

따라서 체육이 국민 건강을 위해 제도화되었듯이, 이제는 심육을 국가와 사회 차원에서 제도화해야 한다. 학교 교육에서 명상을 정규 과목으로 도입하고, 직장과 사회 공동체에서도 심육 프로그램을 체계적으로

운영해야 한다. 이것은 단순한 개인적 성장의 차원을 넘어 국가 경쟁력과 인류 문명의 미래와 직결된 문제이다.

## 3. AI 시대의 위기와 정신혁명의 과제

AI의 발전은 인간의 삶을 편리하게 만들었지만 동시에 새로운 위협을 안겨주었다. 자동화와 로봇 기술은 기존 일자리의 상당 부분을 대체하고 있으며, 초거대 언어모델은 인간의 창의적 작업마저 대신하기 시작했다. 기술 발전의 속도는 인간의 적응 능력을 훨씬 뛰어넘고 있다.

더 큰 문제는 인간 내부의 공허함이다. 기술은 인간의 욕망을 충족시키지만, 욕망의 끝없는 팽창은 결국 정신적 황폐화를 불러온다. 스마트폰과 소셜미디어의 과도한 사용으로 집중력은 무너지고, 가상현실과 AI의 확산은 현실과 인간관계의 소중함을 희미하게 만든다.

이러한 시대에 필요한 것은 단순한 기술 규제가 아니다. 기술에 대응할 수 있는 인간의 내적 힘, 곧 정신혁명이다. 정신혁명은 인류가 물질문명 중심의 사고를 넘어 정신적 가치와 인간 본래의 자성을 회복하는 과정이다.

정신혁명의 핵심은 세 가지 과제에 있다.

첫째, **자율적 인간 회복**이다. AI가 모든 것을 대신하는 시대에, 인간이 인간답게 존재할 수 있는 길은 자기 성찰과 내적 자율성에 있다.

둘째, **공동체적 연대**이다. 기술문명은 개인을 고립시키지만, 정신혁명은 타인과의 연결, 나아가 인류 전체와의 연대를 강조한다.

셋째, **윤리적 기준 확립**이다. AI가 강력해질수록 윤리적 기준이 부재한 사회는 위험하다. 정신혁명은 인간 내면의 도덕성과 자비심을 각성시킴으로써 새로운 윤리적 질서를 가능하게 한다.

## 4. 명상과 정신혁명의 구체적 실천 방향

명상과 정신혁명을 구호에 그치지 않고 실제 삶에서 실천하기 위해서는 구체적인 제도와 사회적 장치가 필요하다.

첫째, **교육의 혁신**이다. 초·중·고등학교 정규 교육과정에 명상 수업을 도입하고, 대학에서도 정신혁명적 가치 탐구 과목을 개설해야 한다. 단순히 지식을 주입하는 교육에서 벗어나 내면의 성찰과 집중을 훈련하는 교육으로 나아가야 한다.

둘째, **정책적 지원**이다. 정부 차원에서 '국민 심육 프로젝트'를 추진하고, 명상 센터와 정신혁명 연구소를 설립해야 한다. 마치 체육관이나 도서관처럼 명상을 위한 공공 인프라를 구축하는 것이다.

셋째, **직장과 사회의 변화**이다. 기업은 명상 프로그램을 직원 복지 차원에서 제공할 수 있으며, 공공기관과 지역 공동체에서도 명상 기반의 심리 지원 체계를 강화해야 한다.

넷째, **문화적 확산**이다. 명상과 정신혁명을 다룬 콘텐츠를 영화, 드라마, 게임, 예술 등 다양한 매체에 반영함으로써 대중적 문화로 자리 잡게 해야 한다. 정신혁명은 추상적 담론이 아니라 구체적 문화 실천으로 확산되어야 한다.

## 5. 미래를 여는 길

인류는 지금 거대한 문명사적 기로에 서 있다. 물질문명과 정신문명 중 어느 한쪽만으로는 인류의 미래를 지탱할 수 없다. 기술문명은 마치 한쪽 날개에 불과하다. 다른 한쪽 날개인 정신문명이 함께 펼쳐질 때만이 인류는 새로운 창공을 향해 날아오를 수 있다.

명상은 정신혁명의 구체적 실천이며, 심육은 그 제도화된 모습이다. 이제 우리는 체육과 심육을 균형 있게 발전시켜야 한다. 몸과 마음, 기술과 정신, 개인과 공동체가 조화롭게 어우러질 때 인류는 비로소 새로운 문명의 단계로 도약할 수 있다.

앞으로의 세상은 단순히 AI의 지능이 아니라, 인간의 마음이 얼마나 성숙할 수 있는지에 달려 있다. 명상과 정신혁명은 단순한 선택이 아니라 인류 생존의 필연이다. 우리는 지금, 인류 문명의 새로운 도약을 위한 정신혁명의 문 앞에 서 있다. 이 문을 열 수 있는 열쇠는 각자의 내면에 있다.

# 27장. 개벽사상(開闢思想)과 정신혁명

## 1. 한국 근대의 정신적 전환과 개벽사상의 탄생

19세기 중엽 조선은 세계사적으로 거대한 문명 전환의 파고에 휩싸여 있었다. 서양의 산업혁명과 제국주의 확장은 동양의 전통 질서를 흔들었고, 조선 사회는 봉건적 신분 질서와 외세의 침략 사이에서 극심한 혼란을 겪었다. 농민의 삶은 피폐했고, 지식인의 사상 체계는 붕괴 직전이었다. 바로 이 시기에 탄생한 사상이 동학(東學)이며, 그 중심에 개벽(開闢)이라는 혁명적 개념이 있었다.

개벽은 문자 그대로 '하늘과 땅이 새롭게 열린다'는 뜻이지만, 단순히 우주적 창조를 의미하지 않는다. 그것은 '세상의 근본 틀이 뒤집히는 혁명적 변화'를 뜻한다. 최제우는 하늘이 인간 안에 있다는 '시천주(侍天主)' 사상을 통해, 신이 인간 바깥의 초월적 존재가 아니라 인간의 내면에 깃들어 있음을 선언했다. 이는 신분 질서를 뒤집는 인간 평등의 사상적 기반이 되었고, 동시에 정신의 개벽을 요구하는 혁명적 선언이었다.

당시 조선은 물질적으로 낙후되어 있었지만, 더 심각한 것은 정신적 폐쇄성이었다. 외세의 문물을 '서학'이라 하여 배척하면서도, 스스로의 도덕적 위선을 벗어나지 못했다. 이러한 폐쇄성과 위선에 맞서 최제우가 내세운 '개벽사상(開闢思想)'은 인간 내면의 혁명, 곧 정신혁명의 시작이었다. 그는 인간의 마음속에 하늘의 도가 존재한다는 자각을 통해 인간 스스로가 주체가 되어 세상을 새롭게 열어야 한다고 보았다.

이 사상은 이후 최시형과 손병희를 거치며 더욱 구체화하였다. 최시형은 '시운(時運)'의 변화를 읽고 '생활의 성화(聖化)'를 강조했다. 세상이 변하려면 먼저 인간의 삶이 변해야 하며, 그 출발점은 마음의 변화였다. 손병희는 여기에 한 걸음 더 나아가 '인내천(人乃天)'과 '인물개벽(人物開闢)'을 제창하며, 개벽을 사회제도의 혁신과 인간의 도덕적 변화를 아우르는 총체적 혁명으로 확장했다.

이렇듯 동학의 개벽사상은 단순히 '새로운 세상이 온다'는 예언이 아니라, 인간 스스로가 변화를 만들어내는 주체가 되어야 한다는 자각의 철학이었다. 개벽은 외부의 변화가 아니라 인간 내면의 각성에서 시작되는 정신적 사건이었다.

## 2. 개벽과 정신혁명: 내면으로부터의 혁명

'정신혁명'이라는 말은 동학의 핵심 정신을 현대적으로 재해석한 표현이다. 개벽이 세상의 구조적 전환을 의미한다면, 정신혁명은 그 전환을 가능하게 하는 인간 내면의 혁명이다.

조선의 농민들은 동학을 통해 처음으로 '하늘이 인간 안에 있다'라는 사상을 접했다. 이는 단순한 신앙이 아니라 존재 인식의 혁명이었다. 하늘은 위에 있는 것이 아니라 내 안에 있고, 그러므로 나는 하늘과 동등한 존엄을 지닌 존재라는 자각이었다. 이 자각은 모든 억압에 저항할 수 있는 정신적 근거가 되었고, 나아가 1894년의 동학농민혁명으로 이어졌다.

하지만 동학의 혁명은 무력의 혁명이 아니라 도덕적 혁명이었다. 사람을 죽이거나 체제를 파괴하기 위한 것이 아니라, 부패한 질서를 넘어 인간다운 세상을 만들기 위한 것이었다. '사람이 곧 하늘'이라는 인내천 사상은, 모든 인간이 신성한 존재이며 서로를 해쳐서는 안 된다는 윤리적 명령으로 발전했다. 그것이 바로 정신혁명의 본질이었다.

이러한 사유는 이후 3·1운동과 천도교의 '인내천 선언'으로 이어지며, 한국 근대의 정신적 정체성을 형성했다. 서양의 근대가 물질과 제도를 중심으로 전개되지만, 한국의 근대는 정신적 자각과 윤리적 혁명으로부터 출발했다. 이것이 한국형 근대의 독창성이다.

## 3. AI 시대의 도전과 정신의 위기

21세기 들어 인류는 또 한 번의 개벽기를 맞이하고 있다. AI와 데이터 문명이 주도하는 이 시대는 산업혁명보다 더 근본적인 변화를 일으키고 있다. 인간의 노동, 언어, 감정, 사고의 영역까지 기계가 침투하고 있다. AI는 이미 인간보다 빠르고 정확하게 정보를 처리하며, 사람의 언어를 이해하고, 예술과 음악까지 만들어낸다.

그러나 기술의 비약적 발전 뒤에는 심각한 정신의 위기가 숨어 있다. 인간은 점점 자기 자신을 잃어가고 있다. SNS와 알고리즘이 우리의 생각을 대신하고, 빅데이터가 우리의 감정을 예측한다. 인간은 자기 삶의 주체가 아니라 데이터의 부속품처럼 살아가고 있다.

문제는 기술 그 자체가 아니라, 그것을 다루는 정신의 부재이다. 기술은 중립적이지만, 인간의 욕망이 결합할 때 그것은 쉽게 파괴적인 방향으로 흐른다. 인간이 중심을 잃으면 기술은 인간을 지배하게 된다. 지금 인류가 직면한 위기의 본질은 정신의 위기, 즉 내면의 공허함과 가치의 붕괴에 있다.

한국 사회 역시 예외가 아니다. 세계 최고 수준의 인터넷 인프라와 AI 기술을 보유하고 있지만, 동시에 청소년 자살률은 OECD 최고 수준이며, 우울증과 고립감은 사회 전반에 퍼져 있다. 기술이 인간을 구원하지 못하는 이유는 명확하다. 정신혁명 없이 기술혁명만 앞서갔기 때문이다.

동학의 개벽사상은 이런 현실을 비춰주는 거울이다. 물질이 아무리 발전해도 인간의 마음이 병들면 문명은 붕괴한다. 정신이 개벽 되지 않으면, 아무리 많은 혁신도 진정한 진보가 될 수 없다.

## 4. AI 시대의 정신혁명: 인간의 재탄생

AI 시대의 정신혁명은 단순한 도덕적 각성이 아니다. 그것은 존재 방식의 전환이다. 인간이 더 이상 기술의 소비자가 아니라, 기술과 함께 세계를 새롭게 창조하는 주체로 서는 것이다. 이를 위해 필요한 세 가지 방향이 있다.

### 1) 첫째, 인간 중심성의 회복

AI 시대에는 효율과 속도가 가치의 기준이 되고 있다. 그러나 인간은 계산 가능한 존재가 아니다. 인간의 감정, 사랑, 양심, 창의성은 데이터로 환원될 수 없는 영역이다. 동학이 말한 '사람이 곧 하늘'이라는 인내천 사상은 오늘날 '기계보다 인간이 우선이다'라는 인류 보편의 윤리로 다시 살아나야 한다.

한국 사회의 경쟁 중심 교육, 성과 중심 직장 문화는 인간을 점점 도구화하고 있다. 이제는 교육의 목표를 '지식 암기'에서 '자기 이해'로 바꿔야 한다. 진정한 인공지능 시대의 교육은 인간다움을 회복하는 교육, 즉 정신혁명의 교육이다.

### 2) 둘째, 내적 가치의 재정립

AI는 모든 것을 예측하고 최적화하려 하지만, 인간의 삶에는 예측 불가능성과 윤리적 판단이 존재한다. 인간은 스스로 기준을 세우고 선택할 수 있는 존재다. 그러므로 우리는 '무엇이 옳은가?', '어떤 삶이 좋은가?'를 다시 물어야 한다.

한국 사회는 오랫동안 성장과 경쟁을 중심으로 발전해 왔다. 그러나 이제는 그 성장의 방향을 묻고, 행복과 공존의 가치를 중심에 세워야 한다. 이는 곧 '가치의 개벽'이며, 새로운 문명 패러다임의 시작이다.

### 3) 셋째, 공동체의 회복과 연대의 재창조

AI 시대의 인간은 네트워크로 연결되어 있지만, 실제로는 더욱 고립되어 있다. 디지털 문명은 관계의 양을 늘렸지만, 관계의 질을 파괴했다. 동학은 이미 150년 전 '사람이 하늘이니 서로 섬겨야 한다'고 했다. 이는 곧 공존의 윤리, 상생의 철학이다.

한국 사회가 정신혁명에 성공하기 위해서는 개인의 각성을 넘어 공동체의 개벽이 필요하다. 청년과 노인이 함께 배우고, 도시와 농촌이 상생하며, 기술과 인간이 조화를 이루는 사회가 바로 후천개벽의 모습이다.

## 5. 한국 사회의 과제

한국은 지금 또 한 번의 역사적 전환점에 서 있다. AI 기술력은 세계적 수준이지만, 사회적 신뢰는 낮고 세대 간 갈등은 심화되고 있다. 교육은 여전히 경쟁 중심이며, 정치는 분열되어 있다. 이런 상황에서 동학의 개벽사상은 새로운 방향을 제시한다.

첫째, **정신의 자주성**을 회복해야 한다. 외부의 사상이나 기술을 맹목적으로 추종하는 것이 아니라, 인간 내면의 하늘을 믿고 우리만의 철학을 세워야 한다.

둘째, **공동체적 연대**의 회복이 필요하다. 개인의 성공보다 사회의 조화가 우선되어야 하며, 나와 타인의 행복이 연결되어 있다는 깨달음이 사회 윤리의 기초가 되어야 한다.

셋째, **기술과 생명의 조화**를 이루어야 한다. AI가 인간을 지배하지 않도록, 기술 발전의 방향을 인간 중심·생태 중심으로 전환해야 한다.

이 모든 것은 제도 개혁이나 정책 변화만으로는 불가능하다. 각자의 내면에서 시작되는 정신혁명, 즉 마음의 개벽이 일어나야 한다.

## 6. 요약

동학의 개벽사상은 과거의 종교 사상이 아니라 미래의 철학이다. 그것은 인간과 자연, 기술과 생명, 개인과 공동체를 통합하는 새로운 문명 비전이다. 오늘날의 개벽은 하늘이 열리는 사건이 아니라, 인간의 의식이 열리는 사건이다.

AI 시대의 문명은 기술이 아니라 정신이 주도해야 한다. 인간이 자신의 내면에서 하늘을 발견하고, 그 빛으로 세상을 새롭게 여는 순간, 진정한 개벽이 시작된다.

다시 개벽은 곧 다시 인간이다. 정신혁명은 바로 그 길이다. 인간이 기술을 넘어, 자신을 넘어, 새로운 문명의 주체로 거듭나는 길 - 그것이 AI 시대를 살아가는 우리 모두의 사명이다.

선도국 대한민국, AI를 넘어 정신혁명으로

# 제4편

AI 시대 정신혁명의 선도국, 대한민국

# 28장. 한류의 바탕, 한글의 세계화

## 1. 한류를 꽃피운 문화콘텐츠: 그 언어적 기반

21세기 들어 한류는 단순히 한 나라의 대중문화가 외국에 소개되는 현상을 넘어, 세계적인 문화 조류로 자리 잡았다. 한국의 드라마와 영화, 케이팝, 웹툰, 게임은 이제 지구촌 어디서나 쉽게 접할 수 있다. 방탄소년단의 노래가 미국 빌보드 차트를 석권하고, 오징어게임이 전 세계 온라인 플랫폼에서 화제가 되며, 한국의 드라마가 아랍어·스페인어·프랑스어로 번역되어 사랑받는 시대가 되었다. 세계인들은 한국의 음식, 의류, 뷰티, 게임, 심지어 생활방식까지 즐기고 있다. 그러나 이 같은 한류 열풍의 이면에는 한 가지 간과하기 쉬운 근본적 요소가 있다. 그것은 바로 '언어'와 '문자'이다.

문화의 전파는 언어를 매개로 이루어진다. 아무리 훌륭한 영상과 음악이라도, 그 의미를 온전히 이해하려면 언어적 이해가 뒤따라야 한다. 케이팝 팬들이 한국어 가사를 직접 따라 부르고, 드라마의 대사를 자막 없이 이해하고자 하는 욕구가 생기는 이유가 여기에 있다. 문화는 감정으로 시작되지만, 언어로 뿌리내린다.

한국어 교육 열풍은 이미 그 증거이다. 동남아시아, 유럽, 남미 등 전 세계 수백 개 대학에 한국어학과가 개설되어 있으며, 한국어능력시험(TOPIK)은 매년 40만 명 이상이 응시하는 국제 시험이 되었다. 이는 한류가 단순한 일시적 유행이 아니라, 언어를 매개로 한 문화적 정착 단계로 진입하고 있음을 의미한다.

그러나 여기서 중요한 차이를 짚고 넘어가야 한다. '한국어 교육'이 언어의 전파라면, '한글의 세계화'는 문자 체계 자체의 확산이다. 한국어를 배우지 않아도 한글이라는 문자로 자기 언어를 표현하거나, 한글을 디지털 환경에서 활용할 수 있다면 그것은 언어의 확장을 넘어 인류 문명의 공유로 이어진다. 다시 말해, 한류의 정착은 한글의 확산과 함께 이루어져야 한다.

문화의 불씨는 콘텐츠에서 피어나지만, 그 불이 꺼지지 않게 하는 것은 문자다. 문자야말로 한 나라의 정신과 사고 체계를 담는 틀이다. 한류의 지속은 결국 한글의 세계화로 완성된다.

## 2. 한글: 디지털 시대의 과학 문자로 거듭나다

한글은 세계 어느 문자와 비교해도 손색이 없는 과학적 문자이다. 세종대왕이 훈민정음을 창제할 당시, 그는 "한자가 익히기 어려운 서민들이 쉽게 익히지 못해 소통이 어려우니 이를 가엾게 여겨 새 글자를 만든다"라고 했다. 이는 문자 창제의 목적이 지배나 통제에 있지 않고, 소통과 교육에 있음을 보여준다.

한글은 기본 자음 다섯(ㄱ, ㄴ, ㅁ, ㅅ, ㅇ)과 기본 모음 세 개(·, ㅡ, ㅣ)를 바탕으로 만들어졌다. 자음은 발음 기관의 모양을 본떠 만들었고, 모음은 하늘(·), 땅(ㅡ), 사람(ㅣ)이라는 천지인(天地人)의 철학을 담았다. 이 단순한 원리로부터 수많은 글자가 파생될 수 있다. 예를 들어, 'ㄱ'에 획 하나를 더하면 'ㅋ'이 되고, 'ㄴ'에 획을 더하면 'ㄷ'이 된다. 이러한 가획(加劃)의 원리 덕분에 한글은 규칙적이면서도 확장성이 크다.

이 같은 구조는 디지털 시대에 들어서 더욱 빛을 발한다. 컴퓨터 언어는 논리적 조합과 체계적 규칙에 기반을 둔다. 한글은 바로 이런 조합형 문자의 특성이 있어서 디지털 코드화에 매우 유리하다. 실제로 한글은 유니코드 체계 안에서 완벽히 작동하며, 전 세계 대부분의 컴퓨터와 스마트폰 환경에서 문제없이 표시된다.

더 나아가, 한글은 디지털 AI 시대 데이터 언어로서도 높은 잠재력을 지닌다. 인공지능의 핵심은 언어 데이터의 정규화, 즉 데이터를 규칙적으로 변환하고 처리하는 능력이다. 한글은 글자 단위로 자음과 모음이 분리되어 있기 때문에 형태소 분석과 음성 인식이 다른 언어보다 효율적으로 이루어진다. AI가 언어를 학습할 때, 한글은 구조적으로 가장 이상적인 형태를 제공하는 셈이다.

이러한 과학성과 체계성 덕분에 한글은 이제 단지 한국어 표기의 도구가 아니라, 세계의 다양한 언어를 표현할 수 있는 범지구적 문자 시스템으로 발전할 가능성을 지니고 있다. 실제로 인도네시아의 시아시아어(Cia-Cia) 지역에서는 한글을 자국어 표기에 활용하려는 시도가 있었다. 이 실험은 문화적·정치적 이유로 지속되진 못했지만, 한글이 타 언어를 표기할 수 있다는 가능성을 보여준 상징적 사건이었다.

디지털 시대의 언어 경쟁은 곧 문자 경쟁이다. 영어가 국제 공용어로 자리 잡은 것은 문자 자체의 단순성과 디지털 환경의 적응성 덕분이었다. 그러나 영어 알파벳은 소리를 충분히 표현하지 못하는 경우가 많다. 반면, 한글은 음운과 문자 간의 일대일 대응이 명확해, 기계가 학습하기에 매우 효율적인 구조를 갖는다. 따라서 인공지능이 언어를 다루는 시대일수록 한글의 경쟁력은 더욱 높아진다.

## 3. 한글: 세계화를 위한 전략과 과제

한글의 구조적 장점이 아무리 뛰어나도, 그것이 자연스럽게 세계화되는 것은 아니다. 한글을 전 세계인이 활용하는 문자로 확산시키기 위해서는 구체적인 전략과 노력이 필요하다.

첫째, 디지털 접근성의 확대가 중요하다. 한글을 배우고 쓰는 데 필요한 기본 도구가 모든 사람에게 쉽게 제공되어야 한다. 스마트폰과 컴퓨터용 한글 입력기를 각국 언어권에 맞게 조정하고, 오픈소스로 공개된 한글 글꼴을 개발하여 누구나 자유롭게 사용할 수 있도록 해야 한다.

둘째, 콘텐츠 중심의 문자 확산 전략이 필요하다. 한글을 단순히 배우는 것이 아니라, 한글로 된 콘텐츠를 즐기게 만드는 것이다. 예를 들어, 외국 어린이들을 위한 한글 동화 애니메이션, 한글 자막이 함께 제공되는 노래 학습 프로그램, 한글로 쓰인 웹툰의 다국어 버전 등이 있다. 사람들은 재미있고 유익한 콘텐츠를 통해 자연스럽게 문자를 익힌다.

셋째, 한글-언어 융합 프로젝트를 추진해야 한다. 한글은 발음의 원리를 기반으로 만들어졌기 때문에, 다른 언어의 음운 체계도 표기할 수 있다. 소멸 위기에 처한 소수 언어를 한글로 기록하여 보존하는 시도는 인류 문화유산을 지키는 일과도 맞닿아 있다.

넷째, 교육 체계의 국제화가 필요하다. 온라인을 통한 한글 학습은 이미 세계 여러 나라에서 이루어지고 있지만, 대부분이 한국어 교육 중심이다. 앞으로는 '한글 자체를 배우는 과정', 즉 글자 조합의 원리와 철학, 디지털 입력 방식을 중심으로 한 교육 콘텐츠가 개발되어야 한다.

다섯째, 정책적 지원과 국제 협력이 병행되어야 한다. 한글 세계화는 단순히 문화 사업이 아니라 국가 브랜드 사업이다. 한글은 대한민국의 창조적 정체성을 가장 잘 드러내는 문화 자산이다. 정부는 공공외교의 핵심 도구로 한글을 활용할 수 있으며, 유네스코, 세종학당재단, 문화체육관광부 등과 협력하여 각국의 교육기관에 한글 관련 프로그램을 지원해야 한다.

한글 세계화는 '강요'가 아니라 '공유'의 형태로 추진되어야 한다. 한글을 배우는 이유가 한국 문화에 대한 존경과 흥미에서 출발해야만 지속 가능하다. 또한, 한글 표기의 음운적 한계도 해결해야 한다.

무엇보다 중요한 것은, 한글 세계화가 단순히 문자 전파를 넘어 디지털 시대의 인류 소통 언어로 발전해야 한다는 점이다. 이미 인공지능은 한글의 조합 원리를 이해하고, 이를 기반으로 자연어 처리를 학습하고 있다. 만약 세계 여러 언어 데이터를 한글 자모 기반으로 변환할 수 있다면, 언어 간 번역의 정확성과 속도는 혁신적으로 향상될 것이다.

## 4. 요약

한류는 이제 세계 문화의 중심에 서 있다. 그러나 그 불씨가 영원히 타오르기 위해서는 그 바탕에 문자의 뿌리가 내려야 한다. 문화는 바람처럼 퍼지지만, 문자는 땅처럼 남는다. 한글이야말로 한류의 지속과 정착을 가능하게 하는 땅이다.

한글의 세계화는 단순한 언어 보급 운동이 아니다. 그것은 디지털 시대 인류가 공통의 문자로 소통할 수 있는 새로운 문명 실험이다. 영어가 산업화 시대의 언어였다면, 한글은 정보화 시대의 언어가 될 수 있다. 그리고 그 중심에는 세종대왕이 꿈꾸었던 "사람을 이롭게 하는 문자", 즉 홍익인간의 정신이 깃들어 있다.

앞으로의 한류는 음악과 영화만이 아니라, 문자와 사상이 함께 흐르는 지적 한류가 되어야 한다. 한글의 세계화는 그 출발점이다. 세계인이 한글로 자신의 언어를 기록하고, 자기 생각을 표현하며, 서로의 문화를 이해하는 날 – 그날이 바로 한류가 진정으로 세계 문화의 중심에 선 순간이 될 것이다.


# 29장. 공익풍수와 ESG: 전통과 현대의 융합


## 1. 풍수의 본래 의미와 변용

풍수(風水)는 단순히 집터나 묘지를 고르는 기술로만 알려져 있다. 그러나 역사적으로 풍수는 훨씬 더 광범위한 개념이었다. 중국 고대의 수도 건설, 조선의 한양 천도, 고려의 개경 선택 등 동아시아의 국가들은 수도를 정할 때 반드시 풍수를 고려하였다. 바람과 물이라는 단어는 기후와 수자원을 상징하는 중요한 자연환경 요소였다. 농업을 기반으로 살아가던 고대 사회에서 바람의 방향과 세기, 물의 흐름과 분포는 생존을 좌우하는 핵심 조건이었다. 따라서 풍수는 단순한 미신적 행위가 아니라 환경과 생존을 위한 지혜의 총합이었다.

그러나 시간이 흐르면서 풍수는 점차 개인적이고 사적 영역으로 축소되었다. 집터를 잡거나 못자리를 고르는 기술로만 이해되면서, 본래

지녔던 공공적 성격은 퇴색하였다. 특히 근대 이후 서양 과학의 도입과 함께 풍수는 비과학적이고 미신적인 영역으로 폄하되기도 했다. 하지만 풍수의 본래 목적은 자연과 인간의 조화에 있었으며, 이는 오늘날의 환경 위기 시대에 다시 조명되어야 할 가치이다. 풍수의 원래 정신을 되살려 현대적 환경 철학으로 확장하는 것, 그것이 바로 공익 풍수의 출발점이다.

## 2. 서구 근대철학과 자연 정복의 패러다임

풍수가 자연과 조화를 강조했다면, 서구 근대철학은 정반대의 길을 걸었다. 데카르트는 "나는 생각한다, 고로 존재한다"라는 명제로 인간 이성을 절대화했다. 프랜시스 베이컨은 "지식은 힘"이라고 하며, 과학적 지식이 자연을 정복할 수 있는 도구라고 믿었다. 이 두 사상은 자연을 인간이 지배해야 할 대상으로 규정하는 철학적 기반을 제공하였다.

산업혁명은 이러한 철학을 현실로 구현했다. 석탄, 석유, 철강, 기계가 결합하여 인류는 물질적 번영을 이루었지만, 그 대가로 자연은 파괴되기 시작했다. 대규모 탄광 개발은 산림을 훼손했고, 화석연료의 사용은 대기를 오염시켰다. 하천은 공장 폐수로 물들었고, 대기 중 이산화탄소는 기후변화를 초래했다. 자본주의는 끊임없이 생산과 소비를 확대하며 이 과정을 가속화했다. 인간의 욕망은 충족되었지만, 지구의 생태적 균형은 심각하게 훼손되었다.

오늘날 우리가 직면한 기후 위기, 미세먼지, 수질 오염은 모두 이 패러다임의 산물이다. 풍수가 강조한 자연과의 조화는 무시되었고, 대신 인간의 욕망이 우선시되었다. 그러나 이제 인류는 다시금 자연과의 관계를 성찰해야 하는 시대에 도달했다. 바로 이 지점에서 풍수의 전통적 지혜와 현대의 ESG 철학이 만난다.

## 3. 공익풍수: 환경과 공동체를 고려하는 새로운 해석

필자는 현대적 풍수를 공익풍수라 명명한다. 공익풍수란 단순히 개인의 길흉화복을 점치는 풍수가 아니라, 공동체와 사회 전체의 생존과 번영을 고려하는 풍수를 의미한다. 이는 곧 대기와 수질, 즉 환경적 요소를 중심으로 한 풍수이다. 바람은 곧 공기의 질을 상징하며, 물은 수질과 수자원을 상징한다. 공익풍수는 이 두 가지 핵심 환경 요소를 바탕으로 기후 위기 시대에 적합한 새로운 환경 철학으로 자리 잡을 수 있다.

예컨대 도시 설계에서 바람길을 확보하는 것은 공익풍수적 사고다. 미세먼지가 심각한 서울의 경우, 한강을 따라 바람길을 확보하고 건축물 높이를 조절하면 공기의 흐름이 원활해져 대기질을 개선할 수 있다. 또한 수질 관리에서도 공익풍수는 중요한 역할을 한다. 하천의 흐름을 막아 단순한 치수만 고려하는 것이 아니라, 생태계와 수질 순환을 함께 고려해야 한다는 것이다. 이처럼 공익풍수는 환경 보전, 재난 방지, 기후 위기 대응이라는 실질적 공익과 맞닿아 있다.

공익풍수는 전통의 단순한 부활이 아니라, 현대적 재해석이다. 이는 풍수를 미신이 아닌 생태학적 지혜로 전환하는 과정이며, 나아가 기후 위기 시대를 극복하는 철학적 대안이 된다.

## 4. ESG와 공익풍수의 접점

서구에서 최근 강조되는 ESG(Environmental, Social, Governance)는 기업 경영에서 환경과 사회적 책임, 지배구조의 투명성을 중시하는 새로운 패러다임이다. 이는 자본주의의 무한 성장 논리에 제동을 걸고, 지속가능한발전을 추구하려는 노력이다. ESG는 단순히 윤리적 선택이 아니라, 기업의 생존 전략으로 자리 잡았다.

공익풍수는 ESG와 같은 문제의식을 공유한다. ESG의 핵심은 '지속가능성'이고, 풍수의 본래 정신은 '자연과의 조화'다. 결국 두 개념은 같은 방향을 바라보고 있다. ESG가 제도적·실천적 장치라면, 공익풍수는 그 철학적·문화적 뿌리를 제공한다. 즉 ESG는 서양식 제도이고, 공익풍수는 동양적 지혜다. 두 가지가 결합할 때, 인류는 글로벌 차원의 생존 철학을 마련할 수 있다.

예컨대 어떤 기업이 공장을 설립할 때 단순히 비용과 이익만 고려하는 것이 아니라, 지역 생태계와 주민 공동체까지 고려한다면 그것이 바로 ESG이자 공익풍수다. 도시계획에서 풍수적 바람길과 수질 보전을 중시하는 정책은 ESG의 환경(E) 원칙과 정확히 맞닿아 있다. 나아가 공동체적 책임(S)과 투명한 의사결정(G) 역시 풍수의 공익적 해석과 상통한다. 이처럼 ESG와 공익풍수는 서로를 보완하며, 지속가능한 사회를 위한 동서양의 지혜를 연결하는 다리가 된다.

## 5. 미래 사회를 위한 제언

앞으로 인류가 직면할 가장 큰 도전은 기후 위기다. 평균 기온 상승, 해수면 상승, 극단적 기후 현상은 국가와 지역을 가리지 않고 인류 전체를 위협하고 있다. 이에 대응하기 위해서는 기술적 해법뿐 아니라 철학적·문화적 전환이 필요하다. 공익풍수는 이 전환의 중요한 축이 될 수 있다.

첫째, 정책 차원에서 공익풍수를 적용해야 한다. 도시 설계, 건축 기준, 수자원 관리, 에너지 정책에 풍수적 환경 철학을 반영해야 한다.

둘째, 기업 차원에서 ESG와 결합한 공익풍수를 실천해야 한다. 기업이 이익만 추구하는 것이 아니라, 지역 환경과 공동체의 공익을 중시해야 한다.

셋째, 교육 차원에서 풍수를 단순한 미신이 아니라 환경 공동체 철학으로 가르쳐야 한다. 학생들이 풍수를 통해 자연과 인간의 관계를 성찰하도록 해야 한다.

넷째, 국제적 차원에서 ESG와 공익풍수를 연결해 글로벌 협력의 장을 마련해야 한다. 기후 위기는 국경을 넘어선 문제이므로, 동양의

〈그림 8〉 공익풍수와 ESG

공익풍수와 서양의 ESG가 만나는 국제적 담론이 필요하다.

결국 공익풍수는 단순한 전통의 복원이 아니라, 미래를 위한 철학적 대안이다. 공익풍수와 ESG의 결합은 인류가 기후 위기 시대를 슬기롭게 극복하고 지속가능한 미래를 설계하는 길잡이가 될 것이다.


# 30장. AI 시대의 교육 대전환: 질문과 표현의 혁명


## 1. 교육의 본질


교육의 근본은 무엇인가. 그것은 단순한 지식의 축적이 아니라 자신의 문제를 스스로 사고하고, 그 생각을 언어로 표현할 수 있는 능력을 기르는 일이다. 인간은 생각을 언어로 구조화할 때 비로소 자신을 인식하고 세계를 해석한다. 교육의 목적은 머릿속에 떠도는 정보를 정리해 자기 언어로 말하거나 글로 표현함으로써, 존재로서의 인간을 완성하는 데 있다.

그러나 오늘날 대한민국의 학교는 여전히 '암기'와 '정답'의 굴레에 갇혀 있다. 초등학교부터 대학에 이르기까지 대부분의 수업은 교사가 묻고 학생이 정답을 외우는 방식으로 진행된다. 교실은 질문이 사라진 공간이 되었고, 학생은 생각하기보다는 정답을 찾아내는 기계로 길러지고 있다. 이처럼 표현 없는 교육은 인간 없는 교육이며, 사유 없는 학습은 지식의 사막이다.

AI시대에 이르러 이러한 교육 방식은 더 이상 지속될 수 없다. AI는 이미 암기와 계산, 정보처리의 영역에서 인간을 능가한다. 그 결과, 인간에게 남은 영역은 오직 질문하고, 해석하고, 창조적으로 표현하는 능력뿐이다. 즉, 교육의 본질은 이제 '무엇을 아는가?'가 아니라, '어떻게 사고하고 표현하는가?'로 전환되어야 한다. 이것이 AI시대의 교육 혁명이다.

## 2. 한국 교육의 문제

한국의 교실에는 여전히 '정답의 폭력'이 지배한다. 수능 중심의 입시체제는 학생들에게 스스로 생각할 여유를 주지 않는다. 교과서는 불변의 진리, 교사는 지식의 권위자, 학생은 수동적 수용자로 고착되어 있다. 이런 구조 속에서 학생은 질문하기를 두려워하고, 창의적 사고는 '엉뚱함'으로 치부된다.

한국 사회는 여전히 '정답을 잘 맞히는 학생'을 인재로 평가한다. 하지만 정답은 이미 AI가 가장 잘 아는 영역이다. ChatGPT, Claude, Gemini와 같은 대규모 언어모델은 수학 문제를 풀고, 논문을 요약하며, 논리를 분석한다. 이제 인간은 정답을 아는 존재가 아니라, 질문을 던지고 해석을 이끌어내는 존재로 진화해야 한다.

그러나 한국 교육은 여전히 20세기 산업사회형 교육의 틀에 머물러 있다. 교실에는 질문이 사라졌고, 토론은 형식에 그친다. 국어 교육은 문학 감상 위주로 변질되었고, 글쓰기 교육은 여전히 입시 논술의 틀에 갇혀 있다. '나의 생각'을 표현하는 수업은 거의 존재하지 않는다. 초등학교에서도, 대학에서도 '스스로 말하고 쓰는 교육'은 거의 없다.

이제 질문해야 한다. **"왜 우리는 생각을 표현하지 못하는 국민이 되었는가?"** 그 이유는 명확하다. 표현력보다 암기력을 평가하는 교육제도, 교사 중심의 주입식 수업, 그리고 실패를 용납하지 않는 문화 때문이다. 질문은 실수를 전제로 한다. 그러나 한국의 교육 문화는 실수를 금지하고, 서로 다름을 허용하지 않는다. 그 결과, 우리 사회는 '생각하는 인간'이 아니라 '복종하는 인간'을 길러왔다.

AI시대에는 이와 같은 구조를 깨야 한다. 더 이상 교사가 지식을 전달하는 존재가 아니라, 학생 스스로 질문하고 토론하며 사고하는 '학습 촉진자(Facilitator)'가 되어야 한다. 교실은 답을 찾는 공간이 아니라, 문제를 재정의하고 새로운 길을 탐색하는 실험실이 되어야 한다.

## 3. AI 시대의 새로운 학습 패러다임

AI시대의 교육개혁은 기술이 아니라 철학의 문제다. AI를 활용한 '스마트교육'은 도구일 뿐, 진정한 혁신은 '학습의 구조'를 바꾸는 데 있다. 그 핵심은 '질문 중심 학습(QBL: Question-Based Learning)'이다.

질문 중심 학습은 '문제중심학습(PBL)'보다 한 단계 더 나아간 형태다. 학생이 스스로 질문을 던지고, 그 질문을 중심으로 토론하며, 답을 찾아가는 과정에서 지식을 재구성한다. 교사는 더 이상 해답을 알려주는 존재가 아니라, 질문을 확장시키고 사고를 자극하는 대화의 동반자가 된다.

이 과정에서 AI는 강력한 학습 조력자가 된다. ChatGPT나 코파일럿형 AI는 학생의 질문을 분석하고, 다양한 관점을 제시하며, 논리적 비약을 보완해준다. 학생은 AI와 대화하면서 스스로 사고를 확장하고, 교사는 그

대화를 비판적으로 검토하도록 이끈다. 이때 중요한 것은 AI가 주는 답이 아니라, AI에게 던지는 질문의 질이다.

예를 들어, 국어 수업에서 학생이 '왜 홍길동은 도망쳐야 했을까?'라고 질문한다면, AI는 사회적 배경·신분제·윤리적 갈등 등 다양한 정보를 제공한다. 그러나 진정한 학습은 AI의 답을 받아 적는 것이 아니라, 그 답을 비판적으로 해석하고 새로운 질문을 만들어내는 과정에서 일어난다.

이러한 교육은 단순한 '정보 소비자'를 넘어, '지식 생산자'를 양성한다. 학생들은 자기 생각을 글로 정리하고, 이를 말로 발표하며, 서로의 생각을 비교한다. 그 속에서 표현은 사고의 확장이 되고, 토론은 인격의 성장으로 이어진다.

결국 AI시대의 교육은 기술 교육이 아니라, 인간 회복의 교육이다. 질문하고, 말하고, 쓰는 과정에서 인간은 스스로를 인식하고, 사회를 성찰하며, 세계를 새롭게 창조한다. 이것이 바로 AI시대의 인간다움 교육, 즉 정신혁명의 교육이다.

## 4. 대한민국 교육의 대전환 전략

이제 대한민국 교육은 근본적 대개편이 필요하다. AI시대의 핵심은 표현력과 사고력, 즉 생각을 언어로 구현하는 능력이다. 따라서 다음과 같은 국가적 방향 전환이 요구된다.

### 1) 전국민 말하기·글쓰기 혁신운동

모든 교육과정의 중심에 '말하기'와 '글쓰기'를 배치해야 한다. 초·중·고

모든 교과에서 하루 한 번은 학생이 스스로 생각을 발표하거나 글로 표현하는 수업을 의무화해야 한다. 국어 시간만이 아니라 과학, 사회, 수학에서도 '자기 생각을 설명하는 훈련'이 필요하다. 대학은 전공과 무관하게 '논술·토론·AI활용 글쓰기' 과목을 필수로 지정해야 한다.

### 2) AI 기반 맞춤형 학습 시스템 구축

AI는 학생의 개별 수준을 실시간으로 진단하고, 학습 경로를 제시할 수 있다. 하지만 더 중요한 것은 AI가 학생의 사고방식과 표현 패턴을 분석하여 '생각의 깊이'를 발전시킬 수 있도록 하는 것이다. 즉, AI는 교사와 학생을 잇는 학습 파트너가 되어야 한다. AI가 자료를 제시하고, 학생은 그 자료를 토대로 자신의 주장을 재구성하는 형태로 수업을 설계해야 한다.

### 3) 교사의 역할 전환

교사는 지식 전달자가 아니라, 질문 설계자가 되어야 한다. 교사의 권위는 '정답을 아는 능력'이 아니라, '질문을 통해 사고를 자극하는 능력'에서 나온다. 따라서 교원양성 과정에서도 '질문하는 법, 토론 이끄는 법, AI 활용 수업 디자인'을 핵심 역량으로 가르쳐야 한다.

### 4) 학습평가의 패러다임 전환

시험 중심의 교육은 창의력을 죽인다. 평가방식은 객관식 중심에서 탈피해 프로젝트·에세이·토론평가·AI활용 포트폴리오중심으로 개편해야 한다. 학생의 '사고의 깊이'와 '표현의 진정성'을 평가하는 시스템이 마련되어야 한다. AI가 작성한 글과 인간이 쓴 글의 차이는 '사유의 흔적'에 있다. 그 흔적을 읽어내는 평가체계가 바로 미래교육의 척도다.

### 5) 전국민 AI 소양교육

AI를 모르는 국민은 미래 사회에서 문맹과 같다. 초등학교부터 성인 평생교육에 이르기까지 AI 활용 능력·디지털 윤리·데이터 이해력을 필수 교양으로 가르쳐야 한다. 이는 단순한 코딩교육이 아니라, AI를 비판적으로 이해하고 인간의 도구로 활용하는 지혜 교육이다.

## 5. 요약

AI시대의 교육은 기술혁신이 아니라 정신혁명이다. 교육의 본질은 여전히 인간이 자기 문제를 스스로 사고하고 표현하는 데 있다. 말하고 쓰는 능력은 단순한 언어기술이 아니라, 정신의 형태이며 인간의 존엄성이다.

우리 사회가 진정한 선진국으로 나아가기 위해서는 지식의 양이 아니라 사유의 깊이, 정답의 속도가 아니라 표현의 진정성을 중시해야 한다. 학생이 교실에서 "선생님,저는 다르게 생각합니다"라고 말할 수 있을 때, 그때 비로소 민주주의는 교실에서부터 시작된다.

AI는 인간의 사고를 대체할 수 없다. 그러나 인간의 사고를 자극하는 질문은 오직 인간만이 던질 수 있다. 따라서 AI시대의 교육혁명은 질문혁명이며, 표현혁명이다. 대한민국의 미래는 정답을 잘 아는 학생이 아니라, 세상을 새롭게 질문할 줄 아는 국민에게 달려 있다.

이제 한국 교육은 말하고 쓰는 국민, 질문하는 사회, 사고하는 인간을 길러야 한다. 그것이야말로 AI시대의 진정한 교육혁명이며, 새로운 정신혁명의 시작이다.

# 31장. 홍익인간과 지혜민주주의(知慧民主主義)

## 1. 홍익인간: 이타(利他)의 정신으로 태동한 민족 철학

'널리 인간을 이롭게 하라'는 홍익인간(弘益人間)의 이념은 단순한 건국이념이 아니라, 우리 민족의 영혼 깊숙이 흐르는 이타적 철학이다. 이 정신은 고조선의 이상이자, 이후 삼국과 고려, 조선에 이르기까지 이어진 민본사상의 뿌리였다. 백성을 하늘처럼 여기는 정치, 즉 '위민(爲民)'의 철학은 단지 통치 철학에 머무르지 않고, 백성 스스로 나라의 주인임을 자각하게 만든 내면의 불씨였다.

사회학자 마르셀 모스(Marcel Mauss)가 말했듯, 인간 사회는 이기적 개인들의 연합이 아니라, '증여와 나눔'의 윤리로 유지된다. 우리 민족은 오랜 시간 동안 이 이타적 윤리를 실천해 왔고, 이는 단순한 도덕을 넘어 역사를 움직이는 힘으로 작용해 왔다. 홍익인간 정신은 바로 그러한 대한민국 정신의 태동 점이었다.

## 2. 동학정신과 3.1 운동

19세기 말, 서세동점의 시대에 조선은 외세의 침탈과 내부의 부패로 무너져가고 있었다. 이때 등장한 것이 동학(東學)이었다. 최제우가 창시한 동학은 "사람이 곧 하늘"이라는 선언으로, 신분과 성별, 출신을 뛰어넘는 근본적인 평등사상을 제시했다. 이는 단지 종교의 범주를 넘어 정신 혁명이었다.

1894년, 동학농민운동은 부패한 관료와 외세에 맞선 최초의 전국적 민중항쟁이었다. 이후 1919년, 3.1운동으로 이어지는 비폭력 저항의 전통은 동학정신의 계승이었으며, 이는 단순한 반일 투쟁이 아니라, '자기결정'과 '자기존엄'을 외친 민족 집단의 각성이었다.

3.1운동 당시 민중들은 단순히 독립만을 외친 것이 아니라, 스스로 정부를 구성하고 질서를 지키며, 비폭력 원칙을 지켰다. 이것은 이미 20세기 초반, 우리 민족이 민주주의의 원형을 실천하고 있었음을 보여준다. 이는 곧 대한민국 시민정신의 뿌리다.

## 3. 5.18 민주화운동

1980년 5월, 광주는 침묵하지 않았다. 전두환 신군부의 무자비한 탄압 아래 시민들은 분노 대신 연대를 택했고, 총과 탱크 앞에서도 이웃을 지키기 위해 몸을 내던졌다. 광주 시민들은 단지 '나'를 위해 싸운 것이 아니라, '우리'를 위해 피 흘렸다.

정치학자 마이클 샌델(Michael Sandel)은 "공동체의 정의는 타인에 대한 책임에서 비롯된다"라고 했다. 광주는 바로 그러한 책임 윤리의 결정체였다. 누군가의 고통이 곧 나의 고통이었고, 그 고통에 침묵하지 않는 용기, 그것이 광주의 정신이다. 5.18은 단지 지역적 사건이 아니라, 대한민국 전체 시민의 심장에 새겨진 이타적 저항의 기억이다. 이 정신은 이후 6월 항쟁, 촛불시위로 이어지며, 민주주의의 질적 도약을 이끌었다.

## 4. 빛의 혁명과 집단지성

2016년, 2024년은 대한민국은 또다시 하나의 거대한 분수령 앞에 섰다. 대통령의 국정농단과 계엄 사태에 분노한 시민들은 거리로 나왔다. 그러나 그 방식은 놀라웠다. 수백만의 시민이 폭력 없이, 쓰레기 하나 없이, 질서정연하게 촛불과 응원봉을 들었다.

이 혁명은 세계사적 기록이었다. 유엔, 뉴욕타임즈, 가디언 등 전 세계 언론이 '가장 성숙한 민주주의의 모델'이라며 감탄했다. 이는 단순한 정치적 시위가 아니었다. 집단지성이 만들어낸 민주주의의 진화였다. 시민들은 정보를 공유하고, 토론하고, 행동하며 스스로 정치의 주체가 되었다.

하버드대 교수 헬무트 안스바허(Helmut Ansbacher)는 말한다. "집단지성은 무정부적 아나키가 아니라, 가장 정제된 자율적 민주주의다." 한국의 촛불혁명은 바로 그 집단지성의 정점이었다.

## 5. 지혜민주주의

오늘날 우리는 '지식기반사회'를 넘어, '지혜 기반사회(Wisdom Society)'로의 전환을 마주하고 있다. 지혜민주주의란, 단지 정보나 지식의 집적이 아니라, 공감, 윤리, 이타심을 바탕으로 한 민주적 사고를 뜻한다. 대한민국은 이미 그 방향으로 가고 있다.

촛불혁명 이후, 정치 참여는 특정 엘리트의 전유물이 아닌 시민 모두의 권리가 되었다. 정보공개 청구, 주민참여예산제, 공론화 위원회 등 시민이 참여하고 숙의하는 민주주의, 이것이 바로 대한민국이 이룩해낸 지혜민주주의의 싹이다. 앞서 말한 홍익인간, 동학혁명, 3.1운동, 5.18민주화운동, 촛불혁명까지, 이 모든 흐름은 이타심이라는 정신적 DNA로 이어져 왔고, 그 결과 오늘 우리는 이타적 집단지성이 꽃피우는 민주주의를 향해 가고 있다.

# 32장. 정신혁명과 정신 경제학(Spirit Economy)

## 1. 경제적 가치와 정신적 가치의 교차

현대 사회에서 모든 것은 경제적 가치로 환산된다. 노동, 자본, 심지어 환경적 지속가능성조차 화폐 단위로 표현된다. 그러나 이러한 경제적 가치 중심의 사고방식은 인간의 삶에서 중요한 한 축인 정신적·심리적·영적 경험을 과소평가해 왔다.

예컨대 행복, 명상, 깨달음과 같은 정신적 활동은 분명 개인과 사회에 실질적인 영향을 미치지만, 시장에서 거래되는 재화처럼 뚜렷한 가격으로 평가되지는 않았다. 그러나 최근 들어 행복지수(Gross National Happiness, GNH), 웰빙 지표(Well-being Index), 삶의 질 지표(Quality of Life Index)와 같은 개념들이 도입되면서, 정신적 가치 또한 경제적 가치로 측정하려는 움직임이 활발히 나타나고 있다.

특히 AI의 발전은 이 문제를 새롭게 부각시켰다. AI가 대체할 수 없는 영역은 바로 인간 정신의 창의성·윤리성·공감능력이다. 기술이 인간을 압도하지 않으려면, 인간 정신의 고유한 가치를 인식하고 이를 경제학적 차원에서 분석·활용하는 새로운 접근이 필요하다. 여기서 등장하는 개념이 바로 정신경제학(Spirit Economy)이다.

## 2. 정신혁명의 시급성

정신혁명은 단순한 개인의 내면적 변화에 그치지 않는다. 이는 인류 문명이 직면한 총체적 위기를 극복하기 위한 새로운 패러다임 전환이다. 기술혁명과 물질 혁명이 인류를 끊임없이 진보시켜 왔다면, 이제는 정신혁명이 인류 생존의 조건이 되고 있다.

오늘날 우리는 디지털 중독, 고립, 정신질환, 불평등 심화, 기후 위기라는 복합적 문제 앞에 서 있다. 단순히 경제성장만으로는 이를 해결할 수 없다. 오히려 GDP가 성장할수록 정신적·심리적 건강이 악화되는 '역설(paradox)'이 여러 국가에서 나타나고 있다.

정신혁명은 이러한 문제를 해결하기 위해 정신적 자산(Spiritual Assets)을 회복하는 과정이다.

- **개인 차원**에서는 자기성찰, 명상, 마음수련을 통해 내면의 균형과 도덕성을 회복한다.

- **사회 차원**에서는 집단지성, 연대, 공감의 문화를 통해 공동체적 가치를 강화한다.

- **문명 차원**에서는 기술문명이 가져오는 불균형을 제어하고 인간 존엄을 지켜내는 새로운 원리를 세운다.

정신혁명은 더 이상 추상적 구호가 아니라, 인류 생존을 위한 필수적 과제다.

## 3. 정신경제학의 이론적 토대

정신경제학(Spirit Economy)은 전통 경제학이 물질적 재화와 서비스에 국한했던 범위를 **정신적 가치와 경험까지 확장**한다. 이 개념은 단순히 '정신적 가치에도 가격을 매기자'라는 차원을 넘어, **정신적 자산이 사회 전체의 생산성·지속가능성·행복지수에 미치는 영향**을 정량화하려는 시도다. 이를 이해하기 위해 몇 가지 주요 개념을 제시할 수 있다.

- 정신 자본(Spiritual Capital)

  신뢰, 윤리, 공동체 의식, 종교적·철학적 가치 등이 사회적 자본(social capital)을 넘어 경제 활동에 기여하는 자본으로 간주된다.

- 정신노동(Spiritual Labor)

  상담, 치유, 교육, 명상 지도와 같은 정신적 돌봄 노동은 전통적으로 경제적 가치가 저평가됐으나, 정신경제학에서는 핵심 영역으로 다룬다.

- 정신적 가치의 측정

  행복 조사, 명상 효과에 대한 뇌과학적 연구, 마음챙김(mindfulness)의 생산성 기여도 분석 등은 정신적 경험을 계량화하려는 노력의 일환이다.

– 정신적 시장(Spiritual Market)

웰니스 산업, 명상·요가 프로그램, 디지털 마음건강 앱, 정신문화 콘텐츠 등은 이미 거대한 시장으로 성장하고 있으며, 향후 AI와 결합해 더욱 확대될 전망이다.

정신경제학은 결국 '정신적 경험이야말로 가장 지속가능한 자산'이라는 통찰을 기반으로 한다.

## 4. AI 시대와 정신경제학의 실천적 가능성

AI는 생산, 의료, 교육, 행정 등 사회 전반을 급격히 재편하고 있다. 그러나 아이러니하게도 AI의 발달은 정신경제학의 필요성을 더욱 부각시킨다.

첫째, AI는 방대한 데이터를 학습하고 분석할 수 있지만 윤리적 판단과 도덕적 가치는 내재하지 않는다. 따라서 인간이 정신적 가치의 기준을 마련하지 않으면, AI는 통제 불가능한 위험이 된다.

둘째, AI는 노동시장을 변화시키며 수많은 직업을 대체한다. 그러나 동시에 인간만이 수행할 수 있는 정신적 노동의 가치는 오히려 상승한다. 명상 지도자, 심리 상담가, 철학자, 예술가의 역할이 더욱 주목받을 수밖에 없다.

셋째, AI와 인간의 협력은 단순한 기술적 결합이 아니라 정신적 성숙과 균형을 바탕으로 해야 한다. 인간이 AI를 도구로 활용하기 위해서는, 인간 스스로가 욕망과 탐욕을 제어할 수 있는 내적 힘을 길러야 한다.

결국 AI 시대 지속 가능한 발전은 정신경제학적 사고에 달려 있다. 경제 정책, 교육제도, 사회복지, 기업 경영에 이르기까지 정신적 자산을 가치화하고 제도화하는 과정이 필요하다.

## 5. 정신경제학과 미래 사회

정신경제학은 단순한 학문적 개념을 넘어, 미래 사회를 이끌 핵심 패러다임이 될 수 있다. 앞으로의 사회는 물질적 성장만이 아니라, 정신적 성장과 행복의 균형을 통해 진정한 번영을 이룰 것이다.

- 정책적 차원

국가 경제정책에서 GDP뿐 아니라 **정신적 웰빙 지표**를 주요 지표로 삼아야 한다. 교육에서도 단순한 지식 전달이 아니라, 마음수련과 도덕 교육이 필수적으로 포함되어야 한다.

- 기업 차원

기업은 이윤 창출뿐 아니라, 종업원과 소비자의 정신적 만족과 행복에 기여해야 한다. 정신경제학적 경영 모델은 장기적으로 더 큰 신뢰와 지속가능성을 확보할 수 있다.

- 글로벌 차원

빈곤과 불평등을 해소하기 위해서는 물질적 지원뿐 아니라, 정신적 가치 교류가 필요하다. 국제사회가 정신혁명을 공동 과제로 삼을 때,

인류는 진정한 의미의 지속 가능한 발전 목표(SDGs)를 달성할 수 있다.

**- 개인 차원**

각 개인은 명상, 성찰, 공동체 참여를 통해 자신의 삶에 정신적 가치를 불어넣어야 한다. 이것이야말로 진정한 자본 축적이며, AI 시대에도 흔들리지 않는 자산이다.

정신경제학은 결국 "정신적 가치가 경제적 가치를 넘어설 수 있다"라는 인류적 선언이다. 기술이 아무리 발전해도, 인간 정신의 깊이와 넓이는 AI가 결코 대체할 수 없다. 미래 사회는 정신혁명과 정신경제학을 통해 물질과 정신이 조화를 이루는 새로운 문명으로 나아가야 한다.

# 33장. 한류열풍과 지구촌 문화강국

## 1. 한류는 어떻게 지구를 뒤흔들었는가?

21세기 초반, 한국은 경제적으로는 중견국이었으나 문화적으로는 변방에 가까웠다. 그러나 2020년대를 거치며 상황은 완전히 달라졌다. 이제 '한류'는 단순히 아시아 일부 국가의 유행이 아니라, 지구적 현상이 되었다. 이 변화는 특히 디지털 플랫폼의 발달과 맞물리며 가속화되었다.

넷플릭스에서 방영된 '오징어 게임'은 비영어권 드라마로서는 처음으로 전 세계 스트리밍 기록을 갈아치웠다. 단순히 한국인만 즐기는 이야기가 아니라, 인류 전체가 직면한 경쟁과 생존의 문제를 상징적으로 드러내면서 세계인의 공감을 끌어냈다. 봉준호 감독의 '기생충'은 칸 영화제 황금종려상과 아카데미 작품상을 동시에 받으면서, 한국적 서사가 세계 영화사의 흐름을 바꿀 수 있다는 사실을 입증했다.

K-pop은 더욱더 극적이다. 방탄소년단(BTS)은 유엔 총회에서 "청년과 희망"을 주제로 연설하고 공연했으며, 블랙핑크는 코첼라 무대의 헤드라이너로 서며 K-pop이 단순한 '신흥 장르'가 아니라 세계 대중음악의 중심 무대로 올라섰음을 보여주었다. 국제음반산업협회(IFPI)가 발표한 통계에 따르면, 2024년 글로벌 음반 판매 순위 상위 10위권 안에 한국 대중음악가들이 다수 포진해 있었다. 이는 K-pop이 더 이상 지역적 현상이 아니라, 세계 음악 산업을 재편하는

힘을 가졌음을 보여준다.

K-food 역시 빠르게 성장했다. 김치, 라면, 떡볶이 같은 전통 음식은 이제 파리, 뉴욕, 리우데자네이루 등 세계 주요 도시의 슈퍼마켓에서 쉽게 구할 수 있다. 특히 2024년 김치 수출액은 1억 6천만 달러를 넘어 사상 최대치를 기록했다. 음식은 가장 일상적인 문화이기 때문에, K-food의 확산은 한류가 일상의 문화로 뿌리내리고 있음을 말해준다.

이러한 성장은 문화적 소비에서 끝나지 않는다. 한국어 학습 열기가 세계적으로 확산하고 있다는 점이 이를 잘 보여준다. 세종학당의 전 세계 학습자 수는 20만 명을 넘어섰고, 한국어능력시험(TOPIK) 응시자도 해마다 기록을 경신하고 있다. 언어는 단순한 의사소통 도구를 넘어 문화 향유의 관문이다. 즉, 한국어 학습 열풍은 세계 시민들이 한류를 단순히 소비하는 데 그치지 않고, 직접 참여하고 싶어 한다는 강력한 신호다.

## 2. 한류의 근원과 철학적 배경

한류가 이처럼 세계인의 사랑을 받을 수 있었던 데는 한국 고유의 철학적 토대가 있다.

첫째, **홍익인간 정신**이다. "널리 인간을 이롭게 한다"는 이 원리는 한국의 건국 이념이자 문화적 DNA다. 김장 문화가 대표적이다. 온 마을 사람들이 함께 모여 김장하고 이를 나누는 행위는 단순한 음식 보존 기술이 아니라 공동체적 연대와 나눔의 정신을 담고 있다. 오늘날 K-pop 팬덤의 자발적 기부 활동이나 사회운동은 이 정신이 현대적으로 재현된 사례라 할 수 있다. 팬들은 단순히 음악을 소비하는 존재가 아니라, 아티스트와 함께 세상을 이롭게 하는 주체가 된다.

둘째, 한국 문화는 **혼종성과 유연성**을 동시에 가진다. 유교의 규범성과 불교의 무애 정신, 도교의 자연 친화성, 그리고 서구 합리주의가 한국 사회 속에서 융합되며, 독특한 문화적 감수성을 형성했다. K-pop은 체계적인 훈련 시스템과 엄격한 기준(유교적 수양) 위에 자유로운 무대 표현(무애 정신)이 결합된 대표적 사례다. K-드라마도 한국의 가족 문화와 사회적 긴장 속에서, 서구적 장르 문법을 새롭게 해석해 내며 글로벌 시장에서 독창적 가치를 창출한다.

셋째, **디지털 혁신의 조기 경험**이다. 한국은 초고속 인터넷과 모바일 보급률 세계 1위를 기록하며, 온라인 플랫폼과 디지털 팬덤 문화에 일찍 적응했다. 팬덤은 단순히 소비자가 아니라 공동 제작자로서 참여하며, 아티스트의 성공은 곧 팬덤 공동체의 성취로 받아들여진다. 이런 '참여형 문화'는 세계 다른 나라에서는 찾아보기 힘든 독창적 현상이다.

넷째, 한국 콘텐츠는 **보편적 주제 의식**을 가진다. '기생충'이 빈부격차를, '오징어 게임'이 경쟁과 생존을 다룬 것처럼, 한국 콘텐츠는 한국 사회의 디테일 속에서 인류가 공감할 수 있는 보편적 질문을 던진다. 바로 이 지점이 글로벌 대중의 마음을 움직인다.


## 3. K-Culture: 지구촌 젊은이와 함께하기

- K-pop: 글로벌 팬덤(Fandom)과 집단지성

  K-pop의 힘은 음악적 완성도 못지않게 열성팬의 집단지성에서 나온다. 팬들은 커버댄스를 올리고, 직접 뮤직비디오를 편집하며, 기부

활동을 조직한다. 응원봉 문화는 단순한 응원 도구가 아니라, 집단적 퍼포먼스를 만들어내는 혁신적 문화 현상이다. 블랙핑크가 코첼라에서 공연할 때, 전 세계 팬들이 응원봉을 흔드는 장면은 K-pop이 단순한 공연이 아니라 집단적 축제임을 보여주었다.

### – K-드라마와 영화: 서사의 힘

'오징어 게임'과 '기생충'은 전 세계인의 보편적 불안을 한국적 서사로 풀어냈다. 특히 '기생충'은 '가장 한국적인 것이 가장 세계적이다'라는 말을 입증한 작품이었다. 가족, 계급, 불평등이라는 주제는 한국 사회의 문제이기도 하지만, 동시에 전 세계가 직면한 문제였다. 이처럼 로컬과 글로벌의 경계를 허무는 능력이 K-드라마와 영화의 경쟁력이다.

### – K-food: 이야기가 있는 음식

한국 음식은 단순히 맛으로만 소비되지 않는다. 김치는 발효와 지속가능성, 그리고 공동체적 나눔이라는 줄거리를 담고 있다. 치맥 문화는 드라마를 통해 세계적으로 확산하였고, 실제 관광과 소비로 이어졌다. 음식은 가장 일상적인 경험이기에 K-food의 확산은 한류가 세계인의 생활 문화로 정착하고 있음을 보여준다.

### – K-language: 언어와 정체성

세종학당과 TOPIK 응시자의 증가는 한국어가 세계인의 새로운 문화 언어가 되고 있음을 의미한다. 언어는 단순히 학습의 대상이 아니라, 한국 문화를 직접 향유하고 싶은 욕망의 표현이다. 한국어를 배우는 사람들은 단순히 드라마 자막을 이해하기 위해서가 아니라, 팬덤 공동체에 직접 참가하고, 한국 문화를 자기 언어로 말하고 싶어 한다.

## 4. K-민주주의의 문화적 힘

한류의 뿌리는 문화 산업에만 있지 않다. 대한민국이 보여준 민주주의의 성숙도는 한류의 숨은 자산이다.

2016~2017년의 촛불집회와 2024~2025년에 이어진 빛의 혁명은 수백만 명의 시민이 장기간 평화적으로 모여 헌법 절차를 회복해 낸 세계적 사건이었다. 이는 한국 민주주의가 제도적 한계를 넘어, 시민의 집단지성과 참여를 통해 위기를 극복할 수 있음을 보여주었다. 한국 시민의 성숙한 민주적 행동은 세계에 '갈등을 축제화할 수 있는 힘'으로 각인되었다.

물론 한국의 민주주의는 완벽하지 않다. 국제 지수에서는 '결함 있는 민주주의'라는 평가도 받는다. 그러나 중요한 것은 시민들이 이를 개선하려는 의지가 있다는 점이다. K-pop 팬덤의 질서 있는 행동, 자발적 봉사, 쓰레기를 되가져가는 습관은 민주주의적 시민성이 생활 속에서 구현되는 예다. 이러한 경험은 한국을 단순한 문화강국을 넘어 문화적 신뢰를 주는 나라로 만든다.

## 5. 지구촌 한류 문화로의 정착 전략

한류가 단순한 유행을 넘어 **지속가능한 지구촌 문화**로 정착하기 위해서는 구체적 전략이 필요하다.

첫째, **철학적 서사 확립**이다. 홍익인간 사상을 현대적으로 재해석하여 '나의 즐거움이 모두의 이익이 된다'는 메시지를 전 세계에 전파해야 한다.

둘째, **참여형 거버넌스** 구축이다. 팬, 창작자, 기업, 정부가 함께 협력하는 구조를 마련해야 한다. 팬들이 단순 소비자가 아니라, 공동 제작자이자 투자자로 참여할 수 있도록 제도화해야 한다.

셋째, **산업과 플랫폼 연계**다. K-콘텐츠 밸리를 조성해 드라마·영화·게임·웹툰·푸드·관광이 하나의 파이프라인으로 작동하도록 만들어야 한다.

넷째, **체험형 K-food와 관광 전략**이다. 김장 글로벌 위크 같은 축제를 세계 도시에서 개최하고, 드라마 촬영지와 연계된 관광 코스를 통해 로컬 경제와 세계 팬덤을 연결해야 한다.

다섯째, **K-민주주의의 문화화**다. 평화적 집회의 경험과 시민적 질서를 국제사회와 공유함으로써, 한국을 민주주의적 시민성의 선도국으로 자리매김해야 한다.

## 6. 요약

한류는 단순한 유행이 아니다. 그것은 한국 사회의 철학과 공동체적 가치, 민주주의적 시민성이 만나 세계와 호흡하며 만들어낸 거대한 문화혁명이다. 우리의 과제는 이 열풍을 지속가능한 지구촌 한류 문화로 정착시키는 것이다. 홍익인간의 정신을 바탕으로, 팬과 창작자, 기업과 정부가 함께 협력할 때, 한국은 문화강국을 넘어 경제적으로 선진국과 문화 시민성의 선도국으로 우뚝 설 수 있다.

# 34장. 선도국 대한민국과 정신혁명

## 1. 절대빈곤의 어둠에서 경제 선진국으로

대한민국은 20세기 일제강점기와 6.25 전쟁 등으로 모든 것이 무너진 절대빈곤의 국가였다. 1950년대 초 국민소득은 80달러 남짓으로 세계 최빈국 수준이었다. 당시 많은 외국 언론과 전문가들은 이 나라가 다시 일어서려면 최소 100년은 걸릴 것이라 보았다. 그러나 대한민국은 폐허의 땅에서 땀과 눈물로 길을 열었다. 1962년 경제개발 5개년 계획을 시작으로 수출지향형 산업화가 추진되었고, 경공업과 중화학공업을 거쳐 첨단산업으로 이어지는 발전 전략이 펼쳐졌다.

1960년대 광부와 간호사가 독일로 파견되어 외화를 벌어들이고, 건설 노동자들이 중동 사막에서 땀을 흘리며 국가 발전의 밑거름이 되었다. 이들의 희생과 헌신은 곧장 경제성장의 원동력이 되었다. 1962년 1인당 국민소득 87달러에서 1979년 1,693달러로 도약했고, GDP는 23억 달러에서 640억 달러로 커졌다. 세계은행과 IMF가 가나와 한국을 비교하던 시절이 불과 20년 만에 역전된 것이다.

1980년대에는 3저 호황을 맞아 성장의 탄력이 붙었다. 저유가, 저달러, 저금리가 한국 경제를 도왔고, 제조업의 고도화와 무역 다변화가 추진되었다. 1995년에는 1인당 국민소득 1만 달러를 돌파했고, 수출 1,000억 달러를 넘어서며 경제협력개발기구(OECD)에 가입했다. 불과 40여 년 만에 대한민국은 절대빈곤의 나라에서 세계 10위권 경제 강국으로 자리매김했다.

이 과정은 단순한 경제지표의 상승을 넘어선 인간의 의지와 정신의 승리였다. 전쟁으로 잿더미가 된 땅에서 국민이 스스로 길을 내었고, 불가능하다는 말이 당연하던 시대에 가능성을 현실로 만들었다. 한강의 기적이라 불린 이 서사는 한국을 넘어 세계사적 사건으로 기록되었다.

## 2. 홍익인간의 정신: 뿌리 깊은 철학의 귀환

경제성장만으로는 한 나라의 미래를 설명할 수 없다. 대한민국의 저력은 경제적 기적을 넘어선 정신적 기반에 있었다. 그것이 바로 홍익인간의 이념이다. 홍익인간은 고조선의 건국이념으로, "널리 인간을 이롭게 한다"는 뜻을 담는다. 이 사상은 단군신화 속에서 시작되었지만, 오늘날에도 교육이념과 국가철학의 뿌리로 이어지고 있다.

홍익인간의 "널리"라는 표현은 단순히 확산을 의미하는 것이 아니라 크게, 깊게, 포괄적으로라는 의미를 지닌다. 즉, 국가나 제도가 존재하는 이유는 인간을 위해서이고, 시장과 과학과 기술 또한 인간을 이롭게 하는 방향으로 나아가야 한다는 것이다. 이 점에서 홍익인간은 단순한 민족주의적 정신이 아니라, 인류 보편의 윤리이자 문명 철학이다.

이 사상은 기독교의 박애, 불교의 자비, 유교의 인과도 맞닿아 있다. 동서양의 다양한 종교와 철학이 지향하는 핵심 가치와 공명하며, 인간 중심의 보편적 철학으로 확장될 수 있다. 한국은 이러한 철학을 통해 경제적 성장과 더불어 정신적 뿌리를 되살렸다. 이는 기술과 물질이 지배하는 현대 사회에서 한국이 인류에게 던질 수 있는 중요한 메시지다.

인간을 위한 철학, 인간 중심의 가치, 그리고 인류를 이롭게 하는 삶의 태도가 한국 정신의 핵심이다.

## 3. AI 시대: 인간 정신의 닻을 내리다

21세기는 AI와 데이터, 알고리즘의 시대다. AI는 이미 인간의 일자리를 대체하고, 생활을 변화시키며, 정치와 경제 구조까지 흔들고 있다. 그러나 기술은 본질적으로 도구에 불과하다. 그 도구를 어떻게 사용하느냐가 인간의 미래를 결정한다. 기술 만능주의는 결국 인간을 소외시키고, 인간성의 상실을 불러올 수 있다. 따라서 기술이 아무리 발전해도 그것을 다스릴 철학과 정신이 필요하다.

홍익인간은 기술문명에 대한 방향을 제시한다. 기술이 인간을 지배하는 것이 아니라, 인간이 기술을 통해 인류를 이롭게 하는 것이다. 이는 AI 시대에도 변함없는 좌표다. 인간 정신이 닻을 내리지 않는다면, 기술이라는 거대한 바다는 배를 표류하게 만들 것이다. 그러나 인간 정신이 중심을 잡는다면, 기술은 인류의 항해를 돕는 돛이 될 수 있다.

대한민국은 AI를 가장 빠르게 받아들이는 나라 중 하나다. 동시에 한국은 기술 발전의 그늘에서 발생하는 사회 문제와 인간성의 위기에 대해서도 치열하게 고민하는 나라다. 바로 이 지점에서 한국은 AI 시대의 정신적 지도자가 될 수 있다. 경제적 성장으로 체득한 경험, 그리고 홍익인간의 철학적 뿌리가 결합할 때, 한국은 기술의 시대에 인간 정신의 닻을 내리는 나라로 우뚝 설 수 있다.

## 4 무애사상: 경계 없는 공존의 다리를 놓다

홍익인간이 인간 중심의 철학이라면, 무애사상은 그것을 실천으로 연결하는 구체적 삶의 태도다. 무애는 어떠한 장애도 없이 자유롭고 조화롭게 공존하는 상태를 의미한다. 원효대사의 무애가 대표적이다. 그는 출신과 계급, 종파와 신분의 차이를 넘어 모두가 하나라는 깨달음을 설파했다. 무애는 인간 사이의 벽을 허물고, 다름을 인정하며, 공존을 지향하는 정신이다.

오늘날 인류는 여전히 경계와 장벽에 둘러싸여 있다. 국가 간의 갈등, 인종과 종교의 차별, 경제적 불평등, 장애와 차이를 둘러싼 배제의 문제는 여전히 현재진행형이다. 그러나 무애사상은 이러한 경계를 넘어서도록 요구한다. 이는 단순히 종교적 깨달음을 넘어, 사회적 실천의 지침이다. 무애의 정신이야말로 다원화된 현대 사회를 지탱할 수 있는 핵심 가치다.

홍익인간이 인류를 이롭게 하는 철학이라면, 무애는 그것을 구체적 현실 속에서 실현하는 다리다. 한국은 이 두 가지 철학을 통해 경제적 성취를 넘어 인류적 메시지를 던질 수 있다. 기술과 자본이 만드는 장벽을 허물고, 인간 중심의 공존 질서를 세우는 것이다.

## 5. 대한민국의 길: 인류 구원의 등불이 되다

대한민국은 절대빈곤에서 세계 10위권 경제 강국으로 도약했다. 그러나 그것은 단순한 경제적 성공을 넘어, 인류가 나아가야 할 방향을 보여주는 서사다. 한국은 경제적 도약과 함께 정신적 철학을 되살렸고, 이제 AI 시대 인류 구원의 좌표를 제시할 수 있다.

홍익인간의 이념과 무애의 정신은 한국이 인류 문명사에 기여할 수 있는 가장 중요한 자산이다. AI 이후의 시대, 인간이 기술의 종이 될 것인가 아니면 주인이 될 것인가는 결국 정신적 철학의 문제다. 한국은 경제 발전의 경험과 철학적 자산을 통해 인류에게 새로운 길을 제시할 수 있다. 그것은 단순한 선진국의 길이 아니라, 경제적 선도국과 정신적 선도국을 동시에 지향하는 길이다.

작은 나라에서 시작된 이 여정은 이제 인류 전체의 미래로 확장될 수 있다. 한국의 불빛은 단순한 국가 발전의 등불이 아니라, 인류가 어둠 속에서 길을 찾을 수 있도록 이끄는 횃불이 될 것이다. 전쟁의 잿더미 속에서 시작된 작은 빛이, 이제 AI 시대 인류의 길을 밝히는 거대한 빛으로 확산되고 있다.

# 35장. 세계정신올림픽 :
## AI 시대의 정신혁명을 향한 새로운 문명 전환

## 1. AI 혁명과 인간 정신의 균열

21세기 인류는 AI라는 거대한 혁명을 맞이했다. AI는 단순한 도구가 아니라 인간의 사고와 판단, 감각의 상당 부분을 대신할 수 있는 새로운 존재로 부상했다. 스마트폰의 음성비서, 자율주행차, 자동 번역기, 의료 AI, 생성형 AI는 이미 생활 곳곳에 깊숙이 들어와 있다. 경제적으로는 새로운 산업과 고용을 창출하지만 동시에 일자리를 대체하며 불평등을 심화시키고, 정치적으로는 가짜뉴스와 여론 조작의 위험을 증폭시키며, 문화적으로는 인간 고유의 창작 영역을 위협한다.

문제는 기술의 진보 속도가 인간 정신의 성숙을 압도한다는 점이다. 인간은 기술의 도구적 편리함에 익숙해지면서 스스로 사고하고 성찰하는 힘을 상실한다. 디지털 피로, SNS 중독, 온라인 혐오, 가짜 정보의 무차별 확산은 인간 정신을 피폐하게 만들고, 공동체적 연대는 약화된다. 세계보건기구(WHO)는 이미 '정신적 웰빙'을 21세기 인류의 핵심 과제로 규정했다. 그러나 대부분의 국가와 사회는 경제성장률이나 GDP와 같은 물질적 지표에만 몰두하며, 정신적 건강과 집단적 성숙을 소홀히 하고 있다.

이러한 불균형은 결국 문명의 지속 가능성을 위협한다. 원자력의 발견이 평화보다 핵무기 경쟁으로 귀결되었듯, AI 혁명도 정신혁명이 동반되지 않으면 파국으로 이어질 수 있다. 따라서 지금 필요한 것은 기술혁명에 대응하는 정신혁명, 곧 인간이 기술을 넘어 스스로 내면과 공동체적 지혜를 일깨우는 새로운 각성이다.

## 2. 세계정신올림픽의 비전과 의미

정신혁명은 결코 개인 차원의 명상이나 종교적 수행만으로 이루어질 수 없다. 그것은 인류가 집단으로 경험하고 체험하며 공유해야 할 과제이다. 이 지점에서 '세계정신올림픽'이라는 발상이 등장한다. 세계정신올림픽은 단순한 행사나 축제가 아니라, 인류가 정신의 차원에서 서로 만나고 토론하며 공존의 길을 모색하는 새로운 국제적 플랫폼이다.

세계정신올림픽은 하계·동계올림픽이 육체적 기량을 겨루는 장이라면, 정신올림픽은 인간 정신의 깊이와 지혜를 나누는 장이다. 각국은 자국의 전통적 정신문화를 소개하고, 참가자들은 명상·토론·예술·철학·종교적 성찰 등 다양한 프로그램에 참여한다. 여기서 중요한 것은 승부가 아니라 공유이며, 경쟁이 아니라 협력이다. 인도의 요가와 명상, 티베트 불교의 참선, 유럽의 철학적 토론 문화, 아프리카의 구술 공동체 전통, 라틴아메리카의 해방신학, 한국의 홍익인간과 무애사상은 모두 세계정신올림픽에서 하나의 무대에 설 수 있다.

또한 세계정신올림픽은 단순한 문화 교류를 넘어 새로운 국제 지표를 제시할 수 있다. 이미 UNDP는 인간개발지수(HDI)를 경제성장 지표를 넘어 교육·건강·삶의 질로 확장했다. 이제는 정신적 건강, 공동체의 회복력, 문화적 창조성 등을 측정하는 새로운 지표가 필요하다. 이를

'정신경제학(Spirit Economy)'이라고 부를 수 있다. 정신적 가치가 경제적 가치로 환산될 수 있을 때, 국가는 더 이상 GDP 성장만을 추구하지 않고 국민의 정신적 풍요를 정치·경제의 핵심 과제로 삼게 된다.

세계정신올림픽은 결국 인류가 기술문명과 정신문명을 조화시키는 새로운 문명 전환의 상징이 될 수 있다. 그것은 단순한 구호가 아니라, 생존을 위한 실질적 요구다.

## 3. 대한민국 경북 청도의 선도적 시도

세계정신올림픽의 논의는 이미 대한민국에서 시작되었다. 2024년 8월 23일부터 24일까지 경북 청도군 운문면 신화랑풍류마을에서는 '세계정신올림픽 준비를 위한 연합학술대회'가 열렸다. 학자, 종교인, 문화예술인, 정책가 등 350여 명이 참석했고, 미국, 일본, 아프리카 등 해외에서도 온라인으로 참여했다. 이 대회는 화랑정신과 새마을정신을 토대로, 4차 산업혁명과 기후 위기, 지역 소멸과 같은 글로벌 어젠다를 함께 논의하는 장으로 기획되었다.

개회식에는 김하수 청도군수, 이철우 경상북도지사, 박순진 대구대학교 총장 등이 참석했고, 조덕호 대구대학교 명예교수는 조직위원장으로서 대회를 주도했다. 소진광 전 새마을운동중앙회 회장, 김재홍 ESG실천국민연대 상임의장 등은 정신혁명의 필요성을 역설했고, 유·불·선·기 회통을 주제로 한 세션은 종교와 사상의 융합을 모색하는 실험적 시도로 주목을 받았다.

청도의 선택은 결코 우연이 아니다. 청도는 전통적으로 선비정신과 화랑정신, 새마을정신이 살아 있는 지역이다. 화랑은 신라시대 젊은이들의 정신적 수련과 공동체 활동의 상징이며, 새마을운동은 20세기 한국 농촌 사회의 혁신을 이끈 집단적 실천이었다. 이러한 전통 위에 세계정신올림픽의 씨앗이 심어진 것이다.

이번 학술대회에서 제기된 논의는 단순한 학술적 교류에 그치지 않았다. 참가자들은 한국의 홍익인간 이념이 세계정신올림픽의 철학적 기반이 될 수 있음을 강조했다. 홍익인간은 '널리 인간을 이롭게 한다'는 뜻으로, 기술문명 시대에 인류 공동체 전체를 위한 정신적 비전을 제시한다. 또 원효의 무애사상은 모든 경계와 장벽을 넘어서는 자유의 정신으로, AI 시대의 폐쇄성과 편향성을 극복할 수 있는 지혜를 담고 있다.

대한민국은 이미 K-팝, K-드라마, K-푸드로 세계인의 감성을 사로잡은 경험이 있다. 이제는 K-스피리트, 곧 한국의 정신문화가 세계정신올림픽을 통해 전 세계인의 정신적 공감대를 이끌 차례다.

## 4. 세계정신올림픽을 향한 과제와 미래

세계정신올림픽은 거대한 비전이지만 동시에 구체적 실천이 요구되는 과제다. 첫째, 국제적 조직이 필요하다. '세계정신올림픽위원회'를 창설해 각국 정부, 학계, 종교계, 시민사회가 함께 참여하는 기구를 만들고, UN, UNESCO, WHO와 협력해야 한다. 둘째, 정신문화의 객관적 평가 지표를 개발해야 한다. 명상, 집중, 공동체 회복력, 문화 창조성 등을 정량화하는 시도가 필요하다. 셋째, 제도적 기반이 마련되어야 한다. 한국 국회와 정부 차원에서 '세계정신올림픽 지원 특별법'을 제정해 재정과 제도를 안정적으로 보장해야 한다. 넷째, 문화적 거점 도시를 조성해야 한다. 청도 신화랑풍류마을과 새마을정신기념공원 등을 국제 정신문화의 성지로 발전시켜야 한다. 다섯째, 대중 참여가 필요하다. 학교 교육에 '심육(心育)' 과정을 도입하고, 청소년과 청년들이 명상, 철학 토론, 공동체 활동에 참여하도록 해야 한다.

세계정신올림픽은 단순한 이상이 아니라, 인류가 기술문명에 매몰되지 않고 새로운 문명으로 나아가기 위해, 필요한 과정이다. 그것은 인간이 호모 사피엔스에서 호모 스피리투스로 진화하는 상징적 전환점이 될 것이다. 그리고 그 출발점은 이미 대한민국 경북 청도에서 시작되었다. 앞으로 이 불씨가 세계로 확산될 때, 인류는 비로소 기술과 정신이 조화를 이루는 새로운 문명사적 단계에 도달할 수 있다.


# 36장. 인류 평화와 보편적 세계관


## 1. 철학적 기반: 홍익인간과 무애사상이 품은 보편적 인간관


### 1) 홍익인간 사상의 본질

홍익인간은 단순한 고대의 표어가 아니라 한국 민족 정체성을 규정하는 근본적 사상이다. '널리 인간을 이롭게 한다'는 구절 속에는 인간 존재를 넘어 모든 사회적 관계, 나아가 자연과의 조화까지 담겨 있다. 한국의 건국이념으로 자리 잡은 이 정신은 단순히 민족적 가치가 아니라, 오늘날 인류 보편의 윤리적 원리로 확장될 수 있다.

홍익인간은 개인의 욕망을 넘어 모두를 이롭게 하는 집단적 선(善)을 지향한다. 개인의 성취와 발전이 공동체와 사회 전체에 기여할 때 진정한 의미가 있다는 것이다. 현대 사회에서 AI가 생산성을 폭발적으로 끌어올리고 있지만, 그 혜택이 소수 기업이나 국가에만 집중된다면 이는 홍익의 정신과 배치된다. 홍익인간은 AI의 혜택을 모든 이에게 고르게 확산시키는 분배의 정의를 요구한다.

### 2) 무애사상의 자유와 포용

원효가 펼친 무애사상은 불교적 깊이를 지니면서도, 일상에서 사람과 사람, 문화와 문화, 사상과 사상 사이에 경계를 허물자는 메시지를 담았다. 무애는 단순히 자유로운 방종이 아니라, 모든 차별과 장벽을 넘어 서로가 서로에게 스며드는 소통과 존중을 의미한다.

오늘날 AI는 인간을 분류하고 점수화하며, 효율을 기준으로 사람을 평가하는 시스템을 만들 위험이 크다. 신용점수, 학교 성적, 취업 적합성 알고리즘은 무애의 정신과 정반대의 길을 갈 수 있다. 그러나 무애사상은 우리에게 묻는다. '다름을 이유로 배제할 것인가, 아니면 차이를 끌어안고 더 큰 자유를 창조할 것인가?' 무애는 AI 시대에 인간이 가져야 할 가장 중요한 철학적 나침반이다.

### 3) 두 사상의 결합 - 보편적 인간 존엄의 선언

홍익인간은 '널리 이롭게 한다'는 긍정적 비전, 무애사상은 '걸림 없는 공존'이라는 포용적 원리를 제공한다. 두 사상이 결합하면, AI를 단순한 기술이 아닌 모두의 행복을 실현하는 수단으로 활용할 수 있는 가치체계가 마련된다. 이는 곧 인류가 AI 시대를 맞이하여 인간의 존엄과 자유를 중심으로 하는 새로운 문명 질서를 세워야 한다는 선언이기도 하다.

## 2. 구조적 비전: AI와 함께 나아가는 공동체 설계

### 1) 지배가 아닌 협력

많은 미래학자는 AI가 인간을 능가할지 모른다고 우려한다. 그러나 문제는 기술 그 자체가 아니라 그것을 설계하고 운용하는 인간의 선택에 달려 있다. AI를 '도구'로 한정하고, 인간이 최종 목적을 설정하는 주체가 되어야 한다. 즉 지배가 아닌 협력이 원칙이다. AI는 인간의 삶을 단순화하고 개선하는 데 봉사해야지, 인간의 자율성을 침해해서는 안 된다.

예컨대 농업 분야에서 AI는 기후 데이터를 분석해 흉년을 예측하고, 최적의 파종 시기를 알려주어 식량 안보를 강화할 수 있다. 하지만 그것이 특정 국가나 기업의 독점적 권한이 된다면, 세계의 빈곤층은 더 깊은 굶주림에 빠진다. 협력의 원칙은 AI를 공공재로 보고, 모두가 이 혜택을 공유할 수 있도록 제도화하는 데 있다.

### 2) 투명성과 책임

AI가 내린 결정은 종종 블랙박스처럼 불투명하다. 그러나 홍익인간의 정신은 모두가 이해하고 납득할 수 있는 공정성을 요구한다. 알고리즘의 투명성 확보와 설명 가능성은 단순한 기술 문제가 아니라 인간 존엄을 위한 사회적 요구다. 더불어, AI의 잘못된 판단이 피해를 초래했을 때 누가 책임을 질 것인지 명확히 해야 한다. 이는 인간이 AI를 통제할 수 있는 수준에서 운용하기 위한 기본 조건이다.

### 3) 교육과 접근성

기술을 다룰 수 없는 사람은 소외된다. 따라서 AI 교육은 특정 전문가 집단에 국한되어서는 안 된다. 초등학교에서부터 AI 문해력(Artificial Intelligence Literacy)을 길러야 하며, 노인과 장애인, 저개발국가의 아동까지도 기술에 접근할 수 있는 환경을 마련해야 한다. 홍익의 정신이 구체적 현실에서 구현되려면, 교육과 보편적 접근성이 전제되어야 한다.

### 4) 공동체적 안전망

AI가 일자리를 대체하는 시대, 새로운 사회적 안전망이 필요하다. 기본소득제, 역구독경제(데이터 제공자가 보상을 받는 제도), 안심사회 모델 등은 AI 시대에 인간의 존엄을 지키기 위한 제도적 장치다. 무애사상은 이러한 제도를 통해 소외된 자를 끌어안고, 사회 전체의 자유와 조화를 확대할 것을 요청한다.

## 3. 세계정신올림픽과 인류 평화

### 1) 세계정신올림픽의 의미

스포츠올림픽이 육체적 힘과 기술을 겨루는 자리라면, 세계정신올림픽은 **철학과 정신, 가치와 지혜를 나누는 무대**다. 국적·종교·언어를 초월해 서로의 정신문화와 철학을 존중하며, 공통의 인류 과제를 해결하는 국제적 연대의 장이다. 이 대회에서 각국은 금메달을 따기 위해 경쟁하지 않는다. 대신, **어떻게 하면 인류가 더 행복해질 수 있는가**라는 질문에 대해 자신들의 지혜와 문화를 기여한다.

### 2) 어린이 굶주림 문제의 절박성

모든 생명체 중 어린아이만이 어릴 때 굶주려 죽는다. 사자, 호랑이, 새끼 곰은 부모가 끝까지 먹이를 물어다 준다. 그러나 인간 사회에서는 구조적 빈곤과 불평등으로 인해 아이들이 영양 부족으로 죽어간다. 이는 단순한 생물학적 문제가 아니라, **문명과 철학의 실패**다.

유니세프에 따르면, 2024년 현재 전 세계 약 4,500만 명의 아동이 급성 영양실조 상태에 있다. 매년 500만 명 이상의 아동이 기아와 영양 부족으로 목숨을 잃는다. 이런 현실은 AI가 발전하는 세상과 기묘한 대조를 이룬다. 한쪽에서는 초거대 언어모델이 인간의 언어를 재현하는데, 다른 쪽에서는 아이들이 밥 한 끼를 먹지 못해 죽어간다.

### 3) 세계정신올림픽의 확산 효과

NHCW를 실현하면, 어린이의 생존이 보장되고 교육 기회가 확대되며, 그 결과 사회 전체의 미래 잠재력이 강화된다. 동시에 국가 간 협력이 강화되며, 갈등과 전쟁 대신 연대와 협력의 모델을 제시하게 된다. 이는 곧 홍익인간의 정신이 세계적 차원에서 실천되는 사례다.

## 4. 통합적 미래 전망: 철학·기술·연대의 융합

### 1) 철학이 실천으로

철학은 현실과 분리된 관념이 아니라, 실천으로 이어져야 한다. 홍익인간과 무애사상은 세계정신올림픽과 NHCW 운동을 통해 구체적 제도와 정책으로 구현될 수 있다. 철학과 정책, 문화와 기술이 통합될 때 인류는 새로운 문명 전환의 길로 들어설 수 있다.

### 2) 기술과 인간의 조화

AI는 단순히 효율을 높이는 기술이 아니라, **생명과 존엄을 지키는 동반자**가 될 수 있다. 기후 위기 대응, 질병 예측, 빈곤 해소 등 다양한 분야에서 AI는 인간이 해결하지 못한 문제를 보완할 수 있다. 그러나 중심에는 항상 인간이 있어야 하며, AI는 조력자에 머물러야 한다.

### 3) 국제 연대의 새로운 모델

세계정신올림픽은 경쟁과 승부가 아니라 협력과 공유를 전제로 한다. 이는 국제사회가 직면한 기후변화, 전쟁, 경제 불평등 같은 문제에도 새로운 해결 모델을 제시한다. 각국은 자국의 이익만이 아니라 인류 공동의 행복을 지향하는 새로운 외교 패러다임을 모색할 수 있다.

### 4) 모두가 행복한 세상

결국 목표는 단순하다. **모두가 행복하게 사는 세상**이다. 어린이가 굶주리지 않고, 인간이 AI에 지배되지 않으며, 각자가 존중받는 세상.

홍익인간의 정신과 무애사상은 이를 위한 철학적 토대를 제공하고, 세계정신올림픽과 NHCW 운동은 이를 위한 제도적·실천적 수단을 마련한다. 이는 인류 문명의 다음 도약, 곧 **정신혁명의 시대**를 여는 길이다.

# 37장. 인간성 회복과 어린이가 굶지 않는 세상(NHCW)

## 1. 기술문명 발전과 인간성의 위기

현대 사회는 그야말로 빛의 속도로 변화하고 있다. AI, 생명공학, 나노기술, 로봇 공학이 서로 융합되며, 인류는 불과 수십 년 사이에 수천 년간 경험하지 못한 변화의 소용돌이에 휩싸이고 있다. 기술은 편리함을 약속하지만, 동시에 인간 사회의 근간, 정서, 관계, 윤리를 흔들고 있다. 스마트폰 사용의 증가는 디지털 중독과 인간 소외를 초래하고, 빅데이터와 AI는 효율성을 넘어 개인의 자유와 프라이버시를 위협한다. 여기서 우리가 짚어야 할 핵심은 단지 기술 그 자체가 아니라, 기술이 인간을 압도할 때 우리가 잃게 될 것들이다. 단순히 발전을 향해 나아가는 것이 아니라, 어떤 방향으로 나아갈 것인가가 문제다. 기술문명이 인간을 정말로 이끄는 칼날이 되지 않기 위해, 우리는 먼저 인간성 회복에 눈을 돌려야 한다.

## 2. 마음수련과 도덕성의 회복

기술이 아무리 발전해도 그것을 활용하는 것은 결국 인간이다. 도덕성이 균형 없이 뒤따르지 않는다면, 기술은 그저 보험 없는 무기와 다름없다. 원자력 기술이 인류에게 에너지 혁신을 가져왔지만, 동시에 파괴의 도구로 전락한 사례에서 알 수 있듯이, 기술의 방향은 인간의 내면과 가치에 의해 결정된다. 그렇기에 지금은 '무엇을 개발할 것인가'보다 '어떻게 살아갈 것인가'라는 근본적인 질문에 답할 때다.

그러한 질문에 대한 답은 마음수련, 참선, 명상과 같은 내면 운동에서 시작된다. 최근 연구들은 명상이 기억과 정서 조절에 관여하는 뇌의 심층 부위에 변화를 유도할 수 있음을 보여준다. 또한 매일의 명상은 전두엽 피질의 두께를 강화하고, 감정 조절, 집중력, 의사결정 능력 등을 향상하며, 신경 구조와 기능 전반에 긍정적인 영향을 준다.

이러한 마음수련은 단순한 정서 안정만이 아니라, 윤리적 자아 회복, 연대와 배려의 가치를 되살림으로써, 기술이 도구로서 올바로 사용될 수 있는 토대를 마련한다. 개인의 도덕성이 회복될 때, 기술은 인류의 공존과 번영을 돕는 유익한 조력자가 될 수 있다.

## 3. 집단지성: 지혜민주주의로의 전환

기술문명이 인간을 압도하지 않으려면, 단순한 개인의 각성만으로는 충분치 않다. 집단지성이 작동해야 한다. 개개인의 한계를 넘어 서로의 지혜를 모으고 공유함으로써, 우리는 기술을 통제할 수 있고 포용적인 방향으로 이끌 수 있다.

전통적인 자유민주주의가 개인 권리 보장에 초점을 맞추었다면, 이제 우리는 집단지성 중심의 지혜민주주의로 나아가야 한다. 이는 다수의 참여·숙의·토론을 통해 최선의 결정을 끌어내는 정치체제를 의미한다. 정보의 개방, 기술 혜택의 평등한 분배, 장기적인 공익 우선의 의사결정 구조는 기술과 인간성을 조화시키는 기반이 될 수 있다.

기술이 빠르게 발전할수록, 이 방향성은 더욱 중요해진다. AI 윤리, 프라이버시, 자동화에 따른 경제적 불평등 등 복잡한 문제들은 집단의 지혜와 숙의적 참여 없이는 해결되기 어렵다. 더구나 명상과 마음수련을 통해 내면의 성찰이 깊어진 사회일수록, 지혜민주주의는 더욱 효과적으로 작동할 수 있다.

## 4. 어린이가 굶지 않는 세상(NHCW: No Hungry Children in the World)

인류가 아무리 문명을 발전시켜도, 지금도 수많은 어린이가 굶주리고 있다면 그 문명은 전혀 온전하지 않다. 2024년 기준 전 세계적으로 8.2%에 해당하는 약 6.73억 명의 사람들이 기아 상태였으며, 2.3억 명이 어린이 발육부진 문제를 안고 있다. 게다가 전 세계 인구의 28%, 약 23억 명이 식량 불안정 상태에 있다.

음식 위기는 주로 아프리카, 서아시아, 중동 지역에서 두드러지며, 현장에서는 초기 영양실조 상태에 처한 어린이가 늘어나고 있다. 특히 가자지구에서는 2025년에 약 6만 명의 어린이가 급성 영양실조 치료가 필요하거나 이미 사망했으며, 전 세계적으로 수백만 명의 어린이가 수명을 위협받고 있다.

이런 현실은 우리 모두에게 묵직한 질문을 던진다. 기술이 아무리 발전해도, 어린이가 굶주림에서 벗어나지 못한다면 그것은 인류적 실패다. 그렇기에 우리는 마음수련을 통한 도덕성 회복, 집단지성 기반 지혜민주주의, 기술의 올바른 활용을 통해 최소한 어린이가 굶지 않는 세상을 반드시 만들어야 한다.

## 5. 오늘, 그리고 미래를 향해

현대 기술문명이 인류를 압도하는 위기 속에서 우리가 선택할 수 있는 유일한 길은 마음의 성찰, 공동의 지혜, 그리고 윤리적 책임성 회복이다. 참선과 명상을 통해 내면의 균형과 공감을 회복하고, 이를 바탕으로 집단지성을 결집할 때, 우리는 기술을 도구이자 동반자로 만들 수 있다. 그리고 그렇게 될 때, 최소한 모든 어린이가 배고픔 없이 살아갈 수 있는 세상을 실현할 수 있다.

이것은 더 이상 선택이 아닌, 우리 세대가 반드시 완수해야 할 숙명이며 의무다. 지금, 이 순간에도 기술은 우리를 향해 달려오고 있다. 우리는 마음을 다잡고 지혜를 모아 인간 중심의 미래를 만들어야 한다.

선도국 대한민국, AI를 넘어 정신혁명으로

● 나오며

이 책을 덮는 지금, 독자 여러분의 가슴 속에는 분명 무언가 새로운 울림이 일어나고 있으리라 믿는다. AI라는 거대한 파도가 우리의 삶을 바꾸고, 정신혁명이라는 거대한 전환이 새로운 문명의 지평을 열어야 한다는 이 여정은 단순한 이론적 사유에 그치지 않는다. 그것은 바로 우리 각자가 오늘부터 실천할 수 있는 삶의 지혜이자 실습의 과제다. 그렇기에, 이 책은 이론서이면서 동시에 실습서다. 머리로만 읽는 책이 아니라 마음으로 받아들이고 몸으로 살아내야 할 책이다.

AI는 이미 우리의 일상 구석구석에 들어와 있다. 병원의 진단에서, 교실의 수업에서, 일터의 기계와 사무실의 책상 위에서, 심지어는 우리의 휴대전화 속에서 끊임없이 우리와 대화하며 지식을 제공한다. 그것은 단순한 도구를 넘어선 새로운 동반자. 그러나 그 동반자는 방향을 제시하지 않는다. 방향은 인간이 정해야 하고, 목적은 우리가 선택해야 한다. 바로 그 지점에서 정신혁명이 요구된다. 정신혁명은 새로운 기술의 사용법을 배우는 차원이 아니라, 인간이 인간답게 살아가기 위해 스스로 마음을 단련하는 혁명이다.

정신혁명은 거창한 철학이나 추상적 담론만을 뜻하지 않는다. 그것은 지금 이 순간 내가 이웃을 어떻게 바라보는지, 나보다 약한 존재를 어떻게 대하는지, 자연과 세계를 어떤 시선으로 마주하는지에서 시작된다. 정신혁명은 인간의 본래 마음을 회복하는 일이며, 그 회복이야말로 AI 시대를 살아가는 우리에게 가장 절박한 과제다.

그러나 우리는 여기서 멈추지 않는다. AI 시대가 요구하는 것은 단순히 지식이 아니다. 그것은 지혜다. AI는 지식을 끝없이 축적하고 정리하고 연결할 수 있지만, 지혜를 만들어내지는 못한다. 지혜는 인간의 몫이다. 이제 우리는 AI를 넘어서 인공지혜의 시대로 가야 한다. 인공지혜란 AI와 인간의 정신이 만나 창조하는 새로운 가능성이다. 그것은 인간의 질문과 AI의 답변이 서로를 비추어 더 깊은 깨달음으로 이어지는 과정이며, 인간의 연민과 AI의 계산이 결합해 더 나은 세상의 설계를 가능하게 하는 힘이다. 이 책은 바로 그러한 인공지혜를 어떻게 길러낼 것인지에 대한 안내서다.

이 책은 독자 여러분이 단순히 읽고 덮는 순간 끝나는 책이 아니다. 이 책은 실습서다. 여러분이 오늘 만나는 사람에게 던지는 작은 친절의 말, 내일 아이들과 나누는 따뜻한 눈빛, 그리고 다음 세대를 위해 선택하는 사회적 결단 속에서 완성된다. AI 시대의 진정한 승자는 더 많은 데이터를 가진 자가 아니라, 더 큰 지혜와 따뜻한 마음을 실천하는 사람일 것이다.

정신혁명은 또한 새로운 형태의 연대를 요구한다. 그것은 국가와 민족을 넘어선 연대다. 바로 여기에서 세계정신올림픽의 비전이 나온다. 인류는 지금까지 체육올림픽에서 육체의 힘을 겨루고, 학문올림픽에서 지성의 성취를 나누었다. 그러나 아직까지 인간 정신을 중심에 둔 올림픽은 없었다. 세계정신올림픽은 인류가 함께 모여 정신의 힘을 기리고, 서로의 다름을 존중하며, 공통된 가치를 찾아가는 장이 될 것이다. 그 자리에서 우리는 각자가 가진 종교와 사상, 문화의 차이를 넘어서 하나의 인간으로 마주할 것이다. 그리고 그 만남은 인류가 새로운 문명으로 건너가는 다리가 될 것이다.

앞에서 여러 차례 강조했듯이 정신혁명을 통하여 집단 패망의 길로 들어서고 있는 인류를 구원하는 것이다. '들어가며'에서 이야기한 퇴화한 한쪽 날개를 회복하는 것이다. 보다 구체적이고 실질적인 목표는 무엇보다도 어린이가 굶지 않는 세상을 만드는 일이다. 오늘날에도 여전히 수천만 명의 아이들이 굶주림 속에 신음하고 있다. 첨단 AI가 하늘을 나는 드론을 조종하고, 수많은 데이터를 실시간으로 분석하는 시대에도 아이들이 빵 한 조각, 물 한 모금 없이 죽어간다는 사실은 우리 모두의 부끄러움이다. AI는 이 문제를 해결하는 데 총력을 기울여야 한다. 또한, 식량의 생산과 분배를 최적화하는 데 쓰이고, 기부와 지원의 흐름을 투명하게 관리하는 데 쓰여야 한다. '내 아이만이 아니라, 지구 반대편의 아이도 나의 아이다'라는 정신을 회복할 때 비로소 AI는 인류를 위한 도구가 된다.

대한민국은 절대빈곤의 어둠을 넘어 경제적 기적을 이루었고, 민주주의의 위기 속에서도 촛불을 들어 새로운 역사를 썼다. 그 바탕에는 언제나 홍익인간의 정신이 있었다. 이제 대한민국은 AI 강국을 넘어, 정신혁명과 세계정신올림픽을 주도하는 나라가 되어야 한다. 경제적 기적을 넘어선 정신적 기적, 기술적 혁신을 넘어선 윤리적 혁신이 대한민국의 새로운 길이다. 한국은 더 이상 변방의 나라가 아니라 인류의 미래를 밝혀주는 등불이 될 수 있다.

이제 우리는 거대한 전환점에 서 있다. AI는 인류 문명의 한쪽 날개다. 그리고 다른 쪽 날개는 정신혁명이다. 두 날개가 균형을 이루어야만 인류는 더 높이, 더 멀리 날아오를 수 있다. 한쪽 날개로만 나는 새는 결국 추락한다. 그렇기에 우리는 AI와 정신혁명을 함께 선택해야 한다. 그 선택은 먼 미래의 과제가 아니라, 오늘 우리의 과제다.

이 책의 독자 여러분은 이미 그 여정을 시작했다. 이 책이 던진 질문과 제안은 머리로만 이해할 수 없다. 그것은 삶 속에서 실천할 때 완성된다. 정신혁명은 한 사람의 깨달음에서 시작하지만, 그것이 모여 하나의 물결이 될 때 세상을 바꾼다. 여러분이 오늘 내딛는 작은 걸음이 바로 내일의 혁명을 일으킬 불씨가 된다.

나는 믿는다. 세계정신올림픽의 함성이 울려 퍼지는 그날, 인공지혜를 실천하는 사람들이 지구 곳곳에서 손을 잡는 그날, 그리고 어린이가 굶지 않고 웃음으로 하루를 시작하는 그날, 인류는 비로소 새로운 문명으로 나아갈 것이다. 그 길은 멀고 험할 수도 있다. 그러나 우리가 함께한다면, 반드시 도달할 수 있다. AI가 지식을 밝히고, 정신혁명이 지혜를 비추며, 인공지혜가 우리를 미래로 이끌 것이다.

이 책은 이론서이면서 동시에 실습서로 독자의 머리에서 끝나지 않고 마음과 손끝으로 이어져야 한다. 이 책을 덮는 지금, 여러분이 한 가지라도 실천한다면, 이미 정신혁명의 불씨는 살아 움직이고 있다. 그리고 그 불씨는 대한민국에서 타올라, 세계로 번지고, 마침내 인류 전체를 비추는 거대한 불길이 될 것이다.

참고문헌

## 1장

European Commission. (2021). Ethics Guidelines for Trustworthy AI. European Union. https://digital-strategy.ec.europa.eu/en/library/ethics-guide-lines-trustworthy-ai

UNESCO. (2021). Recommendation on the Ethics of Artificial Intelligence. UNESCO. https://unesdoc.unesco.org/ark:/48223/pf0000381137

Russell, S., & Norvig, P. (2021). Artificial Intelligence: A Modern Approach(4th ed.). Pearson. https://aima.cs.berkeley.edu/

Floridi, L., & Cowls, J. (2019). A Unified Framework of Five Principles for AI in Society. Harvard Data Science Review. https://hdsr.mitpress.mit.edu/pub/l0jsh9d1

Brynjolfsson, E., & McAfee, A. (2014). The Second Machine Age. W. W. Norton & Company. https://wwnorton.com/books/9780393239355

## 2장

NCBA Blog, "The Difference Between Search Engines, Generative AI, and Automation Tools" https://www.ncbar.org/2023/10/24/the-difference-be-tween-search-engines-generative-ai-and-automation-tools

WillDom, "AI Engine vs Search Engine – What's the Difference?"https://willdom.com/blog/ai-engine-vs-search-engine

Wikipedia, "Search engine"https://en.wikipedia.org/wiki/Search_engine

Wikipedia, "Artificial intelligence"https://en.wikipedia.org/wiki/Artificial_intelligence

Matthew Edgar, "Generative AI vs Traditional Search: Technical Differences"https://www.matthewedgar.net/generative-ai-vs-traditional-search-techni-cal-differences

WSJ, "AI Search Is Growing More Quickly Than Expected"https://www.wsj.com/articles/ai-search-is-growing-more-quickly-than-expected-f75aa1ca

## 3장

ChatGPT – Wikipedia: https://en.wikipedia.org/wiki/ChatGPT

Hariri, Walid (2023). Unlocking the Potential of ChatGPT: https://arxiv.org/abs/2304.02017

Shen et al. (2023). In ChatGPT We Trust?: https://arxiv.org/abs/2304.08979

ChatGPT in Education – Wikipedia: https://en.wikipedia.org/wiki/ChatGPT_in_education

Pros & Cons of Gemini AI – DigitalDefynd: https://digitaldefynd.com/IQ/pros-cons-of-gemini-ai-by-google/

What is Google Gemini – Grammarly Blog: https://www.grammarly.com/blog/ai/what-is-google-gemini/

Gemini Alternatives – PageOn.ai: https://www.pageon.ai/blog/alternative-to-gemini

Perplexity AI (Official Site): https://www.perplexity.ai/

Perplexity AI – Wikipedia: https://en.wikipedia.org/wiki/Perplexity_AI

Tom's Guide – Perplexity vs Google: https://www.tomsguide.com/ai/i-ditched-google-for-perplexity-for-a-month-and-i-dont-think-i-can-go-back

AP News – Perplexity Criticism: https://apnews.com/article/f307cb607f0db871b-05f843a3f744340

Liner Official Site: https://getliner.com/

Liner Features – AITools: https://aitools.inc/tools/liner

Liner AI Review – UPDF: https://updf.com/chatgpt/liner-ai/

Liner Analysis – Medium: https://medium.com/design-bootcamp/liner-ai-the-free-research-weapon-challenging-openai-google-and-perplexity-dec1c8e66120

Gemini (language model) – Wikipedia: https://en.wikipedia.org/wiki/Gemini_(language_model)

Cinco Dias – Gemini Limits: https://cincodias.elpais.com/smartlife/lifestyle/2025-09-08/google-muestra-sus-cartas-y-publica-las-limitaciones-de-uso-de-gemini-gratis.html

The Verge – Gemini Audio & Languages: https://www.theverge.com/ai-artificial-intelligence/774008/gemini-audio-new-languages-notebooklm-reports

The Sun – Perplexity AI Intro: https://www.thesun.co.uk/tech/36428010/what-is-perplexity-ai/

## ● 4장

Ng, D. T. K., Leung, J. K. L., Chu, S. K. W., & Qian, Y. (2021). Conceptualizing AI literacy: An exploratory review. Computers and Education: Artificial Intelligence, 2, 100041. https://doi.org/10.1016/j.caeai.2021.100041

Lo, L. S. (2025). AI Literacy: A Guide for Academic Libraries. College & Research Libraries News, 86(3), 117–121. https://crln.acrl.org/index.php/crlnews/article/view/26704/34626

Aysya, A. A. A., et al. (2025). The Importance of Literacy on Artificial Intelligence for Higher Education Students: A Systematic Literature Review. ResearchGate. https://www.researchgate.net/publication/391017824

UNESCO. (2025). Artificial Intelligence in Education. UNESCO. https://www.unesco.org/en/digital-education/artificial-intelligence

Han, Z., et al. (2024). Generative AI Literacy: Twelve Defining Competencies. arXiv preprint. https://arxiv.org/abs/2412.12107

Cowen, T. (2025). Colleges should teach how to use AI and its limits. Business Insider. https://www.businessinsider.com/economist-tyler-cowen-college-students-trained-jobs-ai-work-2025-8

Druga, S. (2025). Google DeepMind Research Scientist: Coding is not dead, AI education matters. Business Insider. https://www.businessinsider.com/google-deepmind-research-scientist-coding-not-dead-ai-education-2025-5

## ● 5장

한국민족문화대백과사전, "쇄국정책(鎖國政策) → 조선 말기 흥선대원군 집권기의 통상 수교 거부 정책, 의의와 평가 등이 정리됨. https://encykorea.aks.ac.kr/Article/ E0031177 한국민족문화대백과사전

과학기술정보통신부, "AI(AI) 국가전략 발표" (보도자료) → AI 국가전략의 비전·전략 방향, 실행 과제 등이 나옴. https://www.msit.go.kr/bbs/view.do?bbsSe-qNo=94&mId=113&mPid=112&nttSeqNo=2405727&pageIn-dex=1&sCode=user&searchOpt=ALL&searchTxt=%EA%B5%AD%EA%B0 %80%EC%A0%84%EB%9E%B5 MSIT

과학기술정보통신부, "과학기술정보통신부_AI 국가전략" (PDF 문서, 제53회 국무회의 채택, 2020년 12월 17일자) → 3대 분야, 9대 전략, 100대 실행과제로 구성된 범정부 AI 전략 전체 내용. https://www.data.go.kr/data/15074930/fileData. do?recommendDataYn=Y 데이터.gov.kr

한국지능정보사회진흥원(NIA), "주요 국가 AI 전략 분석 : 미국, 영국, 독일, 싱가포르, 캐나다를 중심으로" → 해외 여러 국가들의 AI 전략 비교 분석 자료로, 국가 간 AI 정책 차이와 시사점 확보 가능. https://nsp.nanet.go.kr/plan/subject/detail. do?nationalPlanControlNo=PLAN0000030560 국가전략정보포털

동북아역사넷, "에도 시대의 일본 사회, 조선 후기 사회" → 일본의 쇄국 정책 및 조선 후기 사회 변화 양상 비교 자료. https://contents.nahf.or.kr/item/item.do?lev-elId=edeao.d_0004_0040_0020 Nafon Archive

## 6장

McKinsey Global Institute (2018). Notes from the AI frontier: Applications and value of deep learning. https://www.mckinsey.com/capabilities/quantum-black/our-insights/notes-from-the-ai-frontier-applications-and-value-of-deep-learning

OECD (2023). OECD Artificial Intelligence Policy Observatory. https://oecd.ai

PwC (2022). AI in healthcare: Transforming the future of medicine. https://www.pwc.com/gx/en/industries/healthcare/publications/ai-in-healthcare.html

UNESCO (2021). AI and Education: Guidance for Policy-makers. https://unesdoc.unesco.org/ark:/48223/pf0000376709

Stanford HAI (2024). Artificial Intelligence Index Report 2024. https://aiindex.stanford.edu/report

## 7장

Wikipedia. History of Artificial Intelligence. (2024). https://en.wikipedia.org/wiki/History_of_artificial_intelligence

MIT FutureTech. What drives progress in AI? Trends in compute. (2023). https://futuretech.mit.edu/news/what-drives-progress-in-ai-trends-in-compute

Sabey Data Centers. 7 Key Factors Driving the AI Market. (2023). https://sabeydatacenters.com/news/7-key-factors-driving-the-ai-market

Our World in Data. Scaling up AI. (2023). https://ourworldindata.org/scaling-up-ai

Reuters. How AI won math gold. (2025). https://www.reuters.com/technology/ai-intelligencer-how-ai-won-math-gold-2025-07-24

RAND. Advancing AI responsibly. (2024). https://www.rand.org/pubs/research_reports/RRA3485-1.html

Wikipedia. Open-source artificial intelligence. (2024). https://en.wikipedia.org/wiki/Open-source_artificial_intelligence

TIME. AI resource access and NAIRR. (2023). https://time.com/6589134/nairr-ai-resource-access

Economic Times. AI and ML driving a global tech revolution. (2024). https://economictimes.indiatimes.com/tech/artificial-intelligence/ai-and-machine-learning-driving-a-global-tech-revolution-worth-trillions/articleshow/123297883.cms

## ● 8장

Russell, Stuart. & Norvig, Peter. 『Artificial Intelligence: A Modern Approach』, Pearson, 2020. https://aima.cs.berkeley.edu/

Tegmark, Max. 『Life 3.0: Being Human in the Age of Artificial Intelligence』, Knopf, 2017. https://www.maxtegmark.com/life-3-0.html

Harari, Yuval Noah. 『Homo Deus: A Brief History of Tomorrow』, Harper, 2017. https://www.ynharari.com/book/homo-deus/

Bostrom, Nick. 『Superintelligence: Paths, Dangers, Strategies』, Oxford University Press, 20https://www.nickbostrom.com/superintelligence.html

## ● 9장

통계청. (2023). 국가통계포털(KOSIS). https://kosis.kr

국토지리정보원. (2023). 국토정보플랫폼. https://map.ngii.go.kr

한국지질자원연구원. (2023). 지리정보시스템(GIS) 활용 연구 보고서. https://www.kigam.re.kr

OECD. (2021). The Role of Data in AI Development. https://www.oecd.org/going-digital/ai/

World Bank. (2023). Data for Better Lives. https://www.worldbank.org/en/publication/wdr2021

European Commission. (2022). European Data Strategy. https://digital-strategy.ec.europa.eu/en/policies/data-strategy

## 10장

김남일, 김광호, 강병준. (2009). 3차원 GIS 시스템에서의 CCTV 영상 융합 및 표출. 한국멀티미디어학회 학술발표논문집. https://www.dbpia.co.kr/journal/articleDetail?nodeId=NODE01621969

김성삼. (2023). RS/GIS 자료융합을 통한 국가 재난관리 및 조사·분석. 한국재난사회안전학회지, 39(5), 743-754. https://www.e-sciencecentral.org/upload/KJRS/pdf/kjrs-39-5-2-743.pdf

김준우, 김덕진. (2020). 위성영상-AI 기반 재난모니터링과 실현 가능한 준실시간 통합 재난모니터링 시스템. 한국지리정보학회지, 23(3), 236-251. https://doi.org/10.11108/kagis.2020.23.3.236

박종관 외. (2020). 다중시기 Sentinel-2 위성영상과 일강수량 자료를 활용한 집중호우 전후 토지피복별 원격탐사지수 변화분석. 한국지리정보학회지. https://scienceon.kisti.re.kr/srch/selectPORSrchArticle.do?cn=JAKO202019163741105

조나혜, 이정주, 김현덕. (2023). 고해상도 위성영상과 AI를 활용한 국토 변화탐지 및 모니터링 연구: 정읍시를 중심으로. 지적과 국토정보, 53(1), 107-121. https://doi.org/10.22640/lxsiri.2023.53.1.107

조나혜 외. (2023). 고해상도 위성영상과 AI을 활용한 국토 변화탐지. 국토정보학회 학술대회 논문집. https://www.koreascience.kr/article/JAKO202321351779581.pdf

정명희 외. (2012). 위성영상을 활용한 실시간 재난정보 처리 기법: 재난 탐지, 매핑 및 관리. 대한전자공학회지, 49(1), 90-95. https://m.riss.kr/search/detail/DetailView.do?control_no=5215e508b961dda947de9c1710b0298d&p_mat_type=1a0202e37d52c72d

## ● 11장

국토지리정보원 (2022). 『공간정보체계 구축 로드맵』
통계청 (2024). 『국가통계 발전전략 2030』
한국지능정보사회진흥원(NIA) (2023). 『AI 데이터 융합 백서』
행정안전부 (2023). 『공공데이터 법제도 개선방안 연구』
OECD (2022). Principles for Data Governance in the Public Sector
World Bank (2023). Data for Better Lives: World Development Report

## ● 12장

ABC7 News (2020). Andrew Yang proposes stimulus checks year-round as data compensation. https://abc7news.com/post/andrew-yang-proposes-stimulus-checks-year-round-data-compensation-/6302596/?utm_source=chatgpt.com

Berggruen Institute (2019). A Data Dividend that Works: Steps Toward Building an Equitable Data Economy. https://berggruen.org/news/a-data-dividend-that-works-steps-toward-building-an-equitable-data-economy?utm_source=chatgpt.com

Wired (2019). Andrew Yang's Plan to Pay You for Your Data Doesn't Add Up. https://www.wired.com/story/opinion-andrew-yangs-plan-to-pay-you-for-your-data-doesnt-add-up?utm_source=chatgpt.com

Wired (2019). No, Data Is Not the New Oil. https://www.wired.com/story/no-data-is-not-the-new-oil?utm_source=chatgpt.com

UNESCO (2022). Basic Income – On Data and Policy. https://en.unesco.org/inclusivepolicylab/sites/default/files/publication/document/2022/4/380169eng.pdf?utm_source=chatgpt.com

Electronic Frontier Foundation (2019). The Payoff From California's 'Data Dividend' Must Be Stronger Privacy Laws. https://www.eff.org/deeplinks/2019/02/payoff-californias-data-dividend-must-be-stronger-privacy-laws?utm_source=chatgpt.com

Electronic Frontier Foundation (2020). Why Getting Paid for Your Data Is a Bad Deal. https://www.eff.org/deeplinks/2020/10/why-getting-paid-your-data-bad-deal?utm_source=chatgpt.com

National Taxpayers Union (2019). Data Dividend Proposals Would Leave Consumers as the Ones Who Pay.https://www.ntu.org/foundation/detail/data-dividend-proposals-would-leave-consumers-as-the-ones-who-pay?utm_source=chatgpt.com

Wikipedia (2023). Citizen's Dividend.https://en.wikipedia.org/wiki/Citizen%27s_dividend?utm_source=chatgpt.com

## ● 13장

Korea Housing Finance Corporation (한국주택금융공사). Korean Home Pension (Reverse Mortgage) – Program Overview. 조회일 2025.10.20.https://www.hf.go.kr/en/sub03/sub03_01_01.do 한국주택금융공사

Financial Services Commission (금융위원회). Press Release: Age requirement for homeowners or spouses reduced from 60 to 55 for reverse mortgage eligibility.2020.04.01. https://www.fsc.go.kr/eng/pr010101/22336 행정안전부

Han, et al. "Evaluation of the Reverse Mortgage Option in Korea: A Long - Straddle Perspective." International Journal of Financial Studies, 2020. Vol.8 (3):55.https://www.mdpi.com/2227-7072/8/3/55 MDPI+1

Kim, Duk Gyoo. Demand for Home Pension and Reverse Mortgage. 한국주택금융공사보고서. 2024. https://kimdukgyoo.github.io/PDFfiles/HomePension.pdf kimdukgyoo.github.io

OECD. Housing Dynamics in Korea.OECD Publishing, 2018. https://www.oecd.org/content/dam/oecd/en/publications/reports/2018/04/housing-dynamics-in-korea_g1g8d29b.pdf OECD

Bank of Korea (한국은행). Credit Concentration in the Real Estate Sector: Structural Drivers and Implications.2025. https://www.bok.or.kr/eng/bbs/B0000354/view.do?depth=400409&menuNo=400409&ntId=10091868&programType=newsDataEng&relate=Y 한국은행

CEIC Data. South Korea Real Residential Property Price Index.2024. Sep.https://
www.ceicdata.com/en/indicator/korea/real-residential-proper-
ty-price-index CEIC 데이터

CEIC Data. South Korea Nominal Residential Property Price Index.2024. Sep.https://
www.ceicdata.com/en/indicator/korea/nominal-residential-proper-
ty-price-index CEIC 데이터

Global Property Guide. South Korea's Residential Property Market Analysis 2025.
https://www.globalpropertyguide.com/asia/south-korea/price-history
Global Property Guide

Korea.net (정부종합미디어). "Per capita household net worth in 2024 of KRW 250 M
tops Japan." 2025.07.18.https://www.korea.net/NewsFocus/Business/
view?articleId=275461 korea.net

통계청. (2024). 수도권 광역지표. https://kostat.go.kr/board.es-
?act=view&bid=5110&list_no=433950&mid=a30301010500

통계청. (2025). 2024년 국내인구이동 결과. https://kostat.go.kr/board.es-
?act=view&bid=205&list_no=434904&mainXml=Y&mid=a10301010000

국토교통부·한국도로공사. (2024). 고속도로 휴게시설 서비스 추진. https://www.hellot.
net/mobile/article.html?no=89533

한국교통연구원. 고속도로 휴게타운 도입구상 연구. https://www.koti.re.kr/user/bbs/
anytmRsrchReprtView.do?bbs_no=774

한국도로공사. 충남-한국도로공사 관광 활성화 MOU. https://www.kroad.or.kr/ezboard.
php?BID=board04&BType=&CURRENT_PAGE=6&GID=root&ListMax-
=&SEARCHTITLE=&UID=6690&category=2&fm=&mode=view&search-
keyword=&sysop=

MLIT Road Bureau. Michi-no-Eki Rest Areas. https://www.mlit.go.jp/road/road_e/
q7_restareas.html

Nippon.com. Japan's "Michi no Eki" Evolve to Serve as Community Hubs. https://
www.nippon.com/en/japan-topics/g00645/

Japan National Tourism Organization. Guide: Michi-no-Eki. https://www.japan.
travel/en/guide/michi-no-eki/

Getting Around Germany. The Autobahn. https://www.gettingaroundgermany.info/
autobahn.shtml

FHWA. Safe Access for Everyone Is Good for Business. https://ops.fhwa.dot.gov/publications/fhwahop24003/fhwahop24003.pdf

FHWA. Benefits of Access Management. https://ops.fhwa.dot.gov/access_mgmt/docs/benefits_am_trifold.htm

UT Austin/TxDOT. Economic Effects of Highway Relief Routes on Small- and Medium-Size Communities. https://ctr.utexas.edu/wp-content/uploads/pubs/1843_2.pdf

Kansas State Univ. Case Studies of the Economic Impact of Highway Bypasses on Kansas Towns. https://rosap.ntl.bts.gov/view/dot/57474/dot_57474_DS1.pdf

EBP. Economic Impact of Freeway Bypass Routes. https://www.ebp.global/sites/default/files/us/files/project/uploads/urban-freeway-bypass-case-studies.pdf

NYSDOT. Highway Design Manual, Chapter 27: Rest Areas. https://www.dot.ny.gov/divisions/engineering/design/dqab/hdm/hdm-repository/chapt_27.pdf

FHWA. The Role of FHWA Programs in Livability. https://www.fhwa.dot.gov/livability/state_of_the_practice_summary/research01.cfm

Japan Policy Forum. Regional Cities Will Disappear by 2040. https://www.japanpolicyforum.jp/pdf/2014/vol18/DJweb_18_pol_01.pdf

RIETI. Reexamining the Eventual Extinction of Japan's Municipalities. https://www.rieti.go.jp/en/special/policy-update/114.html

Caltrans. Safety Roadside Rest Area Master Plan. https://dot.ca.gov/-/media/dot-media/programs/design/documents/srra-11-final-srra-master-plan-report.pdf

TRB NCHRP Report 324. Evaluation of Safety Roadside Rest Areas. https://onlinepubs.trb.org/Onlinepubs/nchrp/nchrp_rpt_324.pdf

# 14장

Korea Housing Finance Corporation (한국주택금융공사). Korean Home Pension (Reverse Mortgage) – Program Overview. 조회일 2025.10.20. https://www.hf.go.kr/en/sub03/sub03_01_01.do 한국주택금융공사

Financial Services Commission (금융위원회). Press Release: Age requirement for homeowners or spouses reduced from 60 to 55 for reverse mortgage eligibility.2020.04.01. https://www.fsc.go.kr/eng/pr010101/22336 행정안전부

Han, et al. "Evaluation of the Reverse Mortgage Option in Korea: A Long - Straddle Perspective." International Journal of Financial Studies, 2020. Vol.8 (3):55.https://www.mdpi.com/2227-7072/8/3/55 MDPI+1

Kim, Duk Gyoo. Demand for Home Pension and Reverse Mortgage. 한국주택금융공사-보고서. 2024. https://kimdukgyoo.github.io/PDFfiles/HomePension.pdf kimdukgyoo.github.io

OECD. Housing Dynamics in Korea.OECD Publishing, 2018. https://www.oecd.org/content/dam/oecd/en/publications/reports/2018/04/housing-dynamics-in-korea_g1g8d29b.pdf OECD

Bank of Korea (한국은행). Credit Concentration in the Real Estate Sector: Structural Drivers and Implications.2025. https://www.bok.or.kr/eng/bbs/B0000354/view.do?depth=400409&menuNo=400409&ntId=10091868&programType=newsDataEng&relate=Y 한국은행

CEIC Data. South Korea Real Residential Property Price Index.2024. Sep.https://www.ceicdata.com/en/indicator/korea/real-residential-property-price-index CEIC 데이터

CEIC Data. South Korea Nominal Residential Property Price Index.2024. Sep. https://www.ceicdata.com/en/indicator/korea/nominal-residential-property-price-index CEIC 데이터

Global Property Guide. South Korea's Residential Property Market Analysis 2025. https://www.globalpropertyguide.com/asia/south-korea/price-history Global Property Guide

Korea.net (정부종합미디어). "Per capita household net worth in 2024 of KRW 250 M tops Japan." 2025.07.18.https://www.korea.net/NewsFocus/Business/view?articleId=275461 korea.net

## ● 15장

UNESCO – Goryeo 시대 금속활자 발명 https://artsandculture.google.com/story/the-invention-of-movable-metal-type-goryeo-technology-and-wisdom-cheongju-early-printing-museum/zgXxwilonG6kIg?hl=en&utm_source=chatgpt.com

Wikipedia – Jikji 항목 https://en.wikipedia.org/wiki/Jikji?utm_source=chatgpt.com

Wikipedia – Heungdeoksa 절터 https://en.wikipedia.org/wiki/Heungdeoksa?utm_source=chatgpt.com

Wikipedia – History of printing in East Asia (1234년 기록) https://en.wikipedia.org/wiki/History_of_printing_in_East_Asia?utm_source=chatgpt.com

Guinness World Records – 1234년 금속활자 최초 사용 https://www.guinnessworldrecords.com/world-records/689336-first-use-of-metal-moveable-type-printing?utm_source=chatgpt.com

WS Yoo, MDPI (2022) – 1239년 판본 가능성 https://www.mdpi.com/2571-9408/5/2/59?utm_source=chatgpt.com

WS Yoo, MDPI – 1239년 사례 https://www.mdpi.com/2571-9408/5/3/92?utm_source=chatgpt.com

Wikipedia – 한국 방식(샌드캐스팅) vs Gutenberg https://en.wikipedia.org/wiki/History_of_printing_in_East_Asia?utm_source=chatgpt.com

Wired – Particle Accelerator로 인쇄기원 비교 연구 https://www.wired.com/story/can-a-particle-accelerator-trace-the-origins-of-printing?utm_source=chatgpt.com

Wikipedia – Printing (East Asia 관련) https://en.wikipedia.org/wiki/Printing?utm_source=chatgpt.com

UNESCO Courier – 고려 금속활자 기여 https://courier.unesco.org/en/arti-
　　　cles/200-years-gutenberg-master-printers-koryo?utm_source=chatgpt.
　　　com
Google Arts & Culture – Cheongju Early Printing Museum 설명 https://artsandcul-
　　　ture.google.com/story/the-invention-of-movable-metal-type-go-
　　　ryeo-technology-and-wisdom-cheongju-early-printing-museum/
　　　zgXxwilonG6kIg?hl=en&utm_source=chatgpt.com

## ● 16장

Acemoglu, D., Autor, D., Hazell, J., Restrepo, P. (2022). Artificial Intelligence
　　　and Jobs: Evidence from Online Vacancies. https://shapingwork.
　　　mit.edu/wp-content/uploads/2023/10/Paper_Artificial-Intelli-
　　　gence-and-Jobs-Evidence-from-Online-Vacancies.pdf Massachusetts
　　　Institute of Technology
"AI and jobs: A review of theory, estimates, and evidence"(arXiv, 2025 버전)https://
　　　arxiv.org/html/2509.15265v1 arXiv
Shen, Y., et al. (2024). The impact of artificial intelligence on employment: the role
　　　of https://www.nature.com/articles/s41599-024-02647-9 Nature
"Assessing Policy Measures Safeguarding Workers from AI Implementation"https://
　　　www.scirp.org/journal/paperinformation?paperid=129498 SCIRP
"The AI Economist: Improving Equality and Productivity with AI-Driven Tax Poli-
　　　cies"https://arxiv.org/abs/2004.13332 arXiv
"KDI 보고서: 인공지능으로 인한 노동시장의 변화와 정책방향"https://www.kdi.re.kr/re-
　　　search/reportView?pub_no=18370 KDI
"인공지능(AI) 기반 지능정보사회 시대의 노동시장 변화"https://www.kci.go.kr/kciportal/
　　　ci/sereArticleSearch/ciSereArtiView.kci?sereArticleSearchBean.arti-
　　　Id=ART002618547 KCI
"2023년 OECD 고용 전망 : AI 시대 역량 수요와 정책" https://hrstpolicy.re.kr/kistep/
　　　upload/file/202311311_1335100000.pdf

## 17장

Daron Acemoglu, Harms of AI(2021) ─ AI의 경제적·정치적·사회적 비용을 논의한 에세이
 https://economics.mit.edu/sites/default/files/publications/Harms%20
 of%20AI.pdf economics.mit.edu

OECD, Assessing Potential Future Artificial Intelligence Risks, Benefits and Policy
 Imperatives(2024)https://www.oecd.org/content/dam/oecd/en/pub-
 lications/reports/2024/11/assessing-potential-future-artificial-intelli-
 gence-risks-benefits-and-policy-imperatives_8a491447/3f4e3dfb-en.
 pdf OECD

Y. Qian et al., Societal impacts of artificial intelligence: Ethical, legal, and …
 (2024)https://www.sciencedirect.com/science/article/pii/
 S2949697724000055 ScienceDirect

"Beyond the individual: governing AI's societal harm" (N. A. Smuha, 2021)https://
 policyreview.info/articles/analysis/beyond-individual-govern-
 ing-ais-societal-harm policyreview.info

The Risks of Artificial Intelligence to Security and the Future of Work(RAND 보고서)
 https://www.rand.org/content/dam/rand/pubs/perspectives/PE200/
 PE237/RAND_PE237.pdf RAND Corporation

"An Overview of Catastrophic AI Risks" (arXiv, 2023)https://arxiv.org/
 abs/2306.12001 arXiv+1

A+AI: Threats to Society, Remedies, and Governance(Byrd 등)https://www.research-
 gate.net/publication/383753679_AAI_Threats_to_Society_Remedies_
 and_Governance ResearchGate

"The AI Risk Repository: A Comprehensive Meta-Review, Database, and Taxonomy
 of Risks From Artificial Intelligence" (Slattery et al., 2024)https://arxiv.
 org/abs/2408.12622 arXiv

## 18장

Carr, N. (2010). The Shallows: What the Internet Is Doing to Our Brains. W. W. Norton & Company. https://wwnorton.com/books/9780393339758

Turkle, S. (2011). Alone Together: Why We Expect More from Technology and Less from Each Other. Basic Books.https://www.basicbooks.com/titles/sherry-turkle/alone-together/9780465093656/

한병철 (Han, B.-C.) (2017). 피로사회. 문학과지성사. https://www.munhak.com/book/view/1281

Rosen, L. D., Cheever, N. A., & Carrier, L. M. (2012). iDisorder: Understanding Our Obsession with Technology and Overcoming Its Hold on Us. Palgrave Macmillan. https://us.macmillan.com/books/9781137278319/idisorder

Twenge, J. M. (2017). iGen: Why Today's Super-Connected Kids Are Growing Up Less Rebellious, More Tolerant, Less Happy—and Completely Unprepared for Adulthood. Atria Books.https://www.simonandschuster.com/books/iGen/Jean-M-Twenge/9781501152016

## 19장

Russell, S., & Norvig, P. (2021). Artificial Intelligence: A Modern Approach. Pearson. https://aima.cs.berkeley.edu/

Tegmark, M. (2017). Life 3.0: Being Human in the Age of Artificial Intelligence. Knopf. https://www.life3book.com/

Bostrom, N. (2014). Superintelligence: Paths, Dangers, Strategies. Oxford University Press. https://nickbostrom.com/books/superintelligence

Mencius. (2003). Mengzi (The Book of Mencius). Translated edition. https://ctext.org/mengzi

Confucius. (2016). Analects of Confucius. Translated edition. https://ctext.org/analects

The Heart Sutra. (Buddhist Canon). https://www.buddhistdoor.net/resources/sutras/the-heart-sutra/

Laozi. (2017). Tao Te Ching. Translated edition. https://terebess.hu/english/tao/gia.
    html

Zhuangzi. (2013). The Book of Chuang Tzu. Penguin Classics. https://ctext.org/
    zhuangzi

Floridi, L. (2013). The Ethics of Information. Oxford University Press. https://
    global.oup.com/academic/product/the-ethics-of-informa-
    tion-9780199641321

Lee, K. F. (2018). AI Superpowers: China, Silicon Valley, and the New World Order.
    Houghton Mifflin Harcourt. https://aisuperpowers.com/

## ● 20장

Education in the AI era: a long-term classroom technology perspectivehttps://www.
    nature.com/articles/s41599-024-03953-y Nature

Artificial intelligence in education: A systematic literature review(S. Wang
    외, 2024)https://www.sciencedirect.com/science/article/pii/
    S0957417424010339 ScienceDirect

Artificial Intelligence and the Future of Teaching and Learning: Insights and Recom-
    mendations(U.S. 교육부 보고서, 2023)https://www.ed.gov/sites/ed/files/
    documents/ai-report/ai-report.pdf U.S. Department of Education

The quiet transformation of higher education in the AI era(Sejdiu 등, 2025)https://
    pmc.ncbi.nlm.nih.gov/articles/PMC12438950/ PMC

The Interplay of Learning, Analytics, and Artificial Intelligence in Education: A
    Vision for Hybrid Intelligence(Cukurova, 2024) https://arxiv.org/
    abs/2403.16081 arXiv

Fostering Self-Directed Growth with Generative AI: Toward a New Learning Analytics
    Framework(Mao, 2025) https://arxiv.org/abs/2504.20851 arXiv

Lifelong learning challenges in the era of artificial intelligence: a computational
    thinking perspective(Romero, 2024) https://arxiv.org/abs/2405.19837
    arXiv

생성형 AI 시대의 교육 패러다임 변화와 교사 역할의 재정립 https://www.kci.go.kr/kci-

portal/ci/sereArticleSearch/ciSereArtiView.kci?sereArticleSearchBean.
artiId=ART003186607

## 21장

A Philosophical Examination of Artificial Consciousness's Realizability from
the Perspective of Adaptive Representation https://dl.acm.org/
doi/10.1145/3711507.3711520

If consciousness is dynamically relevant, artificial intelligence isn't conscious(Kleiner
& Ludwig, 2023) https://arxiv.org/abs/2304.05077

Consciousness is Pattern Recognition(Ray Van De Walker, 2016) https://arxiv.org/
abs/1605.03009

The Logical Impossibility of Consciousness Denial: A Formal Analysis of AI Self-Re-
ports(Chang-Eop Kim, 2024) https://arxiv.org/abs/2501.05454

AI는 자의식을 가질 수 있는가? – 철학, 불교, 인지과학의 교차점 https://www.kci.go.kr/
kciportal/ci/sereArticleSearch/ciSereArtiView.kci?sereArticleSearch-
Bean.artiId=ART003197675

인공지능과 인간의 마음 https://www.kci.go.kr/kciportal/ci/sereArticleSearch/
ciSereArtiView.kci?sereArticleSearchBean.artiId=ART002398487

## 22장

Zheng, Y. (2024). Buddhist Transformation in the Digital Age: AI (Artificial Intelli-
gence). https://www.mdpi.com/2077-1444/15/1/79

Buddhism in the Age of Smartphones: Developing the Right Relationship with
Our Digital Technology(Miles Bukiet)https://tricycle.org/article/bud-
dhism-smartphones-technology/

Buddhistic Ethics in the Age of Technology(Thubten Chodron)https://thubtencho-
dron.org/2023/12/technology-buddhist-ethics/

The Challenge of Using Digital Technology Mindfully: A Buddhist Perspectivehttps://
psinyc.org/the-challenge-of-using-digital-technology-mindful-
ly-a-buddhist-perspective/
〈대구논단〉 원효의 무애사상(無碍思想)과 스마트폰"https://www.idaegu.co.kr/news/arti-
cleView.html?idxno=405029
The Effects of Smartphones on Well-Being: Theoretical Integration and Research
Agenda(Kushlev & Leitao, 2020) https://arxiv.org/abs/2005.09100

## ● 23장

한류 (Korean Wave) — 위키피디아 https://en.wikipedia.org/wiki/Korean_Wave
Hallyu and Korean Language Learning — Language on the Movehttps://www.lan-
guageonthemove.com/hallyu-and-korean-language-learning
한글의 세계화, 언어의 미래 중심에 서다 — 서울대사람들 제77호 https://people.snu.
ac.kr/77/5
한국어 세계화 어디까지 왔나 — 국립국어원 https://www.korean.go.kr/nkview/nk-
life/2008_3/2008_0301.pdf
Globalization of Hangeul — SNU People (영문판) https://people.snu.ac.kr/en/77/4
한글세계화를 위한 제언 — HangulWorld https://m.hangulworld.co.kr/view.
php?idx=213389
Hanprome: Modified Hangeul for Expression of Foreign Language Pronunciation —
arXivhttps://arxiv.org/abs/2412.11090
훈민정음 해례본 — 국립국어원 디지털본 https://www.korean.go.kr/eng_hangeul/
short/001.html
한글세계화운동연합 공식 웹사이트 https://www.hgmu.org

## 24장

"유불선 삼교회통 사상과 원불교" https://www.wonnews.co.kr/news/articleView.htm-l?idxno=302321

문광스님의 한국학에세이: "위기의 시대, 회통의 역사를 돌아 …"https://www.ibulgyo.com/news/articleView.html?idxno=205471

문광스님의 한국학에세이 시즌2: "심원 김형효의 철학과 선(禪)"https://www.ibulgyo.com/news/articleView.html?idxno=221581

James H. Grayson, 강돈구 역, 『한국종교사』https://s-space.snu.ac.kr/bit-stream/10371/4022/1/ReligionandCulture_v1_253.pdf

변찬린의 새종교관과 증산사상 이해에 대한 연구https://www.jdaos.org/archive/view_arti-cle?pid=jdaos-50-0-33

## 25장

김자중·한용진 (2014). 19세기 영국에서의 '삼육' 개념의 형성과 전개. 교육철학연구, 36(1), 1-27. DOI:10.15754/jkpe.2014.36.1.001 https://www.kci.go.kr/kciportal/landing/article.kci?arti_id=ART001866671

한국민족문화대백과사전. 삼육론 (三育論). https://encykorea.aks.ac.kr/Article/E0076102

삼육학원. 삼육학원 소개. https://www.syu.ac.kr/sahmyook/about-sahmyook-founda-tion/

삼육중학교. 교육목표. https://www.sahmyook.ms.kr/school-introduction/education-al-goals

Wikipedia. Sundo. https://en.wikipedia.org/wiki/Sundo

Hypnosis Land Blog. Sundo: Korean mind-body self mastery from the mountains. https://blog.hypnosis.land/sundo-kouk-sun-do-korean-mind-body-self-mastery-from-the-mountains/

Sundo Practice (Europe). https://sundo5.cz/sundo-practice/

## 26장

오용석. (2021).4차 산업혁명의 시대, 정신혁명으로서의 명상: 켄 윌버의 통합지도와 선불
　　　교의 의식 변형을 중심으로https://www.dbpia.co.kr/journal/articleDe-
　　　tail?nodeId=NODE11982210 DBpia

최현성. (2022).제4차 산업혁명 시대에서 현대 명상의 실용성.https://www.kci.go.kr/kci-
　　　portal/ci/sereArticleSearch/ciSereArtiView.kci?sereArticleSearchBean.
　　　artiId=ART002909761 KCI

Kieran C. R. Fox, Yoona Kang, Michael Lifshitz, Kalina Christoff. (2016).Increas-
　　　ing cognitive-emotional flexibility with meditation and hypnosis:
　　　The cognitive neuroscience of de-automatization. https://arxiv.org/
　　　abs/1605.03553 arXiv

Kieran C. R. Fox, Matthew L. Dixon, Savannah Nijeboer et al. (2016).Functional neu-
　　　roanatomy of meditation: A review and meta-analysis of 78 functional
　　　neuroimaging investigations. https://arxiv.org/abs/1603.06342 arXiv

"Spiritual Revolution."Bharat Maurya Centre for Meditation (BMCM)https://www.
　　　bmcm.org/inspiration/easwaran/spiritual-revolution/ bmcm.org

김재환. (n.d.).마음수련 명상의 심리학적·정신치료적 고찰.https://humancompletion.org/
　　　wp-content/uploads/2017/12/2.pdf humancompletion.org

안희영. (2014).MBSR(마음챙김에 근거한 스트레스 완화 프로그램)https://www.dbpia.
　　　co.kr/journal/articleDetail?nodeId=NODE06069076 DBpia

"정신과 임상에서 명상의 활용: 마음챙김 명상을 중심으로." 허휴정·한상빈·박예나·채정호
　　　(2015) https://www.psychiatricnews.net/news/articleView.html?idx-
　　　no=11301

## 27장

한국민족문화대백과사전 – 「개벽사상(開闢思想)」 https://encykorea.aks.ac.kr/Article/
　　　E0001630
허수, 「근대 전환기 '개벽'의 불온성과 개념화」, 서울대학교 인문학연구원https://ih.snu.
　　　ac.kr/wp-content/uploads/mangboard/journal/981286998_Ap-
　　　CFsNGx_08_EC9DBCEBB0984_ED9788EC8898_237-272_.pdf
김용휘, 「동학 개벽사상과 새로운 문명」, earticle.nethttps://www.earticle.net/Article/
　　　A297250
노길명, 「개벽 사상의 전개와 성격」, 한국학술정보 KCI
　　　https://www.kci.go.kr/kciportal/landing/article.kci?arti_
　　　id=ART001262490
박길수, 「The Donghak and Cheondogyo's Ideas and Gaebyeok Movement — Fo-
　　　cusing on the Inmul-Gaebyeok [Trinity of Heaven, Earth and Humans]
　　　of Uiam Son Byeong-Hee and the Succession to Modern Times」, 한
　　　국종교학회지https://journal.kci.go.kr/krel/archive/articleView?arti-
　　　Id=ART002554296
윤이흠, 「동학운동의 개벽사상」, 서울대학교 학술정보원https://s-space.snu.ac.kr/bitstrea
　　　m/10371/65746/1/%EB%8F%99%ED%95%99%EC%9A%B4%EB%8F%
99%EC%9D%98%20%EA%B0%9C%EB%B2%BD%EC%82%AC%EC%83%81.pdf
천도교와 3·1운동의 인내천 선언 관련 연구, 고려대학교 한국사연구회 논문집https://www.
　　　kci.go.kr/kciportal/ci/sereArticleSearch/ciSereArtiView.kci?sereArticle-
　　　SearchBean.artiId=ART002808419

## 28장

박갑수. (2012). 한국어의 세계화, 그 실상과 새로운 추진방안https://www.kci.go.kr/kci-portal/ci/sereArticleSearch/ciSereArtiView.kci?sereArticleSearchBean.artiId=ART001736721

박창원. (2006). 한국어의 세계화와 관련된 제반 사항https://www.dbpia.co.kr/journal/articleDetail?nodeId=NODE01073355

이상규 외 (국립국어원). 한국어 세계화 어디까지 왔나https://www.korean.go.kr/nkview/nklife/2008_3/2008_0301.pdf

고제윤. (2008). 한글세계화의 필요성과 그 실증적 방법https://www.dbpia.co.kr/journal/articleDetail?nodeId=NODE06079715

"Globalization of Hangeul, Standing at the Center ⋯" (인터뷰 / 논평)https://people.snu.ac.kr/en/77/4

THE ROLE OF KOREAN LANGUAGE IN MODERN GLOBAL CULTUREhttps://www.academicpublishers.org/journals/index.php/ijai/article/view/6175

"한국어교육의 세계화와 현지화"https://www.kci.go.kr/kciportal/ci/sereArticleSearch/ciSereArtiView.kci?sereArticleSearchBean.artiId=ART003126600

## 29장

권기완. (2020). 오대산의 풍수지리학적 위상과 오대산 고승의 공익풍수 사상. 한국불교학회 학술발표논문집. https://kiss.kstudy.com/Detail/Ar?key=3850446

권기완. (2022). 오대산의 풍수지리학적 위상과 탄허의 화엄학적 풍수관. 대각사상, 제37호.https://www.kci.go.kr/kciportal/ci/sereArticleSearch/ciSereArtiView.kci?sereArticleSearchBean.artiId=ART002850055

문광스님. 불교풍수는 대승풍수이자 공익풍수. https://www.ibulgyo.com/news/articleView.html?idxno=207120

항만공사 ESG 경영의 사회적 가치에 관한 연구: 여수광양항만공사의 사례를 중심으로.https://www.kci.go.kr/kciportal/ci/sereArticleSearch/ciSereArtiView.kci?sereArticleSearchBean.artiId=ART003149956

김기윤, 김미석, 범진우, 안동환, 유도일. (2022). 농업·농촌 공익적 가치 기반 ESG 경영 평가지표 인식 분석 – 한국농어촌공사를 대상으로. 농촌계획, 28(4), 41-53. https://www.kci.go.kr/kciportal/ci/sereArticleSearch/ciSereArtiView.kci?sereArticleSearchBean.artiId=ART002903300

안혁진. (2022). IT기업에서 공익향(ESG) 비즈니스모델의 활성화 연구. (Working Paper) https://www.assist.ac.kr/Research/download/K-22-2-009-0321.pdf

## ● 30장

Artificial Intelligence and the Future of Teaching and Learning: Insights and Recommendations(미국 교육부 보고서) https://www.ed.gov/sites/ed/files/documents/ai-report/ai-report.pdf ed.gov

The quiet transformation of higher education in the AI era(Sejdiu 등, 2025)https://pmc.ncbi.nlm.nih.gov/articles/PMC12438950/ PMC

Education 5.0: Requirements, Enabling Technologies, and Future Directions(Ahmad 외, 2023) https://arxiv.org/abs/2307.15846 arXiv

Could AI Democratise Education? Socio-Technical Imaginaries of an EdTech Revolution(Bulathwela 외, 2021) https://arxiv.org/abs/2112.02034

The AI Revolution in Education: Will AI Replace or Assist Teachers in Higher Education?(Chan & Tsi, 2023) https://arxiv.org/abs/2305.01185

Evolution to revolution: Critical exploration of educators' views of AI in teaching and learning(Shamsuddinova 등, 2024) https://www.sciencedirect.com/science/article/abs/pii/S0883035524000132

## ● 31장

[특별기고] 홍익인간, 범인류적 보편성 지닌 사상 https://www.ibulgyo.com/news/articleView.html?idxno=212117

홍익인간은 인간의 가치와 가능성을 실현하는 교육 https://www.ikoreanspirit.com/news/articleView.html?idxno=67123

홍익인간은 민족주의가 아니다, 왜? https://www.brainmedia.co.kr/BrainTraining/14527

"新유토피아 안내서" ② 민주주의의 과거가 현재를 살린다 https://ecosophialab.com/%E6%96%B0%EC%9C%A0%ED%86%A0%ED%94%BC%EC%95%84-%EC%95%88%EB%82%B4%EC%84%9C-%E2%91%A1-%EB%AF%BC%EC%A3%BC%EC%A3%BC%EC%9D%98%EC%9D%98-%EA%B3%BC%EA%B1%B0%EA%B0%80-%ED%98%84%EC%9E%AC%EB%A5%BC-%EC%82%B4/)

플라톤의 이상국가론과 민주주의 비판의 현대적 함의:『국가·正體』에서의 논의를 중심으로 소병철 (2016) https://www.kci.go.kr/kciportal/landing/article.kci?arti_id=ART002081239

포퓰리즘과 민주주의(서병훈 외) https://s-space.snu.ac.kr/bitstream/10371/83898/1/snuibero230201.pdf

아리스토텔레스에 있어서 민주주의와 데모스(dēmos)의 집합 https://www.dbpia.co.kr/journal/articleDetail?nodeId=NODE02225654

## ● 32장

제4차 산업혁명과 정신혁명 https://www.kci.go.kr/kciportal/ci/sereArticleSearch/ciSereArtiView.kci?sereArticleSearchBean.artiId=ART003140919

제4차 산업혁명시대의 인류정신혁명의 과제와 그 해법 https://www.dbpia.co.kr/journal/articleDetail?nodeId=NODE07442153

THE BIRTH OF SPIRITUAL ECONOMICS(Robert Allinson) https://philpapers.org/archive/ALLTBO-10.pdf

Machine learning and behavioral economics for personalized choice architecture
https://arxiv.org/abs/1907.02100

Quantum propensity in economics https://arxiv.org/abs/2103.10938

From Outcome-Based to Language-Based Preferences https://arxiv.org/abs/2206.07300

Behavioral Economics – an overview https://www.sciencedirect.com/topics/psychology/behavioral-economics

## 33장

Dal Yong Jin, Kyong Yoon, Wonjung Min (2023).Transnational Hallyu: The Globalization of Korean Digital and Popular Culture.https://read.dukeupress.edu/journal-of-asian-studies/article/82/4/731/381447/Transnational-Hallyu-The-Globalization-of-Korean read.dukeupress.edu

J. Kang (2022). "Whither Transnationality? Some Theoretical Challenges in Korean Wave Studies." International Journal of Communication.https://ijoc.org/index.php/ijoc/article/viewFile/18459/3821 International Journal of Communication

HK Lee (2021). "The Korean Wave as a Source of Implicit Cultural Policy."https://journals.sagepub.com/doi/10.1177/1367877920961108 SAGE Journals

"The Korean Wave as the Globalization of South Korean Culture."(Glodev, Wijaya, Ida)https://journal1.moestopo.ac.id/index.php/wacana/article/download/2671/1326 journal1.moestopo.ac.id

Localization of Cultural Production in the New Korean Wave Era: A Case Study of Reality Programs.(2025)https://www.cambridge.org/core/journals/international-journal-of-asian-studies/article/localization-of-cultural-production-in-the-new-korean-wave-era-a-case-study-of-reality-programs/095D1149F09AFEB6306FC67696C4AEBD Cambridge University Press & Assessment

The Globalization of K-pop: Korea's Place in the Global Music Industry."(Ingyu Oh)
　　　　https://www.researchgate.net/publication/296774877_The_Globaliza-
　　　　tion_of_K-pop_Korea%27s_Place_in_the_Global_Music_Industry Re-
　　　　searchGate
Sue Jin Lee.The Korean Wave: The Seoul of Asia.https://eloncdn.blob.core.windows.
　　　　net/eu3/sites/153/2017/06/09SueJin.pdf eloncdn.blob.core.windows.
　　　　net

## ● 34장

"시론(時論) — 역사 바로잡기와 정신혁명" https://www.korea.kr/policy/civilView.
　　　　do?newsId=148745684
기술패권 시대, 흔들리지 않는 과학기술 국가 전략https://www.chey.org/UploadData/
　　　　BooksNReports/d7558280-1c5d-4131-92d6-83150192fef1.pdf
정신혁명 | 조영행 (도서 소개)https://product.kyobobook.co.kr/detail/S000001530886
강대국 외교 구상: 한국 주도 동심원 전략https://www.hankyung.com/data/datafile/
　　　　contentfile/9/9_92.pdf

## ● 35장

Navigating a stable transition to the age of intelligence: Mental Wealth as a nation's
　　　　action framework https://www.sciencedirect.com/science/article/pii/
　　　　S2589004224008678 ScienceDirect
AI and Spirituality: The Disturbing Implications https://www.scivisionpub.com/pdfs/
　　　　ai-and-spirituality-the-disturbing-implications-3742.pdf scivisionpub.
　　　　com
The Hall of Singularity: VR Experience of Prophecy by AI https://arxiv.org/
　　　　abs/2404.00033
The Interplay of Learning, Analytics, and Artificial Intelligence in Education: A Vision
　　　　for Hybrid Intelligence https://arxiv.org/abs/2403.16081

The AI Revolution in Education: Will AI Replace or Assist Teachers in Higher Education? https://arxiv.org/abs/2305.01185 — AI와 교사의 관계 변화를 중심으로, 교육 체계 속 표현·질문의 혁명적 전환 가능성을 고찰.

Educational Transformation in the Age of Artificial Intelligence (통합보고서 /백서형태) https://www.wicinternet.org/pdf/EducationalTransformationintheAgeofArtificialIntelligence_IntegratingGenerativeAIandHumanIntelligencetoEnhanceEducationalQuality.pdf wicinternet.org

The Age of AI and the New Spiritual Awakening https://thriveglobal.com/articles/arianna-huffington-artificial-intelligence-spiritual-awakening thriveglobal.com

## ● 36장

Philosophy of Peace(Internet Encyclopedia of Philosophy) https://iep.utm.edu/peace/

"The pursuit of peace in the world through philosophy and culture" (Raihan 등, 2022)https://www.researchgate.net/publication/360938477_The_pursuit_of_peace_in_the_world_through_philosophy_and_culture

Reimagining Peace through Process Philosophy https://link.springer.com/book/10.1007/978-3-031-70129-0

The Way to Peace: A Buddhist Perspective(Yeh) https://www3.gmu.edu/programs/icar/ijps/vol11_1/11n1Yeh.pdf

Moral Philosophy of Global Peace(Chhaya Rai) https://philpapers.org/rec/RAIM-PO-2

Post-liberal Peace as Intercultural Philosophy(Juichiro Tanabe, 2022) https://ses-journal.com/wp-content/uploads/2022/10/SES-Journal-Article-5-Special-Issue-2-2022.pdf

One World: The Ethics of Globalisation(Peter Singer) https://en.wikipedia.org/wiki/One_World%3A_The_Ethics_of_Globalisation

## 37장

"Why do children continue to suffer from 'food poverty'?"(Prasad et al., 2024)https://pmc.ncbi.nlm.nih.gov/articles/PMC11331884/ PMC

"Social Vulnerability and Child Food Insecurity in Developed Countries"(Dana et al., 2025) https://pmc.ncbi.nlm.nih.gov/articles/PMC11847255/ PMC

"Rights of the child as imperatives for transforming food systems"(Lähteenmä-ki-Uutela et al., 2024) https://ecologyandsociety.org/vol29/iss3/art29/ ecologyandsociety.org

Review article: Hidden hunger – a narrative review(Weffort et al., 2024) https://www.sciencedirect.com/science/article/pii/S0021755723001286 ScienceDirect

"The economics of malnutrition: Dietary transition and food system transformation"(Masters, Finaret, Block, 2022) https://arxiv.org/abs/2202.02579 arXiv

Neo-humanism and COVID-19: Opportunities for a socially and environmentally sustainable world(Sarracino & O'Connor, 2021) https://arxiv.org/abs/2105.00556

Securing the human right to food: How ESG intersects with food insecurity(Owen & Murphy, 2024) https://www.nortonrosefulbright.com/en/knowledge/publications/543505d9/securing-the-human-right-to-food-how-esg-intersects-with-food-insecurity Norton Rose Fulbright

선도국 대한민국

# AI를 넘어 정신혁명으로

**지은이**  조덕호

**펴낸이**  사단법인 지구촌정신문화포럼

**펴낸곳**  실반트리

**출판사**  제25100-2017-000034호

**소재지**  43162 대구시 군위군 부계면 치산효령로 1280

**연락처**  friendseoul@gmail.com

**제1판 제1쇄** 2025년 11월 15일

**정가21,000원**

ISBN 979-11-969991-5-5 93300